阿部容子
Yoko Abe

北 美幸
Miyuki Kita

篠崎香織
Kaori Shinozaki

下野寿子
Hisako Shimono

編

「街頭の政治」をよむ
● 国際関係学からのアプローチ

Street Politics

法律文化社

はしがき

　本書は北九州市立大学外国語学部国際関係学科が2011年に公刊した『国際関係学の第一歩』の続編である。前著は大学1，2年次生のほか国際関係学専攻を目指す高校生や国際関係に関心をもつ社会人を対象とし，国際関係論が扱う問題の幅広さや考察のポイント・分析視点を紹介するために，執筆者がそれぞれの専門分野にひきつけて多様な国際社会を論じた。

　その続編となる本書は，大学の授業で副読本として用いることを想定している。読者層は前著と同じく，国際関係に関心をもつ高校生から社会人まで幅広い層を設定している。それゆえ，できるだけ難解さを排除し，前著よりも平易かつ丁寧な記述を心がけた。

　前著との大きな相違点として，本書は「街頭の政治」という各章共通のテーマを設定した。率直にいえば，限られた紙幅で全体テーマを設定すれば，執筆者それぞれの専門分野において紹介したい基礎的な概念や専門用語を取り入れることができなくなる恐れがあった。それでもこのテーマにこだわって編纂した理由は2つある。ひとつは，国際関係学の入門書は巷間にあふれており，その中で本書の独自性を明確にするためである。いまひとつはより重要な理由で，2010年代に世界各地で，選挙や議会などの制度的な経路に依らずデモや座り込みなどの手段で政治的目的を達成しようとしたり，自分たちの要求を社会に訴えようとしたりする行動が頻繁にみられたことである。こうした運動の世界的な拡散は，学生運動や社会運動が吹き荒れた1960年代を彷彿とさせたが，21世紀ならではの特徴も備えていた。執筆者たちは全員が「街頭の政治」を専門に研究してきたわけではないが，各地で頻発する「街頭の政治」から目を背けることができない，研究者としての強い関心を共有していた。それぞれの専門分野あるいは専門分野に近いところで発生している「街頭の政治」をどのように理解し，自分の研究と関連づければよいのか，それをどのように学生や市

民に伝えていけばよいのか，各自が常々向き合ってきた問題であったからこそ，このテーマを設定することで意見がまとまったのである。

　本書を読み始める前に，「街頭の政治」について読者の皆さんとイメージをすり合わせておこう。世界各地の街頭で繰り広げられた活動の中で日本のメディアが大きく取り上げたものとしては，例えば，2010年にチュニジアのジャスミン革命に始まった「アラブの春」，翌年にアメリカで発生した「ウォール街を占拠せよ（Occupy Wall Street）」，2014年に台湾で学生たちが立法院を占拠した「ひまわり学生運動（太陽花学運）」，本書でも取り上げた香港の「雨傘運動」などを挙げることができる。実際には，外国のメディアがいっせいに報道し始めるのは運動がピークにさしかかってからのことが多い。運動の本質を理解するためには，その前兆となる変化や，運動が社会にもたらした帰結を合わせて考える必要がある。また，街頭で繰り広げられた活動は一過性の事件として完結することは少なく，その後も形を変えて継続している場合が少なくない。国際関係は変化の予測が困難なダイナミズムを常に内在させているのである。

　日本でも，2011年3月の東北大震災で福島第1原発事故が発生したことをきっかけに脱原発を提唱する運動が活発化し，主婦やサラリーマン，学生など，これまでデモとは無縁であった人々が集会や署名運動に参加する現象が顕著になった。また，2013年に特定機密保護法案が参議院で可決されると，学生団体SEALDsが結成され，彼らを中心に全国各地で安全保障関連法に反対する街頭デモが繰り広げられた。これらのデモは1960年代に過激化した社会運動とは異なり，平日の夜や週末など勤務や就学に支障が少ない時間帯に行われ，途中参加や中途退出も咎められず，ラップ音楽を取り入れるなど娯楽イベントに近い様相を見せた。こうした活動は政権の政策や対応を批判したものの，特定の政治的イデオロギーに強く傾倒しなかったことで，人々は気軽に参加できたのである。

　国内外の「街頭の政治」は，目的も発生場所も異なっていたが，2010年代に発生した運動にはいくつかの共通点もみられた。例えば，経験を重ねた社会運動家ではなく若い世代が中心となっていたこと，運動拡散や情報伝達の手段と

して若者が慣れ親しんだソーシャル・ネットワーク・サービス（SNS）が重要な役割を果たしたこと，リーダーが複数もしくは不在の運動が多かったこと，非暴力を貫いたことなどである。世界各地で頻発した「街頭の政治」は，国境の中で起こったものであれ，越境して発展したものであれ，グローバル化の進展と無関係ではない。このような現象に直面した執筆者たちは，各自の専門分野で学問的に，あるいは自らとのかかわりにおいて「街頭の政治」をどのように位置づければよいのか思案してきた。ある者は歴史的な観点から現代を理解しようと試み，ある者は特定の現象を掘り下げて考察し，ある者は現象の越境性に注目した。執筆者たちの思考の経路や結論を取りまとめたものが本書である。

　本書の出版計画が持ち上がってから公刊に至るまで，約3年の月日を費やした。この間，学科の教員4名が編集委員会を立ち上げ，テーマを設定して企画案を作成し，出版計画を進めながら，2015年以降，数回にわたり研究会を開催した。研究会を始めてみると，学科教員の間で「街頭の政治」に対するイメージ・定義・問題意識の違いが鮮明になった。教員同士が時間をやり繰りしながら議論を重ね，お互いの距離を縮めていく作業は，決して容易ではなかったが，振り返ってみれば多くの知見を得ることができた，極めて生産的な時間でもあった。テーマの性格上，最終的に執筆を担当したのは専門分野が社会科学と深いかかわりをもつ研究者が中心となったが，本書は国際関係学科の全教員による研鑽の賜物である。

　本書の執筆に先立ち，編集委員4名とそのゼミ生たちは，2015年秋に若者の政治意識と政治参加について学ぶ合同ゼミを実施した。若者は政治に関心がないといわれて久しいが，若者が牽引した街頭デモや18歳選挙権の実現など，時代は若者が自分たちの未来創生に積極的にかかわる機会を用意していた。合同ゼミの成果は，北九州市立大学特別研究推進費の助成により，篠崎香織ほか編『政治は未来をどう創る？――身近にある政治，身近になる政治，身近にする政治　北九州市立大学外国語学部国際関係学科合同ゼミワークショップ＆シンポジウム記録』北九州市立大学外国語学部国際関係学科，2016年にまとめられた。

このように本書は，執筆陣の協力に加え，教員と学生との共同作業や北九州市のコミュニティづくりにかかわっておられる多くの方々のご理解とご協力に支えられて完成した。また，約3年にわたり辛抱強くわれわれの執筆と編集作業を見守り，適宜必要なアドバイスをしてくださった法律文化社の舟木和久氏のご尽力がなければ，本書の公刊は実現しなかった。関係の皆様のご支援に深く感謝する。

　本書は三部構成である。第Ⅰ部を構成する3つの章は，一般に議会制度や民主主義の理念が最も発展していると考えられているイギリスやアメリカで，なぜ「街頭の政治」が頻発するのか，それらがどのような帰結を迎えて今日に至っているのか，歴史的な観点を交えて描く。英米で繰り返される「街頭の政治」を通じて，読者は制度運用の恣意性と民主主義の脆弱さについて考えざるをえないだろう。第Ⅱ部を構成する3つの章は，多様な歴史文化を背景に，植民地主義と冷戦の残滓を引きずりつつ国家や地域のアイデンティティと民主を模索し続ける東アジアの「街頭の政治」を描く。読者は，韓国，中国，東南アジアで展開される「街頭の政治」に，権利の追求と統治の論理との相克が投影されていることに気づくであろう。第Ⅲ部を構成する4つの章は，それぞれグローバル化との関連性が強い「街頭の政治」を描いている。環境問題，多国籍企業の活動，EUのような超国家機関，NGOの活動など，国家中心の国際関係論の枠組みでは扱いきれない重要な問題が議論される。読者は，国家以外のアクターによる活動の限界と可能性について知見を得るであろう。

　当然のことながら，本書で取り上げた「街頭の政治」は世界各地で発生したものの一部にすぎない。限られた事例であることをふまえながらも，人々がなぜ街頭に繰り出さねばならないのか，なぜ制度の枠組みでは問題解決が難しいのか，街頭に繰り出したことが成功につながったのかあるいは失敗したのか，成功と失敗はどのように判断されるのか，そして街頭での異議申立ての後に運動や参加者たちはどうなったのか。こうした観点を忘れずに読み進めていただきたい。

　本書で取り上げた「街頭の政治」は，現在も継続していたり，形を変えて存続していたりするものが少なくない。「街頭の政治」は正に我々の時代の物語

である。本書の議論を入り口として，読者の皆さんが国際関係学や地域研究に関心をもち，自ら学ぶ姿勢を養ってくださることを願ってやまない。

2018年2月10日

編　者

「街頭の政治」をよむ ●目　次

はしがき

総　論　国際関係学からとらえる「街頭の政治」……………1

第Ⅰ部　イギリス・アメリカの現代史からよむ

第1章　20世紀イギリスの「街頭の政治」……………9
──「議会制民主主義の母国」における「反乱」

久木　尚志

1　イギリスの「街頭の政治」（9）
2　イギリス議会と「街頭の政治」（12）
3　もうひとつの1914年（16）
4　福祉国家の破壊者（21）
5　「街頭の政治」は何を変えるのか（27）

第2章　アメリカ民主主義の神話と現実……………30
──街頭で展開した市民の政治

中野　博文

1　青年貴族の見たアメリカ（30）
2　フランス七月革命とアメリカの1828年大統領選挙（33）
3　生き生きとした市民の暮らし──近代民主主義の原風景（37）
4　変貌する市民たち──市民兵の戦争と民主主義文化（41）
5　繰り返されるパレードの先に（46）

第3章 「街頭の政治」としての米国の公民権運動 ……… 50
北　美幸

1　街頭の政治行動としての公民権運動　(50)
2　法廷闘争から街頭の政治行動へ　(51)
3　学生たちのたたかい　(56)
4　投票権をめぐるたたかい　(61)
5　人種問題のゆくえ　(65)

第Ⅱ部　アジアの近現代史からよむ

第4章　東アジア世界における「街頭の政治」の伝統 …… 71
──朝鮮の公論政治とその変容

金　鳳珍

1　韓国における街頭の政治とその伝統　(71)
2　朱子学の政治理念と公共論　(73)
3　朝鮮の公論政治，言論機関と言論制度　(76)
4　公論政治の民衆化と訴願制度　(79)
5　公論政治の近代および現代への影響　(83)
6　韓国の政治文化と朝鮮の公論政治の伝統　(86)

第5章　東南アジアにおける体制移行と「街頭の政治」……… 90
──小さな政治再編を積み重ねるマレーシア

篠崎　香織

1　東南アジアにおける体制移行　(90)
2　「民族の政治」の基本設定　(95)
3　「民族の政治」の再編　(101)
4　マハティール政権期　(103)
5　ポリティカル・ツナミ　(106)

第6章 香港の「街頭の政治」……………………………… 110
　　　──中国との共存をめぐる葛藤

下野　寿子

　　1　世界が注目した雨傘運動　（110）
　　2　植民地香港と中国との絆　（114）
　　3　脱植民地時代──香港特別行政区の船出　（118）
　　4　雨傘運動　（122）
　　5　通過点としての雨傘運動　（126）

第Ⅲ部　国際政治の新潮流からよむ

第7章 北九州市の環境国際協力にみる「街頭の政治」……… 133
　　　──地域発の市民運動が世界を変える

尹　明憲

　　1　公害反対運動　（133）
　　2　北九市の公害反対運動　（136）
　　3　自治体・企業一体の公害防止の取り組み　（143）
　　4　公害克服から国際協力へ　（146）

第8章 日本の原発輸出政策と「街頭の政治」……………… 151
　　　──「国際協力」「国際貢献」を問い直す

大平　剛

　　1　「原子力ムラ」の復活と原発輸出　（151）
　　2　原発輸入（輸出）反対の「街頭の政治」　（153）
　　3　原発輸出の要因　（159）
　　4　原発輸出政策にみる「国際協力」「国際貢献」と倫理　（161）
　　5　「街頭での政治行動」とシティズンシップ教育　（166）

第 9 章　グローバル経済における「街頭の政治」………… 169
　　　　──薬の特許をめぐる論争を中心に

　　　　　　　　　　　　　　　　　　　　　　　阿部　容子

　　　1　グローバリゼーションと薬をめぐる「街頭の政治」 (169)
　　　2　薬に対する特許権と権利強化の流れ　(171)
　　　3　TRIPs協定への「対抗」──ドーハ宣言の提案と成果　(175)
　　　4　TRIPs協定の「解釈」を活用した特許法改正と「街頭の政治」 (179)
　　　5　薬をめぐる「街頭の政治」から学ぶこと　(184)

第 10 章　EUの市民発議と「街頭の政治」……………………… 187
　　　　──署名運動は国境を越える

　　　　　　　　　　　　　　　　　　　　　　　山本　直

　　　1　署名運動？ (187)
　　　2　EUと加盟国　(188)
　　　3　EUにおける「民主主義の赤字」 (191)
　　　4　欧州市民発議の制度と理念　(196)
　　　5　欧州市民発議の実践と課題　(199)
　　　6　国境を越える署名運動　(202)

事項・人名索引

総　論　国際関係学からとらえる「街頭の政治」

▶本書における国際関係学と
　「街頭の政治」の位置づけ

　本書は，「街頭の政治」を国際関係学のアプローチから論じるものである。本書における国際関係学は，国際社会を構成する諸地域を歴史や政治，経済，文化など学際的な視点からとらえる地域研究と，複数の国家間で生じる諸課題とそれに対する国際的な取り組みに着目する国際関係論とで構成される。「街頭の政治」は，各章がその内容に応じて定義しているが，本書全体に共通する問題関心としては，制度外の政治参加と定義しておこう。

　今日の国際社会は国民を主権者とする国民国家で構成されており，国民国家の多くが直接，間接的に国民が政治に参加する制度を備えている。日本の例でいえば，国政においては意思決定の場である国会に代表者を送るための選挙という制度があり，地方自治体では選挙に加えて直接請求という制度もある。国際社会における秩序の構築・維持のために設立された国際機関においても，それらの機関に加盟している構成員が意思決定に参加しうる制度を備えている[1]。これらの制度を通じて意思決定に参加することを，制度的な政治参加と呼ぶことができる。

　これに対して，制度の外で展開する政治参加もある。その例として，デモ，集会，行進，個別の対面的働きかけなどがある。本書はこうした制度外の政治参加に焦点を当てるものである。ただし，制度外の政治参加だけを抜き出して論じるものではない。むしろ，制度外の政治参加がどのような意味において制度「外」にあるのかをとらえるために，制度的な政治参加についても同様に重視して論じる内容となっている。

　人々は，自らの権利や利益が制度的な政治参加では守られないと認識した時に，往々にして制度外の政治参加に訴える。その結果，制度外の政治活動が制度を通じた意思決定に影響を及ぼしたり，制度外で政治に参加してきた主体が

制度内に参入してきたりすることもある。制度的な政治参加と制度外の政治参加は，相互に影響し合いながら秩序を作り上げていく。本書は，「街頭の政治」に着目することにより，特定の空間において秩序が構築・再編されていく瞬間をとらえ，それぞれの時代と場に立ち現れる国際社会の姿を描く。本書は3部構成を取り，第Ⅰ部と第Ⅱ部は地域研究的な視点から，第Ⅲ部は国際関係論的な視点から，「街頭の政治」を通してみえる国際社会の姿にアプローチする。各部・各章の内容は以下のとおりである。

▶**第Ⅰ部「イギリス・アメリカの現代史からよむ」** 近代の国際体制の構成要素である国民国家は，西欧で誕生した。国民国家はその成立過程において，君主の主権を国民が抑制しうる制度の構築を伴っていたり，主権を君主から国民に移譲する過程を伴っていたりしたため，民主主義と密接な関係にある場合が多い。第Ⅰ部は，「議会制民主主義の母国」イギリスとそこから決別し独自の制度を備えたアメリカで民主主義の理念や制度が構築される過程において，「街頭の政治」がいかなる役割を果たしてきたのかを論じている。

第1章「20世紀イギリスの『街頭の政治』──『議会制民主主義の母国』における『反乱』」は，さまざまな歴史的経験を通じて暴力を肯定しない政治文化へと転じた20世紀イギリスで起きた2つの制度外の運動を扱う。19世紀末以降のイギリスは，地主貴族を中心とする名望家支配から民主的な社会へと変貌を遂げる。第1章では，その過渡期における「街頭の政治」，具体的には，「人民予算」に始まる1910年代前半の一連の国制危機，そして，1960年代から福祉国家の安定を蝕み，「英国病」をもたらしたとされる組織労働による「反乱」を取り上げる。これらの事例を通して，街頭の暴力が相対的に少なかった20世紀イギリスにおいても，「街頭の政治」が予想外の方向へと社会を変える力をもったことを示す。

転じて，**第2章**「アメリカ民主主義の神話と現実──街頭で展開した市民の政治」の舞台は，19世紀前半のアメリカ合衆国である。1831年に，アンドリュー・ジャクソン政権下のアメリカを旅したフランスの貴族，アレクシ・ド・トクヴィルの目を通じて見ると，ヨーロッパとアメリカでは「民主主義」という言葉の意味合いが異なることがわかる。当時のヨーロッパでは，民主主

義とはフランス大革命時代の恐怖支配を想起させる言葉だった。それに対して，アメリカでは，政府の力に頼らずに普通の人々が生き生きとしたエネルギーを発揮しながら連帯して行う「街頭の行動」が基礎になって，軍隊や政党，あるいは社会自体が作り出されており，それこそが民主主義なのであった。

　普通の人々が参加して社会を作り上げる／変革を目指すということは，その後のアメリカでも行われた。**第3章**「『街頭の政治』としての米国の公民権運動」は，初めは弁護士が裁判を起こすという「エリートによる法廷闘争」として行われていた公民権運動が，公立学校での人種別学を違憲と判断した1954年の「ブラウン対トペカ市教育委員会」の連邦最高裁の判決以降，バスボイコット（不乗車運動）やデモ行進をはじめとした普通の人たちが参加する「ストリートレベルの運動」，「大衆による街頭の政治行動」の形を取るようになった経緯やそれ以降の運動を紹介する。

　英米の事例を扱ったこれら3つの章を通じて，政治とは議員たちが法案を審議する「議場」の外でも行われること，すなわち，普通の人々が立ち上がり行動することによって社会や政治に変革がもたらされる例があったことがわかるだろう。

▶**第Ⅱ部「アジアの近現代史からよむ」**　アジアの多くの地域は19世紀以降，帝国主義的に膨張した国民国家の植民地となり，宗主国を通じて近代国際体制に組み込まれた。植民地となった地域の人たちは，20世紀半ばに自前の国民国家を形成し，近代国際体制を構成する新たな主体となった。国民国家の形成過程でアジアには，民主主義の概念や制度が輸入されたが，冷戦という時代背景もあり，その展開は地域ごとに多様な様相を呈した。こうしたアジアの近現代史において「街頭の政治」がどのような役割を果たしたのかを第Ⅱ部で論じる。

　第4章「東アジア世界における『街頭の政治』の伝統──朝鮮の公論政治とその変容」は，民主主義の理念や制度が欧米のみに起源をもつものではないことを明らかにしている。近世の東アジアでは，儒教から発展した朱子学に治世哲学を依拠していた。朝鮮王朝（1392〜1910年）において朱子学は，統治者

の権威を正当化する側面をもっていた一方で，出自や身分を問わず政治参加を保障する枠組みであり，かつデモや行進を制度内に位置づける枠組みでもあった。本章は，現代韓国の政治文化を過去の伝統との連続性のうえにとらえていく。

第5章「東南アジアにおける体制移行と『街頭の政治』――小さな政治再編を積み重ねるマレーシア」は，「街頭の政治」を間接民主主義に慎重に接合しようとしてきたマレーシアの人たちの不断の試みに着目する。1980年代から90年代にかけて東南アジアでは，権威主義的な体制から移行する国家が現れ，「街頭の政治」が体制移行を促す一因となった。これに対してマレーシアは，政権交代も体制移行も起こっておらず，「街頭の政治」も活発でないとされ，民主化の後進国と位置づけられてきた。本章は，こうした評価を再検討する。

第6章「香港の『街頭の政治』――中国との共存をめぐる葛藤」は，2014年に発生した雨傘運動を通して移民の街・香港と中国政府との関係を描く。雨傘運動は，経済的にも政治的にも香港への影響力を強めようとする中国（中央）政府に対し，香港人の政治参加のあり方について何が理想的な制度であるのかを問うた若い香港人たちの場外での抵抗であった。運動の背景と顛末から，読者は香港社会には中国との付き合い方をめぐり多様な見解があり，ひとつにまとまることが難しいことがわかるだろう。

▶**第Ⅲ部「国際政治の新潮流からよむ」** 　国民国家が国際関係の主体であり続ける一方で，国民国家以外の主体も国際関係において重要な主体になりつつある。そうした非国家主体には，国際機関や地域協力機構，多国籍企業，NGO，国家を介さない地方自治体間協力，国境を越えた市民の連帯などがある。第Ⅲ部では，国際社会における多様なアクターに着目し，「街頭の政治」を通じて国際政治経済に訴える試みに着目する。

第7章「北九州市の環境国際協力にみる『街頭の政治』――地域発の市民運動が世界を変える」は，1960年代以降展開された北九州市の公害反対運動を取り上げる。北九州市は公害を克服した経験を活かし，今日，環境都市として国際協力を積極的に推進している。行政や企業が公害の克服に取り組むようになったきっかけは，家庭を守る女性たちの活動であった。本章では，科学的な

方法でデータを集め，結果をさまざまな形で公表して社会を啓発し，市議会議員や市行政を公害対策に向き合わせた北九州市の女性たちの「街頭の政治」を紹介する。

第8章「日本の原発輸出政策と『街頭の政治』——『国際協力』『国際貢献』を問い直す」は，トルコ，ベトナム，日本における反原発運動を議論の入り口とし，日本における国際協力・国際貢献の位置づけの変化に迫る。2015年に策定された『開発協力大綱』以降，日本の国際協力・国際貢献は，安全保障と経済成長という国益重視の側面を強めたことが指摘されている。この変化を本章は，外交，開発，防衛を連携させた対外援助が一般化しつつある世界の状況の中にとらえて説明する。

第9章「グローバル経済における『街頭の政治』——薬の特許をめぐる論争を中心に」は，南アフリカ，ブラジル，ケニアで展開した薬の特許をめぐる「街頭の政治」を通じて，多層的なグローバル経済の構造を描いている。国境を越えた経済活動が活発化し，その円滑化を図る国際機関が重要性を増すなかで，国際機関が定めたルールが国内の制度と矛盾し，そのことに不利益を被る人たちが存在するようになった。本章は，こうした人たちによる異議申立てが国際機関，国家，企業，NGOなど多層的な関係性の中で展開したことを描く。

第10章「EUの市民発議と『街頭の政治』——署名運動は国境を越える」は，署名運動という「街頭の政治」を通じて，政治的・経済的な統合を進めてきたEUの課題を提示する。EUの統合は，加盟国の主権の一部をEUに委譲することにより進展してきた。しかしその過程においてEUでは，「民主主義の赤字」と呼ばれる課題が浮上し，その打開策としてEU規模の署名運動を奨励する欧州市民発議が導入された。本章はこの一連の経緯を説明することを通じて，EUをとらえる視点を提供する。

冒頭で述べたように本書は，「街頭の政治」を切り口に国際関係を論じるものであり，「街頭の政治」そのものを立ち入って論じたり，政治参加や民主主義の概念について説明したりするものではない。2010年代に世界各地で活発化した「街頭の政治」を踏み込んでどうとらえるかについて，また政治参加や民

主主義といった概念をどうとらえるかについては，以下の研究案内で紹介する文献がおおいに助けになるであろう。

【注】
1) 構成員1国につき1票を与え意思決定を行う機関もあれば，貢献度や利益の大小に応じて構成員に異なる票数を与える制度（加重投票制）に基づき意思決定を行う機関もある。

【研究案内】
　政治参加とは何か，まだ政治参加にはどのような形態があるのかといった基本的な枠組みについて，蒲島郁夫『政治参加』東京大学出版会，1988年，および山田真裕『政治参加と民主政治』東京大学出版会，2016年が参考になる。地方自治体の政治に参加するうえで，国政への政治参加とは異なる制度があることをふまえ，身近なところから政治に参加する方法を，福嶋浩彦『市民自治——みんなの意思で行政を動かし自らの手で地域をつくる』ディスカバー・トゥエンティワン，2014年がわかりやすく説明している。
　2010年代に世界各地で活発化した「街頭の政治」の中に，原発や安全保障関連法に反対する「街頭の政治」を位置づけ，日本における政治参加の歴史を論じたものに，五野井郁夫『「デモ」とは何か——変貌する直接民主主義』NHK出版，2012年，および小熊英二『社会を変えるには』講談社，2012年がある。2010年代の「街頭の政治」では，祝祭性やソーシャルメディアの活用などの新たなスタイルやツールが指摘されている。こうした新たなスタイルやツールから，昨今の「街頭の政治」が何を志向しているのかを読み解く試みとして，伊藤昌亮『デモのメディア論——社会運動社会のゆくえ』筑摩書房，2012年がある。

第Ⅰ部

イギリス・アメリカの現代史からよむ

第1章　20世紀イギリスの「街頭の政治」
—— 「議会制民主主義の母国」における「反乱」

久木　尚志

1　イギリスの「街頭の政治」

▶「それはトニイパンディだ」　見出しのせりふは，ジョセフィン・テイの歴史推理小説『時の娘』の主人公，ロンドン警視庁のグラント警部が入院中の退屈しのぎに悪名高き国王リチャード3世（在位1483〜1485年）の汚名返上を企てたとき，手助けするアメリカの知人と交わした会話の一節である。そのアメリカ人には「新案特許の薬の名前」にしか聞こえなかったトニイパンディとは，南ウェールズ炭鉱地帯にあり，1910年代の激しい労働運動の先駆けとして，やがてナショナル・レジェンドとなった場所である。しかしグラントは，現場の誰もがナンセンスだとわかっている作り話が流布し，神話になってしまった好例として，その名を挙げたのだった。[1)]

　トニイパンディ事件として知られる出来事の概要は次のとおりである。1910年，南ウェールズ・ロンダ渓谷で労働条件の改善を求め，約1万2000人が加わる大規模な炭鉱ストライキが発生した。その際に生じた暴力行為を抑止するため，治安担当のチャーチル内相は軍隊派遣に踏み切った。その後も小競り合いはやまなかったが，深刻な人的被害はトニイパンディで警官の棍棒に打たれ，その後死亡した1名だけだった。それにもかかわらずこの地名は弾圧の場としてウェールズで語り継がれ，チャーチルへの反発は長く消えなかったという。グラントはそのことを批判したのである。また，当時多発した略奪行為をめぐって，ウェールズ・ラグビー界の英雄ウィリー・ルウェリンが所有していた商店が対象から外されたとする逸話も伝わっている。街頭行動に加わった人々の郷土愛や規範意識に基づく振る舞いを称賛する意図が感じられるが，最近の研究ではその真偽は定かでない。

この事件は幾様にも解釈できる。20世紀初頭のイギリスで暴力的なストが発生したこと，軍隊が派遣されて死者が出たこと，それが地域では熱く語り継がれたものの，第三者にはナンセンスな作り話ともみなされたことなど，特定の要素を抜き出して議論を深めることもできるだろう。他方，街頭行動としての規模と影響を考えた場合，逆説的ではあるが，当時のイギリスが暴力を肯定しない文化に覆われていたことを見落とすべきではない。軍隊は抑制的で，犠牲も決して大きくはなくかつ偶発的だったにもかかわらず，「トニイパンディを忘れるな」という警句として長く受け継がれてゆくからである。その事実こそ「議会制民主主義の母国」と呼ばれるイギリスの特徴を示している。加えて弱者・敗者に同情的になりがちな解釈を，事実に即して行うことの重要性にも留意すべきだろう。

▶「街頭の政治」の歴史的文脈

あまり知られていない街頭行動からも多様な論点を読み取ることができそうだが，イギリスを扱う本章は，本書の主題「街頭の政治」をひとまず議会外の政治的な行動全般と広くとらえ，議論を進める。議会における政治行動には院の立法行為とそれに伴う諸活動だけでなく，制定法や種々の政治慣習によって支えられる制度全般が含まれる。[2]2016年6月23日に実施されたEU残留・離脱国民投票を例にとると，両陣営による選挙活動や有権者の投票行動は法に基づき執行される制度内の政治であり，投票前後に頻発した移民排斥運動が制度の外部で展開される「街頭の政治」にあたる。両者は決して排他的ではない。歴史を振り返ってみても，例えばアメリカ独立に触発されて拡大した奴隷貿易廃止に向けた社会運動は，1807年法に結実した。1880年代の反失業デモは貧困を個人の問題とする従来の見方を変える契機，すなわち「社会問題の発見」へと展開し，1906年以降の改革立法をもたらした。この2つに共通するのは，たとえ発端が街頭にあっても，改革が実現するには議会という制度の関与が不可欠だったことである。

個々の事例を考えるうえで無視できないのが，それぞれの歴史的文脈，言い換えればその社会が積み重ねてきた経験である。19世紀以降のイギリスでは，フランスやドイツあるいはアメリカ合衆国でみられた大量殺戮を伴う街頭行動

はほとんど起きていない。例外は第3節で触れるアイルランド関係である。近代イギリスは暴力を伴う非立憲的な方法ではなく，政権交代を通じて変革を成し遂げてきた。1812年のパーシヴァル首相暗殺以降，著名な政治家が殺害された例もほぼ皆無である。[3] この点で複数の大統領が暗殺されたアメリカや多くの政治家が非業の最期を遂げた日本とは違う。1930年代にナチスを模倣したイギリス・ファシスト党が街頭行動を展開したが，幅広い支持を得るには至らず，短期間で影響力を失った。欧州大陸などから数多くの亡命者を呼び寄せたのも非暴力的な政治文化が影響しているだろう。それは「国民性」のような曖昧なものではない。

　イギリスで政治的な暴力が全く用いられなかったわけではない。街頭行動を鎮圧するため暴力装置が発動される事例は20世紀初頭までしばしばみられた。とはいえ，治安目的で軍隊が使用されるとその是非をめぐる議論が高まり，そのこと自体が一定の抑止効果を発揮した。冒頭のトニイパンディ事件もその一例である。やがて軍隊の治安出動は北アイルランドに限定されるので，かえってイギリス史におけるアイルランド問題の特殊性が浮き彫りになるだろう。それ以外にも暴力を伴う街頭行動自体は絶えず生じてきた。20世紀前半までは組織労働による異議申立てが，20世紀中葉以降は人種暴動がたびたび起こっている。さまざまな利益集団が特定の要求を掲げて街頭に繰り出すこともあるが，犠牲者を出す事態に至ることはごくまれである。政治的な暴力を忌避する文化は，現在でも続く議会のしきたりからも見て取れる。開会にあたり君主は上院でスピーチを行うが，下院議員がそこに呼ばれる際，時代錯誤を感じさせるやり取りが繰り広げられる。それは17世紀内戦期の国王殺しで頂点を極めた暴力の歴史的記憶を今に伝える儀式である。

　イギリス議会は18世紀後半には「男を女に，女を男に変える以外，何でもできる」と評されるようになった。しかしそこに至るまで，強大でしばしば暴力的な王権をいかに抑制するかが最大の課題であり，内戦の原因にもなった。その後17世紀末以降に確立する名誉革命体制で，王権は議会のもとに置かれた。やがて内閣制度が整備され，19世紀には下院多数派が行政府の長である総理大臣を出す慣例が固まった。そのもとで自由党と保守党という当時の二大政党が

政権交代を繰り返したのである。こうして「議会制民主主義の母国」と呼ばれるようになるイギリスでは、18世紀まで頻発した暴力は儀式の中に封じ込められ、それに取って代わったのが言論による応酬だった。にもかかわらず、それが民意からかけ離れているとみなされたとき、制度が提供するのとは別の正義を振りかざして街頭からも異議が申し立てられるのである。それらはどのようによみとけるのだろうか。

　本章は2つの「反乱」を取り上げ、イギリスの「街頭の政治」を考える。20世紀イギリスは地主貴族を中心とする名望家支配から民主的な社会へと変貌を遂げた。その過程は過渡期を伴い、二度の総力戦を経て、ひとまず新しい安定的な体制を見出した。第2節で「街頭の政治」を考えるための前提を簡単に整理し、続く2つの節で過渡期と安定期の事例をそれぞれ扱う。第3節は深刻な結果を招きかねなかった武装計画であり、第4節は安定を蝕んだ制度外の運動である。タイプは異なるが、いずれも議会の定める法や制度の外で展開される「街頭の政治」だった。ちなみにイギリスでは年に2回の総選挙が行われた年が二度あった（1910年と1974年）。第3節と第4節はそれぞれにかかわる「反乱」である。本章の取り上げる「街頭の政治」はいずれも政治そのものを揺り動かしたのである。

2　イギリス議会と「街頭の政治」

▶議会と参政権

　イギリスの「街頭の政治」を考えるにあたって、最初に議会について説明しておきたい。イギリス議会は王権の全国統治を円滑に進めるために設置され、身分制議会の色彩を残しながら名誉革命を経て主権者の地位を確立した。これが「財政＝軍事国家」[4]として18世紀の対フランス戦争に勝利する基盤となった。議会を通じて戦費負担に関する説明責任が求められ、その結果として合意を得られたイギリスでは、王権の恣意に左右されやすいフランスより安定的な政策展開が可能だったからである。しかしながら、フランスが大革命以後この状態を抜本的に変革するのに対し、同時期のイギリスの改革は漸進的だった。

議会は世襲貴族などからなる上院（貴族院）と選挙区ごとに投票で選出される下院（庶民院）で構成されるが，当時，後者の投票資格は極めて限定的であり，制度全般に欠陥が多々あったため，「古い腐敗」と呼ばれた。特に国王特許状で定められた都市選挙区には問題が多く，産業革命期の社会変動が改革の動きを加速した。1832年に実現した第1次選挙法改正はいびつな選挙区制度を部分的に修正し，戸主の男性に限られるものの，ほぼすべての中産階級に参政権を与えた。立法過程で貴族層の猛烈な反発に直面し，上下院の対立は危険水域にまで達したが，最終的に身分制秩序との全面対決には至らなかった。これは1846年の穀物法廃止など同時期の自由主義的改革に共通する19世紀イギリス政治文化の傾向であり，地主貴族と中産階級の一部は新たなエリートとして名望家層を構成した。取り残された労働者に参政権を拡大することを求めるチャーティスト運動は基本的には平和的な請願運動であり，議会制に信を置くものだったが，時に暴動を伴い，また集会などで数の力を誇示する戦術が支配階級の恐怖心を煽ったとされる。それが最終的に挫折した後，大規模動員による議会改革運動は影を潜めた。

　19世紀後半の第2次・第3次選挙法改正はそれぞれ都市と農村の，権利行使に値するとみなされた男性労働者だけに参政権を付与するものであり，政治の全面的な民主化を視野に入れた改革ではなかった。既存の政党から自立して労働者独自の政党をもとうとする動きは19世紀末から本格化し，「チャーティスト運動の再現」とも評されたが，参政権をもたない底辺の労働者を政治的に動員することは困難だった。第4節で触れる労働組合と議会政党との微妙な関係はすでに始まっていたことになる。

　「議会制民主主義の母国」とされるイギリスでも，普通選挙が実現したのは決して早くはなく，第一次世界大戦で徴兵制が初めて導入された後である。男性普通選挙をもたらした1918年国民代表法がイギリス政治に与えた影響は極めて大きかった。貴族院からの首相選出は原則としてなくなり，労働党が単独で政権を奪取する機会が生じた。それによって議会労働党は街頭活動から手を引くことになる。労働党の主な支持母体である労働組合は19世紀末から規模を拡大し，職場を舞台とする活動以外のさまざまな方法で自らの要求を遂げようと

した。こうした一連の変化が1945年総選挙で成立したアトリー労働党政権（1945～1951年）による「静かな革命」と呼ばれる福祉国家建設につながるとともに，国民政党を標榜する保守党と階級政党である労働党との均衡のうえに，産業国有化を維持し，福祉の充実をはかるという「戦後コンセンサス」を形成することになった。そしてそれが崩壊するのもまた，1979年の政権交代によってであった。

▶近年の「街頭の政治」　イギリスはゆっくりと制度を改めながら，政権交代で時に大きな変革を実現した。20世紀に限ると，1906年，1945年，1979年が重要である。これらは総選挙の結果であり，当時の民意を反映していた。それでは，「街頭の政治」には何が反映されるのだろうか。

　街頭の直接行動が代議制を補完する回路として民主的な政治文化に組み込まれている（あるいは，組み込まれるべきだ）とする考え方は，議会選挙がしばしば数年に一度しか行われず，その間に発生した事態を受けてなされる政府の判断に有権者が関与できない現状をみるにつけ，それなりの説得力をもつ。近年のイギリスで最大規模の直接行動は，アメリカを中心に企図されたイラク攻撃にイギリスが参加するのを阻止するため，2003年2月に行われた抗議デモだった。しかしそれもブレア労働党政権（1997～2007年）の決定を覆すことはなかった。首相は攻撃反対に傾いた世論を説得しようと多くのメディアに自ら登場し，結果的に戦争参加を認める議会決議が通った。街頭は政治を動かせなかったのである。こうして始まった戦争に大義がなかったことは後に明白になった。戦後の中東情勢の混迷は改めて説明するまでもない。2016年7月にはイラク戦争にかかわる経緯を批判的に検証したチルコット委員会の報告書も公表された。その意味で2003年2月の抗議デモには十分な正当性があったと考えてよい。問題はそれにもかかわらずこの史上空前の直接行動が現実を動かせなかった点にある。何らかの形で制度に回収されなければ，「街頭の政治」は街頭で完結してしまう。イギリスが議会主権の国たるゆえんである。

　戦争参加を推進したブレアの労働党は，2005年総選挙で前の2回と比べると大きく議席数を減らしたものの，世論の逆風に反して同党史上初となる連続3

期の勝利を収めた。後継のブラウン労働党政権（2007～2010年）が下野するのは，イラク戦争開戦時には予想もつかなかった財政赤字が主な争点となった2010年総選挙だった。次のキャメロン保守党・自民党連立政権（2010～2016年，2015年以降は保守党の単独政権）は緊縮財政を採用し，前政権とは異なる姿勢で社会・経済政策を進めた。そのため，同年秋には大学授業料値上げなどに抗議する動きが広がり，翌年8月にはロンドンなど各地で大規模な暴動が発生した。この暴動では若年層の略奪行為に非難が集中したが，街頭の抗議行動としてとらえると規模は極めて大きかった。イギリスにおけるこの種の出来事としては異例なことに5名が命を落とし，警官を中心に多数の負傷者が出た。2億ポンド（当時約250億円）以上の経済的損害，4000人以上の逮捕者という数字も衝撃的だった。

この暴動を同時期の占拠運動や「アラブの春」と比較して「反面教師」と呼び，単なる略奪に終わったと評する向きもある。占拠運動のように参加者が自らの「正義」を掲げる街頭行動は，それを共有できる限りでポジティヴなストーリーとして説明しやすい。しかし近代初期までのラフ・ミュージック（共同体による制裁的暴力）や食糧暴動，あるいはラダイツ（機械破壊者たち）など，2011年8月の暴動と大差なくみえる街頭行動にも，当時の歴史的文脈に照らすと意味があったことがわかっている。近年の出来事の長期的な影響に関しても，すぐには気づかれないものが含まれるに違いない。短期的な成果の有無から離れて「街頭の政治」の意味をよみとくためには，参加者の主観的な意図や目的とは別にみなければいけないものがある。それは「街頭の政治」がいかなる場で展開されたかである。

▶「街頭の政治」の場　　2011年8月暴動の原因に関しては諸説あるが，発生までの社会の状況をポリー・トインビーとデイヴィッド・ウォーカーはこう描いている（原著刊行は暴動前の2008年）。

> 労働党政権は決して手をこまねいていたわけではない。貧困世帯に金を注ぎ込み，公共サービスの支出を増やしている。……（しかし）誰も望んでいないのに，我が国の所得と富の格差はいよいよ大きくなってきた。加速する不平等と失われる共同体との一体感。この二つの関係に目を塞いだまま，ブラウンは国民統合の重要性を訴えてき

た。だが，マネーはますますこの国を引き裂いている。私たちはもはや同じコミュニティの成員ではない。街を歩けば誰もが似たようなカジュアルな格好をし，あたかも我が国は格差社会ではなくなったかのような錯覚に陥る。だが，実は金を持っている者と持たざる者との間には千尋の谷が横たわっており，その谷をつなぐ橋は崩落している。(ポリー・トインビー，デイヴィッド・ウォーカー（青島淑子訳）『中流社会を捨てた国』東洋経済新社，2009年)

　彼らは経済状況や政府の対応に加え消費性向のような人々の意識のあり様から，暴動の前提となる社会の分断の様子を説明している。抗議デモや暴動といった形で現れる「街頭の政治」を生み出す場とは，多様な経験を蓄積し，複雑な力学が作用する社会そのものである。そこに働く要因だけをとってみても，国制の根幹である議会の動向，それが制定する法に制約される政府の方針，それを支える多数派有権者の意向と少数派による反発など，多元的に構成されている。20世紀イギリスの「街頭の政治」はどのような文脈で，いかなる場で展開されたのだろうか。以下，20世紀前半と後半の2つの事例からよみといてゆきたい。

3　もうひとつの1914年

▶北アイルランド紛争　　2012年6月，エリザベス2世が北アイルランドを訪れ，自治政府のマクギネス副首相（在任2007〜2017年）と握手を交わした。女王は前年5月にアイルランド共和国を初訪問しており，これらは長く続いた北アイルランド紛争が終わったことを印象づけた。マクギネスはアイルランド共和軍とその政治組織シン・フェイン党の幹部として1960年代末以降の街頭活動を指揮してきた。女王との和解は，残された課題を暴力ではなく民主的な手続きに基づいて解決する意志を改めて感じさせるものだった。

　街頭の暴力が相対的に少なかった20世紀イギリスで，北アイルランドは例外だった。紛争は1960年代末から21世紀初頭まで続き，多くの犠牲者が出た。きっかけは北アイルランドの多数派プロテスタント系住民による少数派カト

リック信者への差別である。当初はアメリカの公民権運動にならった非暴力的な抗議活動が中心だったが、治安維持目的で軍隊が派遣され、それが1972年1月30日にデモ行進中の市民に発砲し、多数の死傷者を出す「血の日曜日」を引き起こすと、紛争は悪化の一途をたどった。

アイルランドは1801年に連合王国の一部となった。カトリック差別が法的に解消されてからも土地所有などの不平等が残り、議会を通じて改革を実現しようとする活動と少数派の暴力とが繰り返された。そして第一次世界大戦後、南部がアイルランド自由国として実質的に独立し、北部は連合王国に留まった。これが北アイルランド問題の起源である。

そこに至る過程で「街頭の政治」がイギリス社会を揺り動かした。その背景は次のとおりである。「国制の常道（Constitutional Convention）」としての下院優位原則は、ウォルター・バジョットのいう上下院の「隠れた結合」[7]に助けられて安定的に機能してきた。しかし19世紀末以降、アイルランド問題が安定に綻びをもたらす。20世紀初頭、福祉予算確保と軍備拡張のための増税を企図したアスキス自由党政権（1908〜1916年）は両院の関係を明確にする方針をとったが、そこにアイルランド問題が絡んだことで混乱が一気に加速し、目的達成のためには暴力も辞さない動きへとつながってゆくのである。この危機は大戦の勃発に飲み込まれ、戦後は状況が激変したため忘れられがちであり、そもそも反乱が成功する可能性は低かった。しかし当時の「街頭の政治」を理解するうえで重要な出来事である。

イギリスは大戦で大きく相貌を変えた。長年の懸案だったアイルランド問題は独立戦争の勃発で放置できなくなった。最初の総力戦はそれを含めてイギリスを不可逆的に変えた。そのため開戦までの社会は相対的に安定していたという錯覚が生じる。しかし安定はあくまでも相対的であり、いくつかの危機が同時進行していた。女性参政権運動であり、労働運動の高揚であり、北アイルランドにおける武装計画である。このうち最も深刻だったのが最後のものである。この危機は大戦というより大きな危機に直面したことで回避されたが、それがなければ1914年夏のイギリスは17世紀以来の内戦に陥る可能性さえあった。

▶アイルランド自治問題　19世紀にアイルランド問題の解決に尽力したのはグラッドストン自由党政権である。1868年成立の第1次政権で改革に着手し，近代的選挙戦術のはしりとされる「ミドロジアン・キャンペーン」[8]で1880年総選挙に勝利を収めると，1881年に小作保護を目的とする土地法を制定した。さらにこの選挙で第3党の地位を確立したアイルランド国民党と連携して自治（Home Rule）の実現に舵を切った。1885年総選挙でも第1党の座を確保した自由党政権は，外交・防衛など主要政策以外で立法権を有するアイルランド議会の設置を柱とする最初の自治法案を提出したが，党内の造反によって否決された。グラッドストン首相は議会を解散するが，総選挙で大敗を喫した。

　実現しなかったとはいえ，自治の是非が議会で審議されたことは大きな変化だった。その反面，自由党が分裂したことで19世紀末の政局を主導するのは保守党となった[9]。また土地法は下院通過後，上院で多くの修正を施された。これまで表面化しなかった両院のねじれが政局に深刻な影を落とし始めたのである。統一派を失った自由党はアイルランド国民党との関係を深め，1892年総選挙を僅差で勝つと，翌年には第2次自治法案を提出した。しかし下院で可決された法案は大差で上院に否決された。アイルランドを連合王国につなぎとめるため自治の実現に力を尽くしたグラッドストンは，まもなく政界を引退した。

▶人民予算と議会法　自由党が政権を奪還するのは1906年である。総選挙は貿易問題を主な争点とし，自由党が歴史的大勝利を収めた。この最後の自由党単独政権は，協力関係にあった労働党の意向で労働争議法を制定したのを手始めに改革を進め，海軍を中心とする軍備拡張にも力を入れた。1909年4月，ロイド＝ジョージ蔵相は累進課税などで富裕層に負担増を求める「人民予算」を議会に提出したが，「国制の常道」から外れる上院の予算案否決によって1910年1月に予算案をめぐり総選挙が行われた。自由党は絶対多数を失ったものの第1党の座を守り，「人民予算」は大幅に遅れて成立した。

　上院の拒否権行使は自治問題をめぐる混乱を再燃させた。議席数を大幅に減らした自由党が政権を維持するには，自治を求めるアイルランド国民党の支持

が不可欠だったからである。自由党政権は両院の関係を慣習によらず明文化すべく議会法の成立を目指した。予算案などの金銭法案への上院拒否権を剥奪し，それ以外の法案についても拒否権を制限する内容である。政局は国王エドワード7世の急逝（1910年5月6日）を挟んで大きく混乱した。アスキス首相は上院の抵抗を抑えるため，新国王ジョージ5世に対し大権に基づき自由党寄りの貴族を多数創設するよう求めるとともに，上院の拒否権行使を受けて年内に二度目の解散を断行した。これはイギリス史上初めてのことだった。12月総選挙では自由党と保守党がともに272議席を獲得した。その結果，1911年8月10日，大量の棄権者が出たことによって議会法が上院を通過した。

▶アルスター危機　「人民予算」と議会法をめぐる混乱はイギリスの二院制が抱える矛盾をさらけ出した。同時にこの混乱は辛うじて国制の枠内で，すなわち政府・両院・国王の間で収拾された。異常な暑さを記録した1911年夏，街頭では組織労働による空前の運動が展開されていた。しかしそれはこの過程に直接的な影響を与えなかった。この時点では政局の混乱と街頭の動きとは截然と分かれていたことになる。しかしやがて事態は急変する。1911年9月，プロテスタント系住民が多数を占めるアルスター地方（アイルランド島北部）の保守党協議会が自由党政権に反旗を翻し，臨時政府の樹立を宣言したのである。これに対し翌年4月，アスキス内閣は第3次自治法案を提出した。上院の拒否権が制限されている以上，法案成立は確実だという見通しがあったからである。内容はこれまでとほぼ同じで，アルスターをアイルランド自治の対象から除外する条項は含まれなかった。

　反発を強めた統一派は「アイルランド自治議会を設立する陰謀を打破するため，必要なあらゆる措置を講ずる」旨の誓約への署名を集め，その数は20万筆を超えた。1913年1月，自治に反対するアルスター義勇軍が組織され，公然と武器を密輸して軍事訓練を始めた。保守党幹部だけでなく陸軍関係者もこの動きを支援し，1913年秋には義勇軍参加者は約6万人に膨れ上がった。逆にダブリンを中心に独立派の動きも高まり，アイルランドは騒然となった。しかしアスキス首相は事態の推移を静観した。議会法成立後に二度下院を通過した自治法案はいずれも上院に拒否されたが，街頭で進んでいた武装計画への取り締

りや関係者の逮捕には踏み切らなかった。行動を煽る野党保守党の幹部を逮捕することはリスクが高すぎたからである。法案が二度目に否決された後，ジョージ5世の仲介で両党首脳が調整を始めた。首相はアルスターの自治除外を念頭に置いて保守党首脳との協議に入った。アイルランド国民党も住民投票で除外の是非を決める案に最終的に同意した。

　しかしアルスター義勇軍幹部はそれを拒絶した。非妥協的な街頭の運動が政治的な決着を阻んだわけである。南北の義勇軍は膨れ上がり，陸軍内にも不穏な動きが広がった。チャーチル海相は海軍を用いた解決を主張したが，首相はそれを押しとどめた。自治法案をアルスターに強制する目的で軍隊を用いない旨の文書に参謀総長が署名し，文民統制をめぐる激しい議論が戦わされる事態も生じたが，関係者の辞任と自身の陸相兼務で危機的状況を乗り切ったアスキス首相は，総選挙で決着をはかることも避けた。たとえ保守党が壊滅的な敗北を喫しても緊張を抑えることはできず，むしろ社会分裂の危険が高まると考えたからである。自らに「正義」があると信じ，暴力を手にした「街頭の政治」はイギリス国制に，ひいては民主的な手続きそのものに深刻な危機をもたらしたことになる。

　1914年5月26日，第3次自治法案（アイルランド統治法案）が下院で可決された。3会期連続の通過であり，議会法の規定により上院の意向にかかわらず成立するはずだった。しかし6月，政府はアルスターを6年間自治から除外する修正案の提出によって，穏便な着地を目指す方針をとることにした。関係者がロンドンに集まり，7月末をめどに修正案の調整が行われた。しかし決着には至らなかった。自治に抵抗する反乱の危機が間近に迫っていた。それが回避されたのは，ひとえにより大きな危機の到来によってだった。7月30日，首相は下院で修正案の審議を延期する旨の演説を行った。8月4日，イギリスはドイツに宣戦布告し，史上空前の大戦に突入することになった。アイルランド統治法は9月18日に国王認可を受けたが，開戦に伴い施行は延期された。

　1910年代前半の一連の「国制危機」は，下院で成立した法の執行を有権者に選出されたわけではない上院の拒否権や街頭での脅しを通じて阻止しようとする動きがもたらした。軍の一部が加担したことで危機は深まった。統一派には

自らに「正義」があり，それが政府によって踏みにじられているという感覚があった。有権者が選ぶ下院の判断にすべてを委ねるべきではないという最後の上院出身首相ソールズベリ流の意識も作用していた。他方，アイルランド義勇軍を組織し，1916年4月にイースター蜂起を決行する独立派の動きも，統一派の武装計画に対抗して強まっていった。街頭を舞台にした応酬こそ，19世紀以来進められてきた立法による，すなわち民主的で漸進的な改革ではなく，暴力を用いた独立へとアイルランドを導いた。その意味で「街頭の政治」は深い傷跡を残したのである。

4　福祉国家の破壊者

▶コレクティヴィズムの時代

前節で扱った1910年代は組織労働による街頭行動が大規模に展開された時期でもあった。その100年後の21世紀初頭のイギリスはもはや労働組合が強い国ではないし，ストライキはほとんど消滅した。アンドリュー・ローゼンは次のように述べている。

> いまひとつの衰退しつつある制度は，労働組合である。1979年，つまりマーガレット・サッチャーが首相になった年から，労働組合は，その組合員数，権力，政治的影響力などのすべての点で，深刻な衰退を経験し始めた。1979年には，民間で雇用されていた労働者の53％が組合に加入していたが，2000年になると，この組織率はわずか30％となってしまった。（アンドリュー・ローゼン（川北稔監訳）『現代イギリス社会史 1950—2000』岩波書店，2005年）

労働組合の盛衰を簡単にみておこう。19世紀末に貧困は個人ではなく社会の問題だとみなされ始めると，国家の関与を求める動きが強まった。第一次世界大戦前に公的な年金・保険・職業紹介の制度が作られ，累進課税制度が導入された。戦間期にも整備は進み，戦後の福祉国家につながる。この過程で労働党結成の母体となり，力を増した労働組合の影響で肉体労働者の賃金が上昇した一方，高額所得者の所得税率は最大83％となり，不労所得への加算（15％）と合わせて98％に達した。イギリスで貧富の格差が最も縮まったのは1970年代後

半のキャラハン労働党政権（1976〜1979年）の時期だったとされる。1979年総選挙でそれに取って代わるのがサッチャー保守党政権（1979〜1990年）だった。縮小傾向はそのもとで反転することになる。サッチャーは格差を自明のものとし，能力や財産の主体は個人であり，「社会など存在しない」と述べた。この考え方は「個人は個人として尊重されるべきだ」という主張に結びつく。つまり白人・成年・男性以外のさまざまな属性が個人主義的な観点から自己主張を強める時代に呼応していた。それまで社会編成の最も重要な概念は階級だったが，そこに変化が生じたのである。

　したがって，サッチャー時代までの20世紀は，階級意識に基づき組織された労働組合が力をもつ「コレクティヴィズム（集団主義）の時代」だった。それは自助（Self-help）を称揚したヴィクトリア朝とサッチャー主義とに挟まれた特異な時代だったといえる。もちろんその間も個人主義が否定されたわけではなく，レッセフェール（自由放任）の理念は生き続けた。両者に折り合いをつけたのが「集団的レッセフェール」である。それは次のような文脈で戦後イギリスの「街頭の政治」に深くかかわるものだった。

　戦後イギリス社会が完全雇用政策のもとで，労働組合と経営者団体とが全国規模で一律に労働条件に関する協約・合意を結び，それに基づいて労使関係を安定させたという見方は神話である。現実には全国協約は職場レベルで踏みにじられ，政府の政策は功を奏さず，経済はたびたび危機に瀕した。集団行動が無秩序に行われても制御することは困難で，一時しのぎの解決が模索されただけだった。その一因は，後でみるように20世紀の労働法制が市民社会における組織労働の位置づけを歪めたことにあった。その限りで本節の扱う「街頭の政治」は立法という制度の枠内に収まる。とはいえ，そもそも法が組織労働を市民社会の外部に位置づけ，その侵犯行為を事実上無制限に容認するものだった以上，労働者の運動を「制度的に制度外化された街頭の政治」としてとらえ直すことが可能なのである。

▶集団的レッセフェール　　何がそうした法制を採用させたのか。皮肉なことにそれはイギリスの自由主義の伝統だった。すなわち，当事者の自主的な行為こそ国家介入より望ましいと考える「ヴォランタリ

ズム（任意主義）」に基づき，自主的な交渉で労働条件を決定すべきだとする通念である[10]。それが労働組合のような団体を通じて実現されるのが集団的レッセフェールである。レッセフェールの本来の主体は個人だが，団体を経由する以上，意に反するスト参加を強いられるなど，個人主義とは相容れない場合が出てくる。それに対する国の法整備は個人の自由を否定するのではなく，集団行為に含まれる違法性を免責する方向でなされた。労働市場における販売者と購買者の個別取引は自由になされるべきで，労働組合はそれを集団で歪曲する存在，いわばカルテルとみなして最初は禁止し，状況をみながら禁止措置を緩和してゆく方法である。こうして1824年団結禁止法撤廃に始まり，1906年労働争議法でほぼ完成したのが20世紀のイギリス労使関係制度だった。しかしそこには落とし穴があった。個人の自由が必ずしも保障できないこと，賃金決定を自主交渉に委ねると政策遂行が制約されることである。

　19世紀から持ち越された法的問題のひとつは民事免責だった。20世紀初頭，重要な司法判断が下された。南ウェールズの鉄道ストに伴い，会社側が組合への損害賠償請求の訴えを起こした。1審と2審で判断が分かれたが，最高裁にあたる上院は訴えを認め，2万3000ポンドの支払いを命じた[11]。組合に民事上の賠償責任を認める判決である。組合側は判決を政治的に覆す戦術を採用した。自由党が圧勝した1906年総選挙で29名の労働党議員が当選すると，ただちに労働争議法が成立した。同法はまず争議行為から民事共謀理論を適用除外とした[12]。次に就労を物理的に妨害するピケッティングを「平和的説得」の名目で合法化し，さらに組合基金を賠償請求から守る目的で労働争議における個人・組合の不法行為を免責した。こうして1906年労働争議法は「あるべき労働組合の地位」を法的に示し，その正当な権利と義務を設定するのではなく，本来負うべき責任を免除する条項だけとなり，それが20世紀労使関係法制の原型になった。1910年代以降，労使関係が荒れる一因はここにあった。

▶戦後イギリス政治の転換点

二度の世界大戦を経てイギリス政治は大きく変わった。第一次世界大戦まで自由党と保守党が政権を争ったが，戦間期の労働党勃興と自由党衰退の結果，第二次世界大戦後は保守・労働の二大政党になった。1945年総選挙で勝ったアトリー政権は福祉

国家建設を進めた。1950年代と60年代前半は保守党政権によって「豊かな時代」が築かれ，後半からは経済危機に見舞われながら労働党政権が「寛容の時代」[13]を演出した。いずれの政権も直面した最大の課題は労使関係の正常化だった。それに終止符を打つのが1979年総選挙で勝利したサッチャー政権である。その路線はメイジャー保守党政権（1990～1997年）をはさんで，ブレア労働党政権にもおおむね引き継がれた。

したがって，戦後政治には２つの転換点があったことになる。ひとつは福祉国家の建設であり，もうひとつはその見直しである。とはいえ，福祉国家のあり方が問い直されても公的年金や医療制度が全面的に放棄されたわけではない。福祉国家は財政的に持続可能性に欠けるとする批判が根強いが，2004年に現代史・現代政治研究者を対象とした調査で最も高く評価された20世紀の首相はアトリーだった。他方，見直しの背景をジャーナリスティックな観点から論ずる「ショック・ドクトリン」という見方がある。何がどのように破壊され，あるいは改革・維持されたのかを十分吟味せずに単純化するのは陰謀論と変わらない。そもそもサッチャー保守党を選んだのは有権者である。その最大の標的は労働組合だったが，1979年から４回続けて有権者が保守党を選択した動機には何があったのか。

そこに至る経緯を確認しておこう。労使関係の悪化はまず1910年代から1926年のゼネストまで続いた。これは炭鉱労働者の賃下げ問題をきっかけとし，約１週間にわたり重工業・運輸業を中心に170万人が参加した。組合側は敗北し，協調路線に転じるが，総力戦体制下でその立場は逆に強化される。そして戦後，労使関係を規定する要因に大きな変化がみられた。完全雇用政策である。失業率の変動が労使関係を左右しなくなったため，絶え間ない賃上げ圧力がかかり，物価安定や国際収支改善などの政策課題を遂行するうえで困難が生じた。ヴォランタリズムに基づき強制的な対応に踏み切れない政府は労使双方に責任ある行動を期待するしかなかった。二大政党がこうしたコンセンサスを共有した背景には，失業が社会を蝕んだ戦前への反省があった。労働党・保守党政権とも自主的な賃金交渉に一定の枠をはめる「所得政策」を採用したが，関心を賃金に集中させた組織労働の動きを制御することは簡単ではなく，1960

年代後半になるとこの政策は完全に破綻する。

▶「誰が国を統治しているのか」　1965年に労働組合のあり方を再定義するための調査委員会（労働組合および使用者団体に関する王立委員会，通称ドノヴァン委員会）が設置された。それが「発見」したのは，全国規模の公式決定が下位レベルの非公式交渉で反故にされている現実だった。当時，1965年に人種関係法が[14]，1970年に男女同一賃金法が成立するなど，白人・成年・男性の既得権と結びついたヴォランタリズムで職場の課題を解決できないことは明らかだった。

　ウィルソン労働党政権（1964～1970年）は改革を進めようとしたが，支持母体である労働組合の反発もあって1970年総選挙に敗北した。続くヒース保守党政権（1970～1974年）は労働争議法を廃止し，労使関係を近代化する方針をとったが，組合側は徹底的に抵抗した。特に石油危機に伴う物価上昇期に炭鉱組合がストに入ると，国民生活はパニックに陥った。ヒースは「誰が国を統治しているのか」と問いかけて1974年に二度の総選挙に臨んだが，いずれも僅差で敗北した。しかし労働党政権も公共部門でストが連続する「不満の冬」を抑えられず，1979年総選挙で保守党が勝利を収めた。すでに1976年，外貨準備高不足に陥ったイギリスは国際通貨基金から公共支出削減を条件とする緊急融資を受け，政策金利は大幅に上昇していた。その結果，失業が急増し，完全雇用政策は維持できなくなった。完全雇用とインフレ抑制を同時に達成するのはほぼ不可能だということを有権者が実感をもって理解し，保守党を選択した可能性が高い。労使関係の分野では，サッチャー登場以前に完全雇用政策の放棄という「ショック」が与えられていたことになる。

　以上の経緯から明らかなように，組織労働が政府と対峙し，大規模ストが社会を麻痺させたのは1970年代だった。しかし問題は炭鉱ストや「不満の冬」といった大きな「街頭の政治」だけではなかった。それ以前から頻発していたのは，より小規模で非公式な「反乱」だった。例えばヒース政権を倒した炭鉱ストでは，事前の残業拒否で石炭貯蔵量が減っていたことが決定的な意味をもった。[15]こうした順法闘争を含む「制限的慣行」で国民生活に深刻な影響を与える手法は鉄道や電力供給，あるいは新聞印刷などで効果的に行われた。これらは

第1章　20世紀イギリスの「街頭の政治」　25

全国規模で結ばれた労使間の協約が想定しない事態であり、公式統計に現れないため影響を正確に把握するのは困難だった。しかしそうした小さな行動の積み重ねこそがやがて「英国病」と呼ばれる経済停滞を引き起こし、有権者の選択を一定の方向に誘導したと考えられるのである。なぜこうした事態が引き起こされたのだろうか。

　1950年代から60年代は「豊かな時代」と呼ばれる安定期だった。完全雇用政策で人手不足に陥ったことと社会保障制度の充実に伴い、労働者の要求は賃金に集中した。職場ごとに置かれたショップ・ステュワードが進める賃上げ運動[16]は勢いを増し、各企業は全国協約が定める標準賃金にさまざまな上乗せを行った。これを賃金ドリフトと呼ぶ。対象外とされた労働者も改めて職務評価を求めた。ドノヴァン委員会の議論に影響を与えたアラン・フランダースの有名な説明によれば、その交渉は「概して非公式、概して分散的、概して自律的」だった。統制は効かず、1967年には公共部門も含め1200万人、被雇用者の3分の2が対象となったとされる。もちろん実際に生産性が向上していれば問題は少ない。しかし職場間の格差是正を目的とする2次ドリフトは経済に悪影響を及ぼした。生産性向上が偽装された場合はさらに深刻だった。所得政策や全国協約が完全に意味を失うからである。

　非公式の職場反乱を主導したショップ・ステュワードについて、ドノヴァン委員会が詳細に調査している。マニュアルには全国協約の職場適用に留意すべしと明記されていたが、彼らは常にそれ以上の譲歩を勝ち取ることを目指した。ふたたびフランダースによれば、ショップ・ステュワードは「独自の権限をもつ交渉者、規則の執行者、その作成者」だった。彼らが導く「街頭の政治」は20世紀労使関係法制のもとでは何ら規制を受けなかった。その暴走が生み出したサッチャー政権は、弾圧によるのではなく、個人の自由と団体の民主化を掲げた法改正を通じて、彼らの拠って立つ基盤を掘り崩してしまうのである。

5　「街頭の政治」は何を変えるのか

　ここまで20世紀イギリスで「街頭の政治」が展開された歴史的文脈と場のあり様を中心に議論を進めてきた。もうひとつ重要なのは，「街頭の政治」がいかなる場を新たに生み出したかである。第3節で取り上げた一連の危機は暴力的な体制変更を是とする雰囲気を広くアイルランドにもたらした。第4節では労働組合をめぐる環境が激変する契機を見出した。いずれも関与した人々が意図したところではなかったとしても，「街頭の政治」には社会を変える力があったのである。

　しかしその効能は一様ではなかった。暴力的な雰囲気が広く社会を覆ったことで，アイルランドは大きな犠牲を伴いながらも独立への道を進んだ。また，労働組合の失墜による既得権の喪失がある人々にとって苦痛だったとしても，別の人々の解放をもたらしたことは否定できない。こうした変化が認められる反面，前者の暴力的な雰囲気はその後の長い北アイルランド紛争へとつながってゆき，後者の労働組合の衰退が一因となって経済的格差は拡大した。どの立場からみるか，いかなる文脈に置くかで，「街頭の政治」が生み出した新たな場の評価は変わる。したがって，それが社会に対して及ぼす影響力を一般化することはできそうにない。

　「街頭の政治」は制度の欠陥を補うだけのものではないし，民主主義にとってのマジック・ワードでもない。時代や地域によって意味の異なるさまざまな現象や出来事を整理する際の共通の呼び名にすぎない。しかしその観点から対象をとらえ直すことで，今まで見えなかった側面に光を当てられるのであれば，研究の新たな地平が開かれる可能性はある。一時的に高く評価された特定の「街頭の政治」が，それによって生み出された場から見直されることもあれば，その逆もあるだろう。そうした不断の営みこそが社会と政治をよみとく力を鍛え直すことにつながるのではないだろうか。

【注】
1) この「ナショナル」は「ウェールズの」という意味である。イギリスは4つの地域から構成される連合王国（United Kingdom）であり，それぞれが独自の立ち位置にある。
2) 報告が立法の根拠となるだけでなく，貴重な資料としても用いられる調査委員会も含まれる。本章で触れるドノヴァン委員会のように委員長の名前を冠して呼ぶことが多い。
3) この点でも北アイルランド関係は例外である。最後のインド総督マウントバッテンの暗殺（1979年）や保守党大会爆破事件（1984年）など，紛争に絡む事件が起きている。
4) 近代国家形成の背景に植民地争奪戦争とそれに伴う財政の拡大と整備（国債発行能力の向上や徴税機構の充実）があったことを論じた歴史学者ジョン・ブリュアの用いた概念。
5) 当時，行政区画で選挙区が定められた州選挙区と都市選挙区が存在した。後者には国王が下院議員選出を認めた時点で一定の人口を抱えていたものの，やがて衰退し，有権者がほとんどいなくなってしまったところがあった（腐敗選挙区と呼ばれた）。反面，産業革命期に人口が急増したにもかかわらず，単独で選挙区になっていないマンチェスタのような都市もあった。
6) 伯爵だったダグラス＝ヒュームは1963年の首相就任にあたって，一代限りで爵位を返上している。
7) 19世紀の政治評論家バジョットはイギリスにおける両院の関係を他国と比べて，「違った基盤の上に立った二院制ではなく，共通の基盤をもった二院制」と評している。同一の家系で上下院議席を分け合い，多くの議員が地縁・血縁・学閥などで結びついていた。
8) 候補者が遊説や集会を繰り返し，有権者に直接語りかけるスタイルの選挙運動である。現在では一般的だが，当時としては斬新な方法であり，背景には地方党組織の整備があった。
9) 保守党は自治法案提出直後に自由党から離脱した統一維持・反自治の自由統一党と合流し，1912年に合併した。現在でも保守党の正式名称は「保守・統一党」である。
10) 女性や子どもの保護など，その枠外で国家（内務省）が早くから介入した領域もあった。女性参政権が遅れた理由のひとつはそこにあった（部分的に1918年，完全には1928年）。
11) 法官貴族（Law Lord）と呼ばれる一代限りの貴族が最高裁判事の役割を果たしてきたが，権力分立の観点から批判が高まり，2009年に貴族院とは別の最高裁判所が設置された。
12) 1875年にスト行為自体は犯罪にならない（刑事免責）とされたが，集団によるストは契約自由の理念に反し，民事上の損害賠償の対象になると考えるのが民事共謀理論である。
13) 労働党政権のもとで個人の選択を尊重する法改正がなされた。1967年に同性愛行為の合法化と人工妊娠中絶の条件緩和が実現し，1969年に離婚条件が緩和された。
14) 1965年法はイギリス初の人種差別禁止法だったが，雇用関係には適用されず，1968年の改正で雇用・住宅・サービスなどへ対象分野が拡大された。

15) こうした経験をふまえて、サッチャー政権は1980年代の炭鉱労働組合との対決にあたり、石炭備蓄と代替エネルギー源の確保を周到に進めた。
16) 「職場委員」と訳される。労働組合の非専従の職場代表として組合費徴収・連絡などの日常業務にあたっていたが、やがて自律的に非公式活動を主導するようになる。

【研究案内】

　冒頭で取り上げたトニイパンディ事件については、J・テイ『時の娘』ハヤカワ・ミステリ文庫、1977年以外に、河合秀和『チャーチル［増補版］』中公新書、1998年にも簡単な言及がある。連合王国イギリスの成り立ちを知るには、L・コリー（川北稔監訳）『イギリス国民の誕生』名古屋大学出版会、2000年、J・ブリュア（大久保桂子訳）『財政＝軍事国家の衝撃』名古屋大学出版会、2003年、近藤和彦『イギリス史10講』岩波書店、2013年が参考になる。イギリス社会の現状については、A・ローゼン（川北稔監訳）『現代イギリス社会史 1950—2000』岩波書店、2005年、P・トインビー、D・ウォーカー（青島淑子訳）『中流社会を捨てた国』東洋経済新報社、2009年。イギリス国制を大つかみにするには、W・バジョット（小松春雄訳）『イギリス憲政論』中央公論新社、2011年。

　本章第3節にかかわるものとして、水谷三公『王室・貴族・大衆』中公新書、1991年、小関隆『一八四八年』未来社、1993年、尹慧瑛『暴力と和解のあいだ』法政大学出版局、2007年。第4節にかかわるものとして、H・A・クレッグ（牧野富夫ほか訳）『イギリス労使関係制度の発展』ミネルヴァ書房、1988年、毛利健三編著『現代イギリス社会政策史』ミネルヴァ書房、1999年、近藤康史『左派の挑戦』木鐸社、2001年、ナオミ・クライン（幾島章子・村上由見子訳）『ショック・ドクトリン』（上）（下）、岩波書店、2011年、A・B・アトキンソン（山形浩生・森本正史訳）『21世紀の不平等』東洋経済新報社、2015年。

第2章　アメリカ民主主義の神話と現実
　　　　──街頭で展開した市民の政治

中野　博文

1　青年貴族の見たアメリカ

▶革命のヨーロッパから
　民主主義のアメリカへ

　1831年のことである。フランスのル・アーブルを発ってアメリカ合衆国のニューヨークに向かう25歳の青年がいた。その名はアレクシ・ド・トクヴィルという。同僚とともにアメリカの刑事制度を視察する旅に出たのであった。

　トクヴィルはフランスの政府職員であり，先進的な制度の海外視察は彼の職分のひとつであった。ただ，この旅には単なる制度視察以上の目的があった。

　この前年，七月革命と呼ばれる政権転覆劇がフランスで発生した。革命以前に司法官として政府の職を得ていたトクヴィルは，この革命で難しい決断を迫られた。政府に残って仕事を続ければ，革命政権を認めることになるからであった。

　トクヴィルは貴族の子である。その先祖をさかのぼれば，1066年のウィリアム1世（在位1066～1087年）のイングランド征服に参加した武人であり，フランス国内でも屈指の家柄である。ただそれだけに，18世紀末には，時代の風雪に耐えねばならなかった。1789年のフランス大革命で貴族への憎しみが爆発したためである。曾祖父が殺害され，両親も断頭台の露と消えるところであったが，独裁者ロベスピエールの失脚で辛くも助かったのである。こうした経験をしたため，彼の親族の多くは革命を毛嫌いし，1830年の七月革命でも新政府を認めなかった。しかし，トクヴィルは政府に仕え続けることにする。進歩を掲げて新国王になったルイ・フィリップ（在位1830～1848年）の理想を信じることにしたのであった。

　ただ，当時のヨーロッパでは，政治運営の先進国といわれていたイギリスで

さえ，選挙権が一部の者に独占されていることに批判の声があがり，抗議運動が巻き起こっていた。トクヴィルがアメリカに滞在していたとき，イギリスの各地で暴動が起き，ブリストルでは民衆と軍隊が衝突して死者も出たのである。

　こうした不安な情勢下，トクヴィルはアメリカ合衆国に行こうと思いたった。当時のアメリカは大西洋の向こう側にある辺境の国家で，その国情を知る者は少なかった。ただ，1829年に大統領になったアンドリュー・ジャクソン（在任1829〜1837年）が民主主義に基づいた改革をしているとのニュースは話題になっていた。

　この当時，民主主義とはフランス大革命時代の恐怖支配を想起させる言葉で，それが安定した支配をもたらすと信じる者は少なかった。民主主義が人々に幸せをもたらすという考えが浸透するのは，第一次世界大戦以降のことなのである。母国フランスの革命が自己の将来に何をもたらすのか，不安を抱えていたトクヴィルは，民主主義とはどのようなものかを探ろうと決心する。それは民主主義の実態を知ることが，祖国フランスのみならず，民主主義に不安を抱く国すべての利益になると考えてのことであった。

　トクヴィルを乗せた船が到着したのは5月11日の朝のことである。蒸気の利用で船の航行速度は上がったとはいえ，それでも航海は38日を要した。ただ，そこで彼を待っていたものは，長期間の旅に見合うものであった。大西洋3000マイルの距離は，ヨーロッパとアメリカを隔てる文化的壁であり，壁の向こうにはヨーロッパ人の知らない驚くべき光景が広がっていたのである。

▶**驚くべき民主主義の大地**　　トクヴィル自身の言葉を聞いてみよう。

　アメリカの地に降り立つやいなや，ある種の喧騒に巻き込まれる。至るところで侃々諤々の声があがる。無数の声が同時に耳を打ち，その一つ一つがなんらかの社会的要求を訴えている。周囲はすべて騒がしい。こちらで一地区の住民が集まって教会の建設の可否を論じているかと思うと，あちらでは代表者の選出が行われている。さらに遠くでは，田舎の代表が，地方における社会改良の必要を訴えるために町に向かう道を急いでいる。別の場所では，学校や道路の建設計画を議論するために，村の農夫が畑を後にする。政府の方針に異を唱えるためだけに集会を催す人たちがあれば，政

権にあるものこそ祖国の父であると宣言するために集まる人たちもある。また別の人々は飲酒酩酊こそ国家の病弊の主要な根源であるとして，節酒の範を示すことを厳粛に約束しようと集まってくる。外からは，アメリカの各議会を絶えず騒がせる大きな政治の動きしか見えないが，これは最末端の民衆に始まり，次第にすべての階級の市民に及ぶ全体の動きの一挿話，一種の尾鰭(おひれ)にすぎない。幸福の追求にこれほど懸命に勤める国民はあるまい。（アレクシ・トクヴィル著（松本礼二訳）『アメリカのデモクラシー』第一巻下，岩波文庫，2005年，132～133頁）

臨場感のある文体は彼一流のものである。微細な描写で民主政の本質をとらえようとしたのであった。そのような文章によって組み立てられた書物を，彼は1835年に『アメリカのデモクラシー』というタイトルで公刊した。この作品は発表されるとすぐに世界的な反響を呼んだ。その成功でトクヴィルは，知識人の栄誉であるフランス学士院の会員の座を得た。また，彼がフランス議会の下院議員に当選したのも，さらには1848年に二月革命が勃発すると，外務大臣という要職を務めることになったのも，同書によるところが大きい。

このようにアメリカ旅行は，学問の世界のみならず，政治の世界でも，成功への扉をトクヴィルに開いたが，彼の著作の何がそれほどまでに画期的であったのであろうか。

帰国後，3年の時をかけて完成させたとはいえ，それは30歳にもならない青年，いまでいえば大学院生の年齢の人間が書き上げた書物であった。この書の意義を正しく理解するには，民主主義を水や空気のようにその存在を当然とする者が，すっかり忘れてしまった民主主義本来の価値に気づかねばならない。

その詳細は後述するが，上の文章を一読して明らかなように，アメリカでは人々が街頭に出て，あちこちで道行く人に社会の改善を訴えかけていた。それは街頭の政治活動の典型といってよいものである。ただ，アメリカの当時の状況を知らないと，人々が精力的にそのような活動をしている背景について大きな誤解をしてしまう。

単純化していえば，このときのアメリカには国家らしい国家も，支配者らしい支配者も，どこを見渡しても存在しなかった。街頭に出た人々は国家や支配者の圧政と戦うために，街頭で活動したわけではなかった。入植の進む開拓地

に建設中の社会のあり方を，自分と同じ普通の人たちと話し合い，できればその力を借りようとしていたのであった。国王や貴族や金持ちが民衆を支配し社会を運営していたヨーロッパやアジアと違って，アメリカでは入植者が話し合って社会を建設している最中にあった。

この章では，トクヴィルが訪れた19世紀のアメリカについて，トクヴィルが知りえなかった事実も交えながら，その実態を明らかにしていこう。トクヴィルのアメリカ見聞は今日でも民主主義の理解に大きな影響を与えているが，彼が理解したこと，誤解したことの双方をつぶさにみていくと，市民が街頭に出ることの意義，そして民主主義とは何かと考える際の注目点が浮かび上がるはずである。

2 フランス七月革命とアメリカの1828年大統領選挙

▶ヨーロッパ文明の未来を揺るがす不安の影　アメリカに旅立つとき，トクヴィルが感じていた不安について，いま少し詳しく説明しよう。彼がアメリカに関心をもつ背景は，どんなものであったろうか。

彼は名門貴族の一員であったが，三男であった。このため，家督は長男が継ぐことになり，貴族制の将来を悩む必要はなかった。ただ，国を貴族中心に動かしていくのか，それとも貴族以外の政治参加を認めるのか，また，もし認めるとしても，誰にどこまでの政治参加を認めるのかは，国家の進路と安定にかかわる大問題であった。

こうした政治参加の問題を考えるとき，19世紀初頭のヨーロッパ社会では，経済発展で中産階級が台頭したため，中産階級に政治的発言権を認めねばならないことははっきりしていた。大商人や銀行家，企業家といった中産階級の助けがなければ，国家財政が運営できず，政府が破綻してしまうためである。

中産階級の政治的な力はフランス七月革命の経緯が雄弁に物語っていた。1829年から翌1830年にかけて，フランスの首都パリでは人々の不満が高まった。1829年暮れからの冬は寒さが厳しかったため，食糧生産に打撃を与えた。これに経済不況が重なって，1830年の春から夏にかけて都市民は食糧不足と失

業の二重苦に見舞われたのである。こうしたなか，議会で内閣不信任案が通過し選挙が行われると，7月に反政府派の勝利が確定した。国王シャルル10世（在位1824〜1830年）はこれを不満として，出版の自由を停止したうえで議会をふたたび解散し，選挙権も一部の大土地所有者が有利になるように制限しようとした。

　こうした措置はパリジャンの怒りを爆発させ，暴動へと走らせるのに十分であった。フランス史上，1830年7月の27日から29日までは「栄光の三日間」と呼ばれる。大工や石工といった職人の親方とその奉公人たちが中心になって蜂起し，政府機関を占領した。これに驚いた国王は国外に逃れ，空白となった政治権力を改革派の貴族と中産階級が掌握した。有力な中産階級がパリの臨時市委員会を組織し，軍事力の要である国民衛兵の司令官にはフランス大革命時と同じくラ・ファイエット侯爵が就任した。こうした貴族と中産階級の連合のもとで，新国王としてルイ・フィリップが推戴されたのであった。

　フランスが火をつけた革命の炎はヨーロッパ全体を覆った。自由を求める人々がドイツ，イタリア，ベルギー，ポーランドで行動を開始したのである。こうした状況がかつてのフランス大革命の悲劇を再来させないかと恐れたトクヴィルの親族が，反革命派になったのは，もっともなことである。

　しかし，革命派の勝利が歴史の必然であったとすれば，革命への反対はただ歴史の進行を遅らせる反動的行為であり，悪くすれば革命派の暴力をいっそう過激にしかねない。トクヴィルは彼の家族から裏切り者とののしられても，新国王ルイ・フィリップに忠誠を誓った。それは，富を蓄えて政治の世界に食い込んだ新興階層との折り合いをつけなければ，新時代に生き残っていけないと考えたためであった。

　ただ，折り合いをつけねばならないのは中産階級だけではなかった。武装して蜂起した民衆と，どう向き合うのかも重要であった。そのような不安をもつトクヴィルにとって，アメリカはまさに民衆を観察する最良の場所であった。

　1820年代後半からアメリカではヨーロッパといささか趣の異なる政治闘争が繰り広げられていた。無論，アメリカに国王や貴族といった封建勢力はいない。しかし，大きな富を蓄えた中産階級は存在していた。アメリカの民衆は資

産家たちを特権階級と非難して，特権を覆すための闘いを挑んでいた。トクヴィルが訪れたときのアメリカ大統領ジャクソンは，そうした民衆の指導者として大統領に選ばれ，闘いの最前線に立っていたのである。

▶対立する2つの文化の戦い

ジャクソンが大統領に選ばれたのは1828年選挙である。この選挙は1800年選挙でトマス・ジェファソン（在任1801～1809年）が大統領に当選したときと同じように，国家を二分する激しい戦いであった。ジャクソンは現職大統領ジョン・クインシー・アダムズ（在任1825～1829年）を特権階級の代表と批判し，アダムズを破って当選を果たした。

ただ一面において，1828年選挙は1800年選挙のときのようなアメリカの進路をめぐる政策的な争いではなかった。1800年にジェファソンが現職大統領ジョン・アダムズ（在任1797～1801年）を破ったときには，革命国家アメリカのあり方が争点となった。君主制国家イギリスに反旗を翻し，市民平等の理念に基づく共和制国家としてアメリカは建国されたはずなのに，アダムズ政権はイギリスを模した君主制的な政府運営を行っているとジェファソンは国民に訴えた。その声が多くの人々の共感を呼んで，ジェファソンは大統領になったのである。一方，1828年選挙では，共和制の原理に基づく政権運営を行うことについては，候補者間でコンセンサスが存在した。対立していたのはアメリカらしいスタイルであった。ジャクソンとアダムズが代表したのは全く異なるアメリカ人の生き方であり，そのいずれをアメリカという社会にふさわしいと考えるかが，選挙で争われたのである。

2人の経歴をみてみよう。ジャクソンはイギリスからの独立革命に際して，親と兄弟を失って孤児になった人物である。彼自身，イギリス軍にとらえられ，イギリス軍将校から切りつけられて傷を負った。鞍職人のもとで働いた後，法律家事務所で修行をして弁護士になり，西部開拓の最前線であったテネシーに移住して成功した。1812年に英米戦争が始まると彼はテネシー州民兵部隊の指揮官として活躍し，ニューオリンズの戦いで劇的勝利を収めて英雄になった。

一方，アダムズは1630年に設立されたマサチューセッツ植民地の出身で，第

2代大統領となるジョン・アダムズを父として生まれた。父が外交官となったため、父に連れられて10歳の時にヨーロッパに渡り、フランス語をはじめとして数カ国語を操るようになった。ハーヴァード大学卒業後、外交官、連邦上院議員、国務長官を歴任しており、彼は当時のアメリカで最も教育を受け、洗練された趣味をもつ人物のひとりであった。言葉を換えれば、フランスやイギリスで政治の世界に地歩をかためていた中産階級と、それほど違わないタイプの人であった。

西部の開拓民であるジャクソンと北東部の紳士であるアダムズは、全く対照的な2人であった。この2人が初めて大統領選挙で争ったのは、1824年である。このとき、国民の支持を得たのはジャクソンであった。州を単位とする選挙人投票で、ジャクソンが99票、アダムズが84票、ウィリアム・H・クロウフォードが41票、ヘンリ・クレイが37票であった。ジャクソンが大統領になれなかったのは、当選には選挙人の過半数の投票を必要としたためである。²⁾ 票が割れていたため、憲法の規程に基づいて下院で選出が行われることになったが、そのとき自らも大統領候補であったヘンリ・クレイがアダムズに味方し、これによってジャクソンは逆転負けした。この敗北をジャクソンとジャクソン支持者はひどく恨み、雪辱を誓った。そして、次に大統領選挙が行われる1828年に照準を定め、ジャクソンたちは全国各地で態勢を整えた。その結果、選挙人の68％を制してアダムズに圧勝したのである。

喜びに沸くジャクソン支持者は、大統領就任式が開かれた1829年3月4日日曜、ジャクソンのもとに押しかけた。それは首都ワシントンに未曾有の光景を生み出すことになる。

ホワイトハウスが使われるようになったのは第2代大統領ジョン・アダムズのときである。以後、第3代大統領のジェファソンから、ジョン・クインシー・アダムズの前任者であるジェイムズ・モンロー（在任1817～1825年）まで、すべて大学教育を受けたヴァージニアの大農園主がその主となった。彼らはフランス貴族に匹敵する大土地所有者で、地方の名士であった。また、アダムズ親子はハーヴァード大学出身の教養人であったから、ジャクソンまでの歴代大統領はそれなりの礼儀作法を身につけた紳士であったといってよい。

西部の荒々しい開拓社会を象徴するジャクソンも彼の支持者も，歴代大統領が築いてきた洗練されたしきたりなど気にもとめなかった。ジャクソン支持者たちは，大統領の宣誓式が行われた議事堂からジャクソンの後を追い，ホワイトハウスまでついていった。そして，ジャクソンに面会しようと礼儀もわきまえずに，ホワイトハウスにあがりこんだのである。当時のホワイトハウスは，1000人程度でごったがえす場所であったが，一説では3000人を超える人が集まったという。

　当時は道路が舗装されておらず，雨が降ってぬかるんだ泥道を歩んで来たため，人々は泥まみれであった。そうした人々を迎えたジャクソンは，邸内や庭園で気前よくウィスキーを振る舞った。それはジャクソンにとって選挙を戦った同志への当然の礼儀であったが，優雅な立ち振る舞いなど知りもしない人々が，新大統領と強い酒を飲みながら大声で談笑する姿は，反ジャクソン派に衝撃を与えた。文明的な洗練さなど歯牙にもかけない「暴徒(モップ)」に政府は占拠されてしまったと嘆いたのである。

　トクヴィルが見聞しようとしたのは，特別な財産や教養のない階層が選挙で政権を奪った時代のアメリカであった。フランス七月革命の前年に起きたジャクソンの大統領当選は，ヨーロッパにもいる中産階級タイプの人間が，七月革命で蜂起した民衆タイプの人々に敗れた事件のようにも思えた。貴族の子として生まれたトクヴィルには，アメリカにおける民衆の勝利は，フランスのみならず先進国すべての将来にも関連する文化的事件のように思え，その実態を知らねばならないと考えたのである。

3　生き生きとした市民の暮らし——近代民主主義の原風景

▶市民が生み出す，かつてない社会

　アメリカに到着するとトクヴィルはジャクソンとアダムズに面会し，その支持者にも会った。そうしたアメリカの有力者たちとの交流で彼が発見したのは，ヨーロッパの革命闘争とアメリカの民衆闘争が根本的に異質なことであった。アメリカは，ヨーロッパと一線を画した形で独自の社会を築いているため，大西洋を挟んだアメリカとヨーロッ

パを同列に比べることは不可能であると，気づいたのであった。

　封建勢力のひとりであるトクヴィルにとって，中産階級も民衆も自分とは異なる階層の人間である。彼が会って話を聞くと，アダムズ派とジャクソン派の対立はヨーロッパの中産階級と民衆の対立を写し取ったものではなく，同じ中産階級内部の抗争であることがはっきりした。アダムズ派はジャクソン派を暴徒と呼んでいたが，どちらも，アメリカに築かれた民主主義社会が創造した全く新しいタイプの人間と考えた方が，わかりやすい特徴をもっていたのである。ふたたび彼の言葉を聞こう。

　　合衆国の住民は，人生の禍や悩みと戦うのに自分しか頼りにならぬことを生まれたときから学ぶ。社会的権威には疑い深い不安げな視線しかやらず，どうしても必要な場合以外はその力に訴えない。……公道に障害ができ，通行が遮断され，交通が止まったとする。住民はすぐに集まって相談し，この臨時の会議体から執行権ができて，災害を復旧してしまうであろう。関係者が集まる以前から存在するなんらかの機関に頼ることを誰かが思いつくのは，その後である。娯楽に関しても，祭りを一層華やかにし，秩序立って行うために彼らは相談し合う。純粋に精神的な敵と戦うためですら彼らは団結する。節酒のためにも共同で戦うのである。合衆国では，公安，通商，道徳そして宗教のために結社がつくられる。諸個人が力を合わせて自由に活動することでは達成できない，と人間精神があきらめるようなことは何一つない。（同上，38～39頁）

　自分の幸せは自分自身の力でつかみ取るタイプの人間が織りなす社会，それがアメリカであるとトクヴィルは強調している。ヨーロッパでは国家や貴族が問題を解決してくれるだろうと考えるのに，アメリカではそうした社会的権威はどうしても必要なとき以外は頼らないというのである。

　これは，封建制のもと，身分によって人々が分断された社会では，想像もできないことであった。封建勢力であれ中産階級であれ，支配階級にある人間が導かなければ，民衆は道を外れてしまい，社会は円滑に機能しないと，ヨーロッパでは信じられていた。しかし，アメリカでは人は生まれながらに平等とすべての者が信じており，財産も教養もない人々が自分の力だけで自分の幸福を追求していた。ヨーロッパでは革命を起こさなければ人間が平等という考え

を社会に定着させることができなかったが，アメリカでは独立革命以前から平等を当然としていたと，トクヴィルはいうのである。これは後に「アメリカ例外主義」といわれることになった社会的特徴であった。

それは確かに衝撃的な事実であった。トクヴィルは「アメリカの中にアメリカを超えるものを見た」と書いているが，政府の力に頼らずに，人々が自身のみを信じて幸せをつかもうと行動している姿は，身分制の色濃く残るフランスでは考えられないことであった。

▶新しい民主主義イメージの誕生　さて，ここで気になることがある。トクヴィルはなぜ，こうしたアメリカ人の暮らしを民主主義という言葉で表現したのであろうか。1830年当時の人々が自分の力を信じ，友人たちと協力しながら懸命に開拓地の発展に努力している姿を現代人が見て，それを民主主義と感じるであろうか。むしろ，それは，この時代に活躍したアメリカの文筆家ラルフ・W・エマソンがいった「自己信頼」という言葉がふさわしいのではないだろうか。アメリカ人らしさの核になるのが個人の自立と活発さであるなら，個人の力に力点を置いた表現の方がよいからである。

実は，トクヴィルが訪米した時代，アメリカで民主主義という言葉が流行していた。もともと，アメリカに住む人々が民主主義という言葉を好意的に使いはじめたきっかけは，トクヴィルの祖国フランスにあった。19世紀初頭，民主主義はフランス革命の恐怖政治を想起させる不吉なものであった。アメリカ独立のために戦った革命家たちでさえ，民主主義の広がりを警戒していたのである。1787年の合衆国憲法制定会議がフィラデルフィアで開催されたとき，そこには独立革命の中心人物が集結したが，彼らは憲法を新たに作成することで「民主主義の行き過ぎ」を抑制しようとしたのである。

そうしたアメリカで民主主義イメージを転換させたのは，1793年に駐米フランス公使となったエドモン＝シャルル・ジュネである。彼はアメリカとフランスが同じ共和制国家であると全米で説いてまわり，そのなかで主にジェファソン派の人々により民主共和協会と名乗る団体が結成されていった。民主主義が社会的平等を目指す言葉として好意的に受けとられるようになったのである。こうした民主主義イメージの転換はジャクソンの選挙活動で決定的になった。

ジョン・クインシー・アダムズもジャクソンもジェファソン支持の共和派であったため、2人の違いを際立たせるため、1828年選挙ではジャクソン派を民主派、アダムズ派を国民共和派(ナショナル・リパブリカン)と呼んで区別するようになった。この区別はジャクソンの大統領再選がかかった1832年大統領選挙にも引き継がれる。そして、1832年、全米の民主派を一堂に集めて第1回民主党全国大会が開催されたことで、民主主義は政権政党の名となる。

▶民主主義は平和に向かうのか　さて、こうした民主主義という言葉の普及、そして民主主義を党のイメージに掲げた民主党の結成の歴史をみると、アメリカにおいて党派対立は、ヨーロッパに比べて、それほどの重要性をもっていないことがわかる。政党間で争っていることのほとんどは、ジェファソン派の派閥抗争がもとになっており、派閥間の違いを明確化するために、民主党と国民共和派、そして後のホイッグ党が誕生したのである。

トクヴィルがアメリカの党派対立を論じた文章をみてみよう。

> アメリカ人とわれわれとの間に見られる相違はいくつかの原因によっている。ヨーロッパには多数派とあまりにかけ離れ、その支持を得ることをとうてい期しがたい党派が存在する。しかもこれらの党派が、自分では多数派と戦うに十分な力があると信じている。この種の党派が結社を結成すると、それはもはや説得しようとはせず、戦闘しようとする。アメリカでは、多数派と意見がかけ離れている人は多数派の力の前に何事もなし得ない。それ以外の人はみな多数派になれると思っている。それゆえ結社の権利の行使は、大きな党派が多数派になる可能性が小さければ小さいほど危険になる。合衆国のように意見の違いにニュアンスの違いしかない国では、結社の自由にほとんど制限がなくてもかまわない。(同上、47頁)

つまり、国民間で意見の対立が少ないこと、そして法律に基づいて多数派の支持を集めて政権をつくっていること、この2つがあるからアメリカの政治対立は平穏であるというのである。少数派の封建勢力が政権に固執しているため、武装蜂起という暴力でしか政権交代をなしえなかったフランスとの違いは明瞭である。しかし、彼がこの説明に先行して述べた次の文章に出会うとき、われわれは大きな疑問をもつ。

ヨーロッパ人の大部分はいまだに結社を，戦場ですぐにも試して見るために急いで編成した部隊のように考えている。たしかに話し合うために結社をつくるのだが，誰もが次の行動を考えている。結社はつまり軍隊なのだ。そこで弁ずるのは兵員の数を確かめ，士気を高めるためであり，それが終われば敵に向かって行進する。構成員の目に合法的手段が戦術の一つと映ることはあっても，決してそれが勝つための唯一の戦術ではない。合衆国における結社の自由の理解の仕方はこうではない。（同上，46頁）

先に述べたように，アダムズを打倒したジャクソンは戦争の英雄であった。そして，ジャクソンが大統領になって以降のアメリカはテキサスの独立運動であれ，メキシコとの戦争であれ，戦争の繰り返しであった。トクヴィル訪米後の歴史を考えると，民主主義という言葉で自分たちの社会を表現し始めたとき，アメリカで軍事組織の影響力が大きくなっていたのは否定できない。アメリカの政党も軍隊と同じ性格をもっていたのではないか，また，個人の幸せを追求するアメリカ人の暮らしは，そうした戦争と何か関係していたのではあるまいか。次節ではこのことを考えてみよう。

4 　変貌する市民たち——市民兵（シチズン・ソルジャー）の戦争と民主主義文化

▶アメリカ民主主義と兵士の文化　　超絶主義と呼ばれる19世紀中期のアメリカの文化運動を代表するひとりヘンリ・D・ソローは，政府の無法に抗議する活動家に勇気を与え続けた人物である。彼の代表作「市民の反抗」の一文をみてみよう。彼は1845年にジャクソンの後継者を自認する民主党のジェイムズ・K・ポーク（在任1845〜1849年）が大統領となった後の状況を，次のようにいう。

> 今日のメキシコ戦争をみるがよい。これなどは，常置政府をみずからの道具として利用している比較的少数の個人のなせる業である。人民は，はじめからこんな手段に訴えることには同意しなかったであろうから。（H・D・ソロー（飯田実訳）『市民の反抗他五篇』岩波文庫，1997年，9頁）

ソローは，自分たちの土地を求めてメキシコからテキサスを1836年に独立さ

せたアメリカ人が許せなかった。さらにはそのテキサスをアメリカに併合したうえ，いっそうの土地を奪うためにメキシコに1846年に戦争をしかけたポーク政権を，彼は口を極めて非難したのである。そして，正義に反した法律に従うのは罪であると訴えた。

> 私が当然引き受けなくてはならない唯一の義務とは，いつ何どきでも，自分が正しいと考えるとおりに実行することである。……法律への過度の尊敬から生じる，ありふれた，しかも当然の結果がどんなものか知りたければ，大佐，大尉，伍長，兵卒，弾薬運びの少年兵，そのほかありとあらゆる兵士の縦隊が，みごとに隊伍を整えて，丘を越え，谷を越え，戦場へと進軍していくさまを見ればよい。彼らは，みずからの意志にさからい，そう，みずからの常識と良心にさからいつつ前進しているので，行路はひときわけわしく，動悸はひときわはげしくなる。彼らは，自分たちが呪うべき仕事にたずさわっていることをよく知っているのだ。みんな温和な気質の持ち主だからである。ところがいまの彼らは何者だろう？ そもそも人間といえるのか。(同上，12頁)

　この文章は反戦の叫びであるが，21世紀を生きるわれわれが読むとき，気をつけねばならないことがある。それは，ここで描かれている大佐も少年兵も政府によって徴募された軍人ではなく，戦争に行くことを自ら希望した志願兵であったことである。ジャクソンやポークの時代だけでなく，1861年開戦の南北戦争の時代，そして19世紀末の米西戦争も志願兵を中心にアメリカは戦争を行っていた。

　ソローに手厳しく批判された大統領ポークは，連邦政府の設置した合衆国陸軍士官学校（通称ウェストポイント・アカデミー）を卒業した職業軍人を信用せず，メキシコ戦争では志願兵部隊を重用した。陸軍士官学校はアダムズの流れをくむホイッグ党の牙城で，その卒業生は反民主党勢力と信じていたためである。志願兵部隊にもホイッグ党の部隊があったが，ポークは大統領として，どの部隊を実戦に投入し，誰を指揮官にするかを決めることができた。民主党の有力者を高級将校に任官し，その有力者が集めた部隊を用いて戦争に臨んだのである。

▶志願兵がつくった民主主義　　ジャクソンの時代に民主主義という言葉が流行したもうひとつの理由は，実はこの志願兵制度の普及にある。職業として軍に勤務する連邦正規軍の兵士と区別するため，志願兵部隊は自分たちのことを市民兵(シチズン・ソルジャー)と呼び，市民が自分の意志で戦争に参加することをアメリカ民主主義の美点と誇っていた。

　志願兵制度の歴史をみると，それは都市化と西部開拓の進展のなかで民兵制度[3]が衰退したことにより生まれたものであった。民兵制度では州政府はすべての市民に軍事訓練を施さねばならなかったが，都市の住民が増加し新しい開拓地も増えていくなかで，州政府には全住民を組織化するだけの予算も人員もなくなっていった。民兵制度の運営が州政府の手に余るようになっていったとき，募兵と訓練を市民自ら行う仕組みとして普及したのが志願兵制度であった。

　志願兵制度の骨格は，市民が集まってまず部隊の規約を作り，隊員資格や運営の規則を定めて，必要な数の隊員を募集することにある。自分たちで制服や装備も考えて軍事訓練を行い，その指揮官も隊員の互選で選ぶのであった。したがって，志願兵部隊は完全な民間団体であるが，そうした団体に州知事が認可状を与えることで，民間の部隊が州の軍隊の一部となった。この部隊設立の中核になるのは，多くの場合，都市の中産階級か熟練職人で，州によりやり方は異なったものの，州政府の認可後，そうした設立の中心人物が将校となることが多かった。

　地域の有力者が声をかけて多くの人間が集まれば，その有力者は大佐にも将軍にもなることができ，しかもその際，いっさいの軍事的な知識や経験は問われなかった。特別な教育を受けていない者を軍の指導者にするのは素人主義の極みであるが，それを平等の証，すなわち民主主義と考えたのである。1812年戦争で将軍であったジャクソンは，カナダ征服のために５万人の志願兵を集め，その兵力を使って先住民と戦い，さらにスペイン領の侵略を行ったのであった。ジャクソンの活躍は公立学校で広く教えられたため，少年少女の志願兵に対する憧れはつのり，また先住民や他国との戦いで得られる戦利品や報償，陸軍軍人としての肩書きは多くの市民を志願へと導いた。

第２章　アメリカ民主主義の神話と現実　　43

▶「民主主義」に基づく新しい政府　民主党の建設者であるジャクソンの政治活動が志願兵制度とよく似た色彩を帯びたのは、一面で不可避のことであった。志願兵部隊は職業軍人と違って規律を嫌い、部隊の規律を維持し隊員を増やすにはダンス・パーティや観劇会などの娯楽が必要であったが、こうした娯楽によって組織の建設をはかろうとしたのは政党も同じであった。

　実際に1828年の大統領選挙を考えてみると、ジャクソンと彼の側近たちはテネシー州ナシュビルに本営（ヘッドクォーターズ）を構え、選挙の戦略と戦術を検討して各州の選挙対策本部に指令を発した。その指令に基づいて選挙対策本部は、地域ごとに設立されたジャクソン支援組織と連絡し、有権者の組織化に努めたのである。こうした組織構成と上意下達の運営はまさに軍隊をモデルにしたものであり、それまでのアメリカの選挙のやり方を一新する画期的なものであった。

　選挙組織づくりで天分を発揮したジャクソンは大統領になると、政府の運営にも革新をもたらす。それは猟官制（スポイルズ・システム）の導入であった。ジャクソン派のウィリアム・マーシーが「敵が持っていた戦利品は勝者に与えられる」と述べたのが、その語源で、あたかも戦争で勝った者が敗者の財産を強奪するかのように、選挙に勝った者が大統領職に就くと、それまで政府職員であった者に辞任を強要し、自分の選挙勝利に協力した者を政府の職に就ける制度であった。ジャクソンは大統領の権限で任命できる職員のうち、その半数を入れ替えた。この入れ替えで職を失った者の大多数はアダムズに近い人々であった。その人物が政府の仕事に必要かどうかに関係なく、ジャクソンは自分の政敵の一派であるというだけで、政府から追放したのである。

　また、合衆国政府が契約する印刷業者もアダムズ派は外されてジャクソン派の民主党員に入れ替えられた。前大統領アダムズが個人の能力をもとに職員を任命したのと、それはあまりにも対照的なやり方であった。

　大統領であった父をもつアダムズは、良識のある人物が全国的なネットワークをつくり、そのなかで国家指導者にふさわしい高潔さと手腕をもつ者を大統領に選ぶという建国期の理想を信じていた。一方、ジャクソン派が頼ったのは組織の力であった。財産と教養のある者が学問を身につけ、その能力を理由に

して政府の官職を独占していることが、ジャクソン派には特権階級の腐敗と映った。アメリカが真に平等な国であるならば、一部の者が政府で特権的な地位を得ているのは不正であり、ましてそうした特権階級が政府の力でアメリカの開発を進めていくのは専制と思えたのである。

▶国民文化としての民主主義の定着

猟官制の導入をはじめとするジャクソンの政治スタイルは、アメリカ政治の伝統として定着していく。ジャクソンは2期連続で大統領を務め、ジャクソンが辞任すると、彼のもとで副大統領を務めたマーティン・ヴァン・ビューレン（在任1837〜1841年）が新大統領となった。アダムズ派の流れをくむホイッグ党は、民主党の4期連続の勝利を許さないために、1840年大統領選挙ではウィリアム・H・ハリソンを擁立して必勝の態勢をとった。このときホイッグ党は、民主党の政治手法を自らのものにしたのであった。

この選挙に出馬したハリソン（在任1841年）も戦争の英雄であった。先住民のひとつショーニー族と対決したティピカヌの戦い、そして1812年の戦争におけるテムズの会戦を勝利に導いたことで、アメリカ国民の多くからその名を親しまれていた。ホイッグ党は民主党を模倣した選挙組織を全国につくり、そのうえで民主党以上の徹底したイメージ戦略を展開した。

ハリソンはヴァージニアの名家に生まれたが、選挙戦では彼が州資格を得ていない準州と呼ばれる地域の責任者であったことが強調された。ジャクソンと同じ西部の人間であるかのように、有権者に訴えたのである。ハリソンを称えるキャンペーン・ソングがいたるところで歌われ、西部での生活を想起させる丸太小屋が選挙パレードの山車に登場した。また、実際に丸太小屋を建ててその周りに西部人が好んだ強いリンゴ酒（サイダー）の樽を並べ、道行く人に無料で酒が振る舞われた。

こうした選挙戦を展開したハリソンは、選挙人投票で234票対60票と圧勝する。めざましかったのは投票差だけでなく、有権者の投票率であった。1824年に27％であったのが、1828年に56％に、そして1840年には78％になったのである。民主党もホイッグ党も住民をひとりでも多く選挙に動員しようとしたことで、投票率が劇的に増大したのであった。こうした傾向は19世紀末まで続き、

大統領選挙の投票率は80％近くを保つことになる。

　このような投票率の増加を助けたのは，1820年代以降，紆余曲折を経ながらも発展した男子普通選挙権である。財産の保有や納税といった投票資格の撤廃が各州や準州で実現したのである。ただ，こうした選挙権の改革を推進する原動力のひとつが，兵士の確保にあったことを忘れてはならない。投票資格を制限している者に，戦争になったら戦えとはいえなかった。戦争で生命を犠牲にする覚悟を人に与えるには，市民として投票権を認めるしかなかったのである。[4]

5　繰り返されるパレードの先に

▶華やかな選挙運動の向こう側　ホイッグ党は1850年代中期に解体し，共和党が民主党の対抗勢力となる。民主党も1860年選挙で分裂したため，この選挙では共和党員の政権獲得への期待が高まり，投票日の半年ほど前から各地で共和党大統領候補エイブラハム・リンカンを支援する大規模集会が熱心に開かれた。支援行事の核は軍楽隊に導かれた支持者の行進であった。松明を手に持って行進する人々のなかにはそろいの軍服を着た志願兵部隊の者が目立ち，投票日までの間，繰り返し華やかなパレードが行われた。

　軍の基礎訓練である行進は選挙活動の基礎でもあり，部隊員にとって大した違いはなかったが，彼らが自分たちを待つ運命を知っていたなら，はたしてこうした行進を行っていたであろうか。部隊の大部分はまもなく戦地に派遣されたのである。リンカンの当選によって発生した南北戦争で，志願兵部隊は連邦軍に組み込まれ，実にアメリカ国民の50人に1人が戦死する悲惨な戦いに送られた。トクヴィル訪問の30年後，まさにアメリカは崩壊の危機を迎えていた。

▶民主主義がもつ力　トクヴィルが鋭く見抜いたように，アメリカ民主政の本質は市民が政府に頼らず，自身で秩序をつくろうと互いに協力することにあった。このため，市民たちは街頭に出て道行く人に訴え，結社をつくって自分たちの力で社会の問題を解決していった。陸軍制度でさえ，アメリカでは市民の結社が根幹にあり，それが政党と結びついて社会を

発展させていったのである。政党も軍隊も，そして国家でさえも市民が連帯することでつくりだされていた。

　これは今日の目からみても，驚くべき事実である。19世紀中期に形成された民主主義は南北戦争という巨大な惨劇を招いたし，ジャクソンやポークが行った侵略戦争にせよ，19世紀に政治慣行として定着した猟官制にせよ，20世紀には激しく批判された。しかし，いかに問題が多くとも，市民の一人ひとりがもっている荒ぶるエネルギーによって社会が動かされていたというのは紛れもない事実である。

　今日の日本でも国家や社会を円満に運営するのは特別な教育を受け経験を積んだエリート階層の責任であると考える者は少なくない。そうした人々がこの章で述べた19世紀のアメリカの民主主義を知れば，軽蔑とともに，普通の人々が主体の社会などうまくいくはずがないと否定するかもしれない。

　しかし，世界平和の理念であれ，中産階級を主体とした福祉国家の理念であれ，20世紀に生み出された世の中の仕組みが行き詰まりをみせ始めると，日本をはじめ先進各国で，エリート階層が本当に公共の問題をうまく処理できるのか，その能力に深刻な疑問がもたれるようになった。そうした現在，これまでの社会のあり方を根本的に変えるような改革を構想しようとすると，19世紀アメリカで市民たちが行っていた，市民自身の力による社会の運営は参考になる。

　トクヴィルはアメリカで，普通の人々の沸騰するようなエネルギーと，市民の協働で社会を建設していく能力が，民主主義の魂であると発見した。このトクヴィルの発見は21世紀のわれわれにとっても，19世紀中期のヨーロッパ人と同じく，有用なのである。

【注】
1) 中産階級とは文脈によって大きく意味の変わる言葉である。現在のアメリカでは，人間らしい生活のできる収入を得ている階層という意味のことが多いが，原義からいえば，上流と下層の中間にある人々であった。トクヴィルにとっては，封建階級と対抗した新興の有産階級とイメージされている。
2) アメリカ合衆国憲法第2条第1節2は「各州はその州議会の定める方法により，その州から連邦議会に選出できる上院および下院の議員の総数と等しい数の選挙人を任命す

る」とし，また修正12条で「選挙人は各々その州に会合し，秘密投票によって，大統領および副大統領を決定する。……大統領として最多得票を獲得した者を大統領とする。ただし，その数は任命された選挙人総数の過半数でなければならない。もし何人も過半数を得なかったときは，大統領として投票された者のうち，三名を超えない最多得票者のなかから，下院が直ちに秘密投票により大統領を選任しなければならない」とされている。

3) 植民地期から独立革命期にかけてアメリカの軍事制度の主体は民兵制度であった。治安維持に必要な人員が不足していたため，各植民地では一定年齢の男子すべてに兵役を義務づけて民兵として組織化していた。アメリカ合衆国が成立すると，この慣行を新国家体制でも確立しようと1792年に民兵法が制定され，18歳から45歳までの健康な男子を各州で民兵として組織化することにした。

4) アメリカ合衆国で18歳選挙権が認められるのは，1971年のことである。それまでは多くの州で，選挙権が認められる年齢は21歳であったが，1950年代に入ると投票年齢の引き下げが叫ばれるようになった。連邦政府が年齢引き下げを検討するとき，参考にしたのは徴兵年齢であった。当時，軍隊に入る年齢は全米一律に18歳であったが，連邦政府の役職に選挙できるようになるのは，多くの州で徴兵から3年後であった。徴兵で連邦政府に生命を捧げる若者が，軍の最高司令官である大統領や戦争の可否を決める連邦議会議員を選べないのは不公平とされたのである。1964年以降，アメリカはベトナム戦争への介入を強め，若者の多くが徴兵で戦地に送られた。18歳選挙権のための憲法改正が行われたのは，悲惨な戦争の最中であった。

【研究案内】

イギリスから独立したアメリカ合衆国が19世紀前半に民主主義の国として発展していく状況を描いた書物として，何よりもまず読むべきなのは本文で取り上げたトクヴィルの『アメリカのデモクラシー』である。この書の邦訳は多数あるが，信頼できる翻訳は松本礼二のものである。第1巻は2005年に，第2巻は2008年に，岩波文庫から上下巻で出版されている。この書でトクヴィルに関心をもった読者は，トクヴィルの回顧録である喜安朗訳『フランス二月革命の日々』岩波文庫，1988年を手にすれば，トクヴィルが激動のヨーロッパ社会の中で，どのような立ち位置にあったのか，よく知ることができる。

ただ，古典を後の時代の者が読む場合，概説書に頼らねば思わぬ誤読をしがちである。トクヴィルについての信頼できる概説書としては，河合秀和『トクヴィルを読む』岩波書店，2001年や，富永茂樹『トクヴィル 現代へのまなざし』岩波新書，2010年がある。もっとも，トクヴィルはフランス人であり，アメリカ合衆国という国以上に民主主義に関心があった。このため，アメリカという国の民主主義より，国を超えた民主主義一般に重点が置かれて概説書も書かれることになる。アメリカの民主主義を知りたいと思う読者にとっては，斎藤眞『アメリカとは何か』平凡社，1995年が良書である。

アメリカ精神を知るためには，R・W・エマソン（酒本雅之訳）『エマソン論文集』（上）（下），岩波文庫，1972～1973年，H・D・ソロー（飯田実訳）『市民の反抗他五篇』岩波文庫，1997年を勧める。

なお，アメリカの民主主義は本文で述べたとおり，ヨーロッパの民主主義とは根本的に

異なる。この点を明快に解き明かした古典は，ルイス・ハーツ（有賀貞訳）『アメリカ自由主義の伝統』講談社，1994年である。南北戦争以降の民主主義の動揺については，中野博文『ヘンリ・アダムズとその時代』彩流社，2016年が，わかりやすく時代像を提示している。

第3章 「街頭の政治」としての米国の公民権運動

北　美幸

1 街頭の政治行動としての公民権運動

アメリカ合衆国における公民権運動（参政権をはじめとした「市民としての権利（civil rights）」を求める運動）は，マーティン・ルーサー・キング牧師による「私には夢がある」演説が行われた1963年8月28日のワシントン大行進が，その盛り上がりの頂点としてよく知られている。実際，ワシントン大行進は，全国各地から25万人もの人が集まるアメリカ史上最大のデモ行進となり，世界的に広く報じられた。ジョン・F・ケネディ大統領（在任1961～1963年）は，新しい公民権法案を連邦議会に提出することをすでにこの年の6月に約束していたが，この行進は，その成立に向けてはずみをつけるものとなった。公民権法は翌年7月に成立し，公民権運動の大きな成果のひとつとして知られている。

しかし，アフリカ系アメリカ人（以下，「黒人」と表記する）に対する差別の撤廃および彼らの地位の向上を目指す動きは，1960年代に突然始まったわけではない。すでに20世紀の前半には，黒人の市民としての権利を求める動きは開始されていた。ただ，この広い意味での公民権運動は，当初から誰もが参加する／できる運動だったわけではなく，全国黒人地位向上協会（National Association for the Advancement of Colored People, NAACP）などの公民権組織やそれらに所属する弁護士が裁判を起こすという，主に「エリートによる法廷闘争」として行われてきた。

本章では，公立学校での人種別学を違憲と判断した1954年の「ブラウン対トペカ市教育委員会」[1]の連邦最高裁の判決以降，公民権運動がバスボイコット（不乗車運動）やデモ行進をはじめとした「普通の人たち」が参加する「ストリートレベルの運動」，「大衆による街頭の政治行動」の形をとるようになった

経緯やそれ以降の運動をみてみたい。

2 法廷闘争から街頭の政治行動へ

▶「分離すれども平等」

1865年に南北戦争が終わった後,それまで奴隷として扱われていた黒人たちは,合衆国憲法の修正により奴隷の身分から解放され,他のアメリカ人と平等な「市民」となり,参政権を得た。しかしその後,いったん黒人たちに与えられた諸権利は,州ごとに定められた法律によって再度奪われることになった。特に,1896年の「プレッシー対ファーガソン」の裁判では,原告のホーマー・プレッシーは,黒人が白人用の列車の車両に乗ることを禁止したルイジアナ州の法律は市民の平等を定めた憲法修正第14条に違反していると訴えたが,敗訴した。それ以後は「分離すれども平等」として,黒人用,白人用と別々であっても,どちらの人種にも設備が用意されているのであれば分離すること自体は差別ではないと判断されることになった。

こうして南部諸州の多くでは,学校や公共交通機関をはじめとして,公園やホテル,レストラン,映画館,コインランドリーなどあらゆる施設が人種別に設けられた。人種分離を定めた各州の法律は「ジム・クロウ」[2]法と呼ばれた。無論,単に設備が別々なのではなく,黒人用の設備は常に白人用の設備より劣っていた。例えば学校では,黒人用の学校には椅子はあるけれども机がなかったり,午前あるいは午後だけしか授業がなかったり,複数の学年をたったひとりの教師が教えていたり,図書館にもほんの少ししか本がなかったりした。

▶NAACPの発足

1909年,アメリカ合衆国で最も古い公民権組織のひとつであるNAACPが発足した。NAACPの結成は,直接的には1908年にイリノイ州スプリングフィールドで起こった大規模な人種暴動に端を発している。その設立の経緯から,NAACPは,リンチ(私刑)や人種暴動の反対闘争で成果をおさめたが,主体となったのはリベラルな白人の知識人であった。幹部でただひとりの黒人のウィリアム・E・B・デュボイスも,マ

サチューセッツ州で自由黒人[3]の家庭に生まれ、黒人で初めてハーバード大学で博士号を取得したエリートであった。それゆえ、NAACPの初期の活動は、大衆による抵抗の精神を表現するものとはならなかった。NAACPが好んだのは、法的な側面から人種隔離制度の違憲性を問う方法であった。

　1930年代から、NAACPは、人種隔離教育制度の打破を目指して、従来白人専用であった学校への黒人の入学を求める訴訟に力を入れるようになった。1938年のゲインズ対カナダ判決が最初の案件（ケース）となった。1935年に黒人専用のミズーリ州立リンカン大学を卒業しロースクール（法律大学院）への進学を希望したロイド・ゲインズは、同大学にロースクールがないため白人専用のミズーリ大学ロースクールに出願したが、申請を却下された。ミズーリ州では、ミズーリ大学で開講されていてリンカン大学で開講されていない科目を黒人が受講したい場合、州政府が奨学金を支給して近隣州の黒人用大学や大学院で学べるようになっていた。しかしゲインズは、将来ミズーリ州で弁護士として働くには同州のロースクールを卒業していた方が顧客の信頼を得やすいことや、州裁判所の傍聴のための在学中の帰省が不便であることを挙げて、人種を理由とした州外教育の強制は差別であると主張した。これに対して、連邦最高裁判所はゲインズの主張を認め、彼はミズーリ大学のロースクールに入学を認められるべきであるとする判決を下した。

　その後、1940年代後半に開始され、1950年に下された2つの連邦最高裁判決は、高等教育における人種隔離の打破に向けての決定打となった。ひとつは、ヘマン・スエットが従来白人専用であったテキサス大学ロースクールへの入学を求めた案件、もうひとつは、ジョージ・マクローリンがオクラホマ大学の教育学大学院博士課程への入学を求めた案件である。いずれも、校舎やカリキュラムなどの有形の要素に加え、学校の伝統や権威、卒業生の活躍などの無形の要素も含めると、黒人用の学校と白人用の学校は同等ではないと判断された。こうして、1896年のプレッシー対ファーガソン判決以来続いている「分離すれども平等」が不合理であることが示された形となった。

▶ブラウン判決　このような訴訟戦術が最も良い形で実を結んだのが、1954年のブラウン対トペカ市教育委員会判決であった。この裁

判は，1951年2月，カンザス州に住むオリバー・ブラウンが，近所にある公立白人小学校への娘リンダの転入学を求め，その申請を拒否した市の教育委員会を相手取って起こしたものであった。彼の娘は，黒人であるがゆえに，自宅すぐ近くの白人用の学校ではなく，遠くの黒人専用校への通学を余儀なくされていたのである。NAACPは原告を支援した。

1954年5月17日，連邦最高裁判所は，この件について以下のような裁定を下した。

> 公立学校において白人と黒人の子どもを隔離しておくことは黒人の子どもに有害な影響を与える。それが法の強制によるものであれば，影響はもっと大きい。したがって，法の強制による隔離は，黒人の子どもの教育的，知的発達を阻害し，人種共学の学校制度のもとで受けたであろう利益の一部を，彼らから奪う傾向を持つ。

そして，「公教育の分野においては，『分離すれども平等』の原理を受け入れる余地はない。隔離された教育施設は本質的に不平等である」との判断に基づいて，「公立学校における黒人と白人の隔離は憲法修正第14条に違反する」と判事全員一致の意見として結論づけた。

この画期的な判決が下されたのには，連邦最高裁首席判事アール・ウォレンがリベラルな考えの持ち主だったことも幸いした。とはいえ，それ以上に，第二次世界大戦中の黒人兵の活躍，ホロコーストという極端な人種主義・虐殺に対する世界的な反省，あるいは，冷戦の相手国であるソ連が民主主義と自由を掲げるアメリカ合衆国が国内では人種差別という矛盾を抱えていることを鋭く指摘していたことなども影響している。いずれにせよ，こうして，半世紀以上も続いていた「分離すれども平等」の原則は覆された。ブラウン判決は，20世紀における人種問題に関する判決として最も重要なものとされている。

▶エメット・ティル少年殺害事件　とはいえ，ブラウン判決は，それだけでただちに現実の生活での効果を発揮するものではなかった。判決は，いつどのようにジム・クロウ制度を解体するかの手順を定めたものではなかったので，相変わらず南部の学校や公共交通機関は人種別のままであった。

例えば，1957年のアーカンソー州リトルロックでは，従来白人専用であったセントラル高校に教育委員会の許可を得た黒人の生徒9人が登校しようとしたところ，阻止しようとする白人群衆が学校につめかけ，州および連邦の両方の軍隊が出動する騒ぎとなった。南部の白人たちは，自分の子と黒人の子が同じ学校で机を並べ，同じ人間であるという意識をもち，交際するようになるのではないかと，怒りを募らせるとともに恐れたのである。

　南部の白人たちはブラウン判決に反発して各都市で白人市民会議を結成し，人種統合に断固反対し，分離を維持するために闘い抜くことを誓っていた。そのような白人の意志が改めて目に見える形になったのがエメット・ティル少年の殺害事件であった。この14歳のシカゴ出身の少年は，1955年の夏，ミシシッピの親戚の家に遊びに来て滞在していたのだが，「南部の人種エチケット」を知らずに白人女性に向かって口笛を吹いてしまった。その日の夜のうちに，ティル少年は女性の夫とその兄弟に頭蓋骨が陥没するほど殴られ，銃で撃たれて殺害された挙句，近くの川に投げ捨てられた。しかも，全員白人の陪審員は，たった1時間の審理により，この2人の容疑者は無罪であるという結論を出したのである。

　全員が白人である陪審員が黒人を殺した白人を無罪にすることは，当時の南部では全く珍しいことではなかった。ただ，ティル少年の母親は，泣き寝入りをすることをしなかった。彼女は，シカゴに遺体を運び，南部の白人が「私の息子にしたことを皆に見せてやる」ため，棺桶のふたを開けたままの葬式を行った。黒人誌の『ジェット』は，顔も認識できないほど変わり果てた少年の遺体の写真を掲載し，数百万人がそれを目にした。多くの人が，そのリンチ殺人の残虐さと裁判の不当さに憤った。

▶モンゴメリ・バスボイコット　エメット・ティル少年の殺害事件が起こったのと同じ1955年の暮れ，人種差別の解消が遅々として進まないことに対する人々の怒りが，とうとう組織化された街頭の行動という形で姿を現すことになった。町に住む黒人たちがいっせいにバスに乗るのをやめるという，バスボイコット運動である。

　アラバマ州モンゴメリの市営バスでは，当時，前方の座席は白人専用，後方

の座席は黒人専用とされていた。そして，黒人席と白人席の間の中間席は白人「優先」であり，白人が乗ってきて席が空いていない場合には，黒人が立って席を譲らなければならなかった。また，バスの運賃は先払いだったが，黒人は白人席の間の通路を通ることは許されず，運転手のいる前方で運賃を支払った後，いったんバスを降りて後ろの乗車口から乗り直さなければならなかった。

　1955年12月1日の夕方，地元のデパートの縫製工として働いていたローザ・パークスは，一日の仕事を終えて帰途につくためバスに乗り，「中間席」に座っていた。白人用の座席が満席になり新たに白人の乗客が乗って来たとき，運転手はパークスに席を譲るように命じたが，彼女は拒否した。彼女は逮捕され，留置され，告発された。

　もともとモンゴメリでは，市営バスでの座席の人種分離に不満を抱いている者は多く，パークスが逮捕されたというニュースはあっという間に市の黒人の間に知れわたった。黒人女性組織のメンバー，黒人牧師たちはすぐに会合を開き，全市の黒人を挙げてのバス乗車拒否を行おうということで合意した。パークスの身柄を引き取ったその晩のうちに，彼らはチラシを3万5000枚印刷し，12月5日の裁判の日に一日ボイコットをするよう呼びかけた。

　この一日ボイコットは大変な成功をおさめた。普段は黒人乗客でいっぱいのバスは，空っぽだった。その様子を見たモンゴメリの黒人リーダーたちは，市バスの座席の人種分離を撤廃させるためにボイコットを継続しようと決めた。そのための組織としてモンゴメリ改善協会が結成され，町の教会に着任したばかりの26歳のマーティン・ルーサー・キングが代表に選ばれた。

　キングの指導のもとで，黒人たちは雨の日も風の日も，あるいは炎天下を毎日歩いて学校や職場に通った。あるいは，自家用車を持っている者はカープール（車の相乗り）を組織した。黒人教会の日曜日の礼拝では，ボイコット継続の意義が説かれた。市バスの利用者の4分の3は黒人であり，その99％がボイコットに参加したので，バス会社は大きな経済的打撃を受けた。無論，白人市民会議やク・クラックス・クラン[4]はキングや他の黒人リーダーの自宅を爆破し，市警察も些細な故障でカープールに参加する車の交通違反の切符を切ったりしては，ボイコットを妨害しようとした。

ボイコットは1年以上も続いたが、1956年12月13日、ボイコットと並行して起こされていた訴訟で、連邦最高裁判所は「バスの座席の人種分離は違憲である」との判決を下した。黒人たちはどこでも好きな座席に座ることができるようになり、抵抗運動は黒人たちの全面的な勝利に終わった。

　モンゴメリのバスボイコットは、「普通の人たち」「皆」が参加する直接行動が成功した最初の例となった。また、それは、黒人たちが団結して統制の取れた行動を取ることができることを示すものでもあった。バスボイコットが成功裡に終わって間もない1957年1月、キングと彼の仲間たちは南部キリスト教指導者会議（Southern Christian Leadership Conference, SCLC）を結成した。

3　学生たちのたたかい

▶「シット・イン」と
　ＳＮＣＣの発足
　　黒人牧師や彼らに率いられた市井の人々が動き出すなか、大学生や若者たちも独自の動きを始めた。それは、ノースキャロライナ州の黒人大学の学生の行動から始まった。

　1960年2月1日、ウールワースという全国チェーンの雑貨店のノースキャロライナ州グリーンズボロの店舗で、人種隔離されていない設備で食事をできる権利を求めて黒人の大学生4人が「座り込み（シット・イン）」を開始した。その店では、黒人は買い物をすることはできるものの、簡単な食事のできる店内のランチカウンターでは、白人客と異なり、注文も聞かれなければ水も出されなかったのである。4人は、前の晩に学生寮で話し込み、ブラウン判決後の「変わらなさ」をこれ以上放置できないとの結論に達し、ランチカウンターの人種統合を試みることを決意したのだった。

　当日、注文したコーヒーが出されることはなかったが、4人は閉店時間まで1時間ほどただ席に座っていた。翌々日には、4人と一緒に今度は20人の黒人学生が店を訪れ、午前中から交代でランチカウンターの座席に座った。さらにその翌日には66人が店を訪れた。そして彼らは、開店時間になるとランチカウンターの空いている席に座り、客として扱われるのを待ち、閉店時間になると去るようになった。

写真1　ミシシッピ州ジャクソンで座り込みをする学生たち

出所：Moral Heroes: Inspiration for the Hero inside of you
http://moralheroes.org/joan-trumpauer-mulholland（2017年8月14日最終アクセス）

　公共の場所を非暴力的に占領するこの運動は，あっという間に南部の他の黒人大学にも広まった。同月中だけでも15の都市で54回の座り込みが行われたという。店の経営者たちは，座り込みが始まると厄介ごとが起こるのを恐れて店自体を閉店することが多かったが，何度か座り込みが続くと，警察に通報するようになった。警察は，風紀びん乱行為や不法侵入として学生を逮捕した。また，店には多くの野次馬が集まり，学生たちに嫌がらせをした。学生たちは，ケチャップや水を頭からかけられたり，タバコの火を押し付けられたり，蹴られたり殴られたりした。それでも彼らは決して「やり返す」ことはせず，ただじっと耐え，静かに座り続けた。
　運動は北部にも広まっていった。ニューヨークやボストンにも広がり，白人の大学生も参加した。ウールワスの北部の店舗では，ランチカウンターでの人種隔離は行われておらず，黒人も食事をすることができたのだが，学生たちはピケを張り，このような差別的な店で買い物をしないよう，チラシを配って呼びかけた。全国的に売り上げは落ち，各店舗のマネージャーたちはとうと

う，南部の店舗での方針を改めるよう本社に要望を出した。1960年の夏には，本社は南部店舗のランチカウンターでの人種隔離をやめるよう決定した。

　20歳にも満たない4人の勇気ある行動は，全南部の黒人青年たちの魂を揺さぶり，立ち上がらせた。それは，アメリカの独立への機運を高めた「ボストン・ティーパーティ」事件になぞらえて「グリーンズボロ・コーヒーパーティ」と呼ばれた。この間，自然発生的に始まり，他の大学や都市の組織との相互の連携がなかった座り込み運動を組織だったものにしようと，テネシー州ナッシュビルの黒人学生グループを中心にして学生非暴力調整委員会（Student Nonviolent Coordinating Committee, SNCC）が結成された。学生が結成したこの組織は公民権運動の大きな一翼となり，翌年にはフリーダム・ライド（自由のための乗車運動），また第4節で述べる有権者登録運動にも深くかかわっていくこととなる。

▶フリーダム・ライド

　1961年，新たな試みが始まった。これは，黒人と白人の若者の混成のグループが，長距離バスに乗って南部のいくつかの州を旅行するというものであった。すでに1946年，複数の州にまたがって運行されるバス路線での人種隔離は連邦最高裁によって禁止されており，1960年にはバスの座席だけでなくターミナルやその他の施設での人種隔離も禁止された。そこで，人種平等会議（Congress of Racial Equality, CORE）のメンバーを中心としたフリーダム・ライダーたちは，これらの判決で保障された権利が実際に行使できるのかどうかを確かめるための行動に出たのだった。

　バスに「乗らない」運動はモンゴメリの白人たちの怒りと不興を買ったが，逆にバスに「乗る」運動は，それをはるかに上回る嫌がらせと暴力を受けることになった。5月4日にワシントンDCを出発しニューオーリンズに向かった最初のグループを，アラバマ州アニストンでク・クラックス・クランが率いる白人男性の群衆が待ち構えていた。彼らはバスの窓を叩き割り，タイヤを切り裂いた。パトカーはバスを町の境界線まで護衛したが，そこで引き返してしまった。アニストンを出て10kmほどのところでバスがパンクして停まると，すぐ後ろを車で付けてきていた暴徒がバスを揺らして転覆させようとし，割れた窓から火炎瓶を投げ込んだ。そして，燃料タンクが爆発し，煙まみれのフ

リーダム・ライダーたちがバスから転がり出ると、暴徒がバットで殴った。
　最初のグループは二手に分かれていたのだが、もう一方のグループもアラバマ州バーミンガムで似たような目に遭った。ク・クラックス・クランがライダーたちを襲撃しやすいように、警察署長みずから指示をして、わざと遅れて警察を出動させたのである。また、5月20日にバーミンガムを出発した別のグループも、同じような目に遭った。そのうえ、フリーダム・ライダーたちは、ミシシッピ州ジャクソンで「治安妨害」およびターミナルの待合室への「不法侵入」の罪で逮捕されたのだった。

▶公民権運動とメディア　　街頭の政治行動においては、ニュース報道、特に1960年代にはテレビで報道されることが、一般の人々の関心と反応を引き出すことに役立った。特に、暴徒によって火炎瓶を投げ込まれたバスが火柱と煙を上げる様子、鉄パイプで殴られ血だらけになったフリーダム・ライダーが路上に放置される様子、騎馬警官隊がデモ参加者を蹴散らし警棒を振り下ろす様子は、視聴者にショックを与えるとともにアメリカの自由と正義とはいったい何かという疑問を抱かせるのに十分だった。
　報道の有効利用という点で不成功に終わった運動もある。例えば、1962年にはジョージア州オルバニーで人種隔離制度に反対する座り込みやデモ行進が繰り広げられたが、警察署長のローリー・プリチェットは、デモの参加者に対して、近くに報道関係者がいるときには決して暴力を振るわないよう、警察官たちに言い渡していた。また、すでに全国的に有名になっていたキングや仲間の牧師がデモに参加し逮捕されると、すぐに「匿名の篤志家」を名乗る何者かが保釈金の支払いをし、キングの逮捕にマスコミの注目が集まらないようにしてしまうのだった。
　これに対して、翌年、SCLCの支援のもとアラバマ州バーミンガムで展開された一連のデモおよびその弾圧についての報道は、対照的な結果をもたらした。市の消防士たちは、木の皮をはがすほどの高圧ホースで、小学生も含む子どものデモ行進参加者に向かって情け容赦なく放水した。また、警察は警察犬をデモ参加者に放った。子どもたちがなぎ倒され、丸腰のデモ参加者がドーベルマンに咬みつかれている映像は、警察がいかに暴力的であるかを視聴者に強

く印象づけた。さらに，これらのニュースが海外で報道されると，自由と平等の国を名乗るアメリカ自体のイメージも悪化した。6月，ケネディ大統領は，バーミンガムでの黒人に対する弾圧について「恥ずべきシーンであり，そのカメラ映像はどんな多くの説明的辞辞よりも雄弁だ」，「この国は道徳的危機に瀕している」と述べ，公民権法を議会に提案することを発表した。その目的のひとつとして，「冷戦を戦うアメリカが国際政治を有利に展開する」ことが挙げられた。時の政権が，海外の目を特に気にしていたことが読み取れる。

そのような意味で，このケネディの発言直後に計画されたワシントン大行進は，政権にとっても，アメリカが人種差別問題の解決に真剣に取り組んでいると国内および世界にアピールする絶好の機会となった。黒人指導者たちから行進の構想について聞いたケネディは，集会が秩序立って行われるなら政府として支持すると約束した。こうして，ワシントン大行進では，決して暴力的混乱を起こさず逮捕者をひとりも出さないことが目標とされた。そのため，悪天候への備え，救急医療態勢，輸送態勢，トイレの準備，飲み水，食料など，集会の準備は周到に行われた。また，どのような服装でどこに誰が集まり，どのようなプラカードを掲げどのようなスローガンを唱和するか，どのような演説や演奏を行うかが細かく決められた。そして，キングは「ジョージア州の赤土の丘で，かつての奴隷の息子たちとかつての奴隷所有者の息子たちが，兄弟として同じテーブルにつく」夢があると述べ，広く白人に運動への連帯を呼びかける内容のスピーチを行った。

逆に，ワシントン大行進は，市井の人々による抗議・抵抗・批判といった色合いはすっかり取り除かれたものとなった。キングの穏健すぎる方針に不満を抱いていたSNCCの代表ジョン・ルイスは，「新しい公民権法案のなかには警官の暴行から黒人を守るようなものは何ひとつない。この法案は平和的なデモに参加する子どもや年老いた女性を警察犬や消防用ホースから守りはしない」と述べた。彼はさらに，「私は問いたい。連邦政府は[黒人と人種主義者の白人の]どちらの味方なのか」と述べようとしたが，彼の演説の原稿は事前にチェックされ，連邦政府を痛烈に批判したこの部分は削除されてしまった。こうして，ワシントン大行進は，白人と黒人が連帯して前進しようと訴える国民

の「祭典」として行われ，世界中に広く宣伝された。

4　投票権をめぐるたたかい

▶投票権の確立を求めて　　ワシントン大行進後，各公民権組織は参政権（投票権）の確保を最優先事項とし，活動を展開していった。それまでの運動の中心である商店や公共施設での人種隔離の撤廃を求めての座り込みやデモ行進は，黒人の生活圏や職業が固定されているミシシッピ州やアラバマ州などの農村部では役に立たなかった。むしろ，黒人のコミュニティで団結し，自分たちの力で差別に立ち向かえるようにすることが重要だったのである。白人の投じた票も黒人の投じた票も同じ一票であることには変わりはなく，投票により政治家を選出しその政治家が議会で法律を制定することは，遠回りなようであったが黒人たちの窮状を変えることができる方法のひとつであった。また，深南部農村やサウスキャロライナ州では，人口の半分以上が黒人であった。ということは，黒人も投票すれば，数の力で白人に対抗できたのである。

　18歳に達すると住民票のある住所に自動的に「入場整理券」が郵送される日本とは異なり，アメリカ合衆国では，裁判所等での改めての有権者登録が必要である。南北戦争後に定められた合衆国憲法修正第15条によって投票における人種差別は禁止されていたにもかかわらず，19世紀後半には黒人の投票行動を阻止するための「祖父条項」や「人頭税」，「識字テスト」の導入によって，実質的に黒人の投票権はふたたび奪われていった。そして，1960年代に入っても南部の多くの州では同じ状況が続いていた。

　例えば「識字テスト」が課される場合，有権者登録に来た人たちは，合衆国憲法や州憲法の条文を登録官の目の前で読ませられその解釈をさせられるのだが，白人は全員合格，黒人は全員不合格といったようなことも珍しくなかった。あるいは，黒人に対しては「石鹸ひとつの中に泡はいくつあるか」といった，答えようのない質問がされることもあった。また，白人の雇い主や，時には地元警察による嫌がらせや脅迫もあったため，南部諸州では概して黒人の有

権者登録率は著しく低かった。

　実は，黒人の有権者登録者数を増やすための活動自体は，早くは1940年代からNAACPなどにより開始されていた。また，1962年には，ケネディ政権も是認・推奨した「有権者教育計画」が開始されていた。連邦政府は，怪我人や死者を出す危険のある直接的街頭行動よりも，より安全な有権者登録運動に公民権運動がシフトすることを望んでいた。そして，SCLCやSNCCを含めた複数の公民権団体が活動資金の提供を受け，本格的に有権者登録運動に力を入れるようになっていった。

▶ミシシッピ・フリーダム・サマー　　そのようななか，1963年秋，ミシシッピ州知事選挙の際，黒人だけの模擬投票である「自由のための投票」が行われた。あくまで独自かつ非公式の投票ではあったが，8万人以上の黒人が投票した。そして，彼らが実際に有権者登録して公式の選挙で投票したらどうなるのかという潜在的な黒人票の力を示した。また，その際にはイェール大学，スタンフォード大学を中心に白人学生約100名がミシシッピ州を訪れボランティアとして加わり，全国のメディアで報じられた。

　その後，「自由のための投票」実施主体である諸組織連合協議会（Council of Federated Organizations, COFO）は，翌1964年の夏に今度は1000人規模のボランティアを投入して行う「ミシシッピ・フリーダム・サマー計画」の準備を本格化させた。同計画は，北部や西部出身の白人の大学生や若者がミシシッピ州各地に夏の間滞在し，黒人の有権者登録の推進と黒人の子どもたちのための無料の学校「フリーダム・スクール」の設置と運営，コミュニティ・センターの建設などを行おうとするものだった。有権者登録運動は，黒人の家庭を一軒一軒訪問して登録するように説得し，申請用紙の書き方を説明し，登録会場まで付き添う活動であり，カリスマ的な弁士というよりも，知識や意欲のあるまとまった人数のボランティアが必要だった。同じ街頭の行動とはいえ，デモ行進や大衆集会とは異なるまさに草の根の地道な運動であった。

　とはいえ，COFOがわざわざ遠方に住む白人の学生や若者たちをミシシッピに送り込むねらいは，彼らの教育技術や法律の知識ではなかった。むしろ，白人という彼らの皮膚の色こそがねらいであった。というのも，それまでの南

部では,黒人がいくら貧困にあえいでも,あるいは殺されても,メディアの注目は得られなかった。しかし,「自由のための投票」が大いに報道されたことを考えれば,ひとたび白人ボランティアの身にかかわる事件が起きれば,必ず全国的なニュースになるだろうと思われた。無論,運動への白人の投入については,組織内でも賛否の意見の対立が生じた。しかし賛成派は,大々的に報道されることにより全国から活動資金の寄付を集めることも期待できるし活動家たちの安全もかえって守られると主張し,大学生の投入が決定した。

しかし,ミシシッピ・フリーダム・サマーにおいては,結果的に活動家や黒人たちの安全は確保されず,メディアの注目だけが集まることになった。オハイオ州オックスフォードで訓練を受けたボランティアの第一陣が州内各地の任地に到着して早々の6月21日,3人の活動家が黒人教会の焼き討ち事件の調査に出かけたまま行方不明になったのである。3人は,ひとりが黒人のジェームズ・チェイニー,2人が白人でユダヤ人のアンドルー・グッドマンとマイケル・シュワーナーであった。[5] リンドン・ジョンソン大統領(在任1963~1969年)がFBI捜査官を派遣し捜索を行った末,ようやく44日後の8月4日になって,ひどく傷んだ状態で沼地に埋められた彼らの遺体が発見された。彼らは,行方不明になった当日のうちにク・クラックス・クランの一団に連れ去られ,射殺されていた。しかも,保安官自らがク・クラックス・クランの団員らに3人の居場所を教え,殺害を促していた。この痛ましい事件は全米を震撼させ,国内だけでなく,国際的にも報道された。

▶セルマの行進へ

この間の1964年7月,新しい公民権法が成立した。同法は,雇用や教育について包括的に差別を禁止するものであったが,投票権の保障については不十分だと公民権活動家たちは感じていた。1964年の秋,SCLCは連邦政府に対して投票権法の改定を求めると同時に,アラバマ州セルマを拠点にその2年前から有権者登録促進の運動を開始していたSNCCに合流した。セルマは南部でも特に有権者登録率が低く,1963年の時点で,セルマのあるダラス郡に住む黒人1万5000人のうち150人ほどしか登録していなかった。また,セルマでは登録の妨害も激しかった。保安官のジム・クラークは,SNCCの運動を徹底的に弾圧していた。1954年から1961年

の間に数百人の黒人が有権者登録を試みたが，わずか14人しか登録できなかったのである。

　こうしたなか，1965年2月26日，8日前にセルマ近郊で黒人の有権者登録を求めるデモに参加していて警察官に腹部を撃たれたジミー・リー・ジャクソンという黒人青年が死亡した。この事件に端を発して，SCLCとSNCCはセルマからモンゴメリへの大規模な行進を行うことを計画した。しかし，3月7日，デモ隊が出発して間もなくエドマンド・ペタス橋に差しかかったとき，約600人の参加者たちは橋の上で待ち構えていた州兵と警官隊になぎ倒され，催涙ガスを放たれた。騎馬警官隊は，悲鳴を上げながら煙の中を逃げ惑う人々を追い回し，鞭を振り下ろした。行進の先頭にいたジョン・ルイスは，警棒で殴られ頭がい骨を骨折する大けがをした。ほかにも，怪我をした者は約100人にのぼった。デモ隊は強制的に引き返させられ，行進は挫折した。この凄惨な「血の日曜日」事件の様子は全国のテレビニュースで伝えられ，視聴者は大きなショックを受けた。

　中断された行進をやり直そうと，全国から多くの人がセルマに集まってきた。3月9日，聖職者たち450人を含む1500人により，ふたたびモンゴメリへの行進が試みられた。しかし，今度は「ふたたび流血の事態が起こるのを避けるため」，キングの指示により行進は途中で中止された。デモ隊はペタス橋のたもとで突然回れ右をして，後戻りし始めたのである。そして，その日の夜，ボストンから行進に参加しにきていた白人牧師ジェームズ・リーブが，白人暴漢に殴られ大けがをする事件が起きた。2日後にリーブは死亡した。

　ここでようやく，投票権法の成立に向けて動きがみられた。「血の日曜日」事件とリーブの死によって，宗教団体，州議会，大学生や若者の団体，連邦議会議員など，各方面から連邦政府による措置を要求する声が改めて高まったのである。3月15日，ジョンソンは，投票権法案の提出を議会演説で約束した。「これはニグロの問題ではない。南部の問題でもない。北部の問題でもない。これはアメリカの問題である」と彼は述べ，9日にデモ参加者が橋の上で歌ったフリーダム・ソングの歌詞「われら打ち勝たん（ウィー・シャル・オーバーカム）」で演説を結んだ。それは，セルマの闘争，ひいては公民権運動が求めて

きたものが勝利したと確信できた瞬間でもあった。ジョンソンの演説を聞いていたキングは涙を流したという。そしてその2日後，連邦地方裁判所は，セルマ—モンゴメリ間の行進を正式に許可した。

3月21日，全国から集まった4000人の人々が，モンゴメリに向かって行進を始めた。デモ隊は，全長87kmの道のりを，夜は野営をしながら5日かけて歩き続けた。途中で合流する者により参加者の数は増え続け，モンゴメリに到着するころには2万5000人以上になっていた。

このセルマ—モンゴメリ行進は，ワシントン大行進とならんで，公民権獲得に向けての闘争とその勝利を象徴する歴史的な一場面となった。それから5カ月後の8月6日，連邦議会は1965年投票権法を可決し，ジョンソンが署名して法律として成立させた。新しい法律では，有権者登録時の「識字テスト」や人頭税の支払いの廃止とともに，公正な登録が行われていない場合は連邦政府の査察官が派遣されることなどが規定されており，即日，施行された。こうして，有権者登録をしようとする者に対する不当な拒絶や威嚇に終止符が打たれることになった。その成果は劇的で，セルマでさえ，1965年の終わりには60％以上の黒人が有権者登録をしていたという。

5　人種問題のゆくえ

投票権法成立のわずか5日後の1965年8月11日，ロサンゼルス市ワッツ地区で，死者数34名というそれまでの史上最悪の人種暴動が起きた。いくら法律上の成果があったとはいえ，それは，黒人の日々の生活やその改善にただちに結びつくわけではなかったのである。また，キングの非暴力主義への疑問から，公民権運動内部の関係は複雑化し，翌1966年にはSNCCのストークリー・カーマイクルにより「ブラック・パワー」が叫ばれた。黒人の解放を求める闘争は，投票権法成立では終わらなかったのである。そして，北部都市での法に拠らない「事実上の」人種隔離や，南部北部問わず人種差別に起因し経済構造として深く根を下ろした黒人の貧困は，その後も問題であり続けた。ただし，いずれにせよ，バスボイコット，座り込み，フリーダム・ライド，集会やデモ

行進，有権者登録運動と続いてきた街頭での非暴力直接行動の連続としての公民権運動は，1960年代後半に収束したといえる。

とはいえ，世紀が改まった現在でも，黒人に対する差別や暴力がなくなったとは到底いえない。2014年8月，ミズーリ州ファーガソンで，18歳のマイケル・ブラウンが，丸腰であるにもかかわらず，口論になった白人警官に銃で6発も撃たれて死亡した。また，その1カ月前には，ニューヨークの路上でたばこの違法なバラ売りをしていたエリック・ガーナーが警察官に首を絞められて死亡する事件も起こった。両方の事件で警察官が不起訴とされた。その後も，おもちゃの銃を持っていた12歳の少年なども含めて，黒人が白人警官に撃たれて殺害される事件が相次いだ。それに対して，「黒人の命も大切だ（Black Lives Matter）」を訴える集会やデモ行進が各地で続けられているが，今度は黒人が警察官を射殺する事件が起こるなど，憎悪の連鎖が続いている。

今から60年前，黒人たちは，訴訟では人種隔離制度をやめさせることはできないことを痛感して街頭の政治行動に踏み切った。しかし，その運動の着地点は，公民権法および投票権法の制定という「議場内の政治」に頼ったものになった。現在，続いている「黒人の命も大切だ」運動は，今後どこに向かうのか。街頭の政治行動で人種差別をなくすことはできるのか，その答えはいまだ誰も知らない。

【注】
1) アメリカの裁判は，原告名対被告名で表記することになっている。
2) 白人が顔を黒く塗って黒人を演じる，ミンストレルショーの登場人物の名に由来している。
3) 奴隷でない黒人のこと。北部など，奴隷制のない地域を中心に存在した。そのほか，奴隷であった者が，奴隷主の遺言による解放や自己購入により自由黒人となる場合もあった。
4) もともとは南北戦争後の1865年にテネシー州で結成され，反黒人を訴えた白人至上主義団体であった。いったん消滅した後，1915年にジョージア州にて再結成され，排斥の対象を黒人だけでなくユダヤ人やカトリック，外国人全般に広げて活動を行っている。
5) アメリカ合衆国においても反ユダヤ主義にさらされてきたユダヤ人は，概して国全体のあらゆる差別の撤廃に熱心であった。ユダヤ人は全国の人口の2％程度であるにもかかわらず，公民権運動に参加した白人ボランティアの半分〜3分の2を占めていたといわれる。

【研究案内】
　公民権運動について学ぶ以前にアフリカ系アメリカ人の歴史について知るには，本田創造『アメリカ黒人の歴史（新版）』岩波書店，1991年および，同じタイトルの上杉忍『アメリカ黒人の歴史——奴隷貿易からオバマ大統領まで』中央公論新社，2013年を読むとよい。公民権運動について最も詳しく考察されているのは，川島正樹『アメリカ市民権運動の歴史——連鎖する地域闘争と合衆国社会』名古屋大学出版会，2008年だが，簡便に全休像を知るには，ジェームス・M・バーダマン（水谷八也訳）『黒人差別とアメリカ公民権運動——名もなき人々の戦いの記録』集英社，2007年がよい。
　キング牧師については辻内鏡人・中條献『キング牧師——人種の平等と人間愛を求めて』岩波書店，1993年，また，「公民権運動の母」と呼ばれたローザ・パークスの自伝も日本語訳がある。ローザ・パークス（高橋朋子訳）『ローザ・パークス自伝』潮出版社，1999年。一方，近年，有名なリーダーや著名な人物でない「普通の人」や女性の公民権運動の参加に研究上の関心が集まっている。ミシシッピ州の小作農民夫婦の子として生まれ育った黒人女性の自伝，アン・ムーディ（樋口映美訳）『貧困と怒りのアメリカ南部——公民権運動への25年』彩流社，2008年は，アメリカの大学の授業でも広く読まれている。また，白人の運動参加者については，北美幸『公民権運動の歩兵たち——黒人差別と闘った白人女子学生の日記』彩流社，2016年で知ることができる。
　英語で書かれたものも含めてさらに多くの文献・論文を読みたい人は，片桐康宏「アメリカ南部公民権運動は如何に綴られてきたのか——ヒストリオグラフィー [Historiography] の文脈に観る黒人公民権と将来的研究課題」『アメリカ・カナダ研究』（上智大学），第22号（2005年）を参照するとよい。

第Ⅱ部

アジアの近現代史からよむ

第4章　東アジア世界における「街頭の政治」の伝統
――朝鮮の公論政治とその変容

金　鳳珍

1　韓国における街頭の政治とその伝統

　2016年秋から2017年春まで数十回にわたって，朴槿恵(パククネ)大統領の友人崔順実(チェスンシル)の国政介入問題（崔順実ゲート事件）をただすため，ソウル市内をはじめ全国都市で「ろうそく（チョンブル）集会」と呼ばれた市民運動が持続的に展開した。毎回数十万ないし数百万のあらゆる階層の一般市民が非暴力・平和のデモを行った「街頭の政治」運動である。この運動には各種の市民団体と教育・言論・宗教・芸能など各界の人々，一般家庭の家族，学生，労働者などが参加した。また与野党の政治家も加わった。その主な目的は大統領の弾劾であった。その結果，憲法裁判所は2017年3月10日，朴大統領の弾劾を承認しその職から罷免させた。韓国の歴史上初めて，民意による大統領の弾劾を成し遂げたのである。

　韓国は，街頭の政治の豊富かつ強靭な伝統をもつ国家である。その伝統は1948年の政府樹立以降，約40年間，李承晩(イスンマン)の独裁政権，朴正熙(パクチョンヒ)の軍部政権と全斗煥(チョンドファン)の新軍部政権に抵抗し続けた反独裁・反軍部の民主化運動から生まれた。この運動は野党政治家から在野人士，教育・言論・宗教各界の知識人，学生，労働者などの一般市民にいたるまで広範な国民参加と街頭の政治活動によって展開された。その主導勢力は野党政治家，在野人士，知識人，大学生であったが，なかでも大学生が民主化運動の主力であった。

　民主化運動の結果，韓国国民は1987年の「6・29民主化宣言」を勝ち取った。それにより，四半世紀に及ぶ軍部の統治が退けられ，民主主義は勝利した。その後韓国では，保守と進歩の政党政治が成立し，与野党の政権交替も平和的に進行している。同時に，市民の政治参加は韓国の政治文化を構成し，多

様な市民団体が社会の隅々に浸透している。市民運動や労働運動は盛んに展開し，時に街頭で政治活動を行う。学生運動はかつてほどの勢いを示さなくなったが，市民運動の中に引き継がれている。

　韓国における街頭の政治の伝統は，民主化運動を土台として形成されたものに限られない。1948年の政府樹立以前の歴史をさかのぼってみると，そこには民主化運動以前より存在した街頭の政治の伝統が連綿とつながっている。朝鮮近代（19世紀後半〜1910年）や植民地期（1910〜1945年）のさまざまな政治運動にも同じく，その伝統を見出すことができる。もっとも，本章で注目したいのは，歴史をさらにさかのぼって，朝鮮王朝（1392〜1910年：略称，朝鮮）の公論政治の伝統である。

　朝野（政府と民間）の言路を開いてよき政治を公に（公共的に）議論し合う。そして朝野の公論と公論政治を活性化し，政治の公共化や民衆化を促す。これが公論政治である。朝鮮は公論政治を行い，その伝統を築いていった。その過程で，公論の場（公共圏）が中央から地方へと拡大し，公論政治の活性化と民衆化が進展した。そうした公論政治の伝統は変容しつつ，近代へ，現代へとつながる。その強靭な伝統は，現代の韓国においても，形を変えて生きている。そして韓国における街頭の政治や市民の政治参加に引き継がれて，新しい伝統を構築し続けている。

　本章は，朝鮮の公論政治を事例とし，近代以前の東アジア世界に固有な公共圏が存在していたことを明らかにする。ここで「固有な公共圏」とは，今日の世界において標準的な指標とされることの多い欧米起源の政治理論とは別に，公正な世の中を実現しようとする価値観や公共論が近代以前の東アジアにも存在したということを意味する。本章の構成は以下のとおりである。まず，公論政治の土台となった朱子学の政治理念と公共論について説明する。次に，公論政治を支えた言論機関と言論制度を検討する。第3に，公論政治の民衆化の様相を概観し，また民のための訴願制度を検討する。第4に，公論政治の近代および現代への影響を考察する。最後に，公論政治の伝統が，現代韓国の政治文化に残した正負の遺産を考えてみたい。

2　朱子学の政治理念と公共論

▶朱子学の政治理念　　本節では韓国政治の伝統思想的基盤となっている朱子学について簡潔に説明しよう。朱子学は，北宋代（960～1127年）に生まれた宋学を南宋（1127～1279年）の朱子（朱熹，1130～1200年）が集大成し構築した儒教の新しい学問体系である。宋以前の儒教は，経典注釈の訓詁学が主流であった。宋学はそれを批判し，儒教の根本思想である「修己治人（己を修めて人を治める）」との実践倫理に立ち戻ることを主張した。修己は，自身の知識を高めて心を磨き，道徳を積むことをいう。そして道徳で人々を感化し，世の中を正しく治めることを治人という。前者を個人倫理，後者を政治や社会の倫理と呼んでよかろう。

　宋学は，すべての，普通の人々（衆人）が儒教を学んで修己治人の担い手ないし主体となるべきことを強く主張したという特徴をもつ。それを象徴するのが，宋学の学者に共通してみられる聖人論である。宋学の祖とされる周敦頤（ピンイン）（1017～1073年）は『太極図説』『通書』の中で，各人の学問による研鑽が聖人の道へ通じることを示した。彼の弟子たる程伊川（1033～1107年）は「人は皆以て聖人に至るべし」（『二程集』巻25，遺書）と，学んで聖人に至るべきことを論じた。この聖人とは，修己治人を完全に体現できるような理想の人格を指す。したがって「聖人に至る」とは，衆人を修己治人の担い手にしようということである。

　この宋学から発展した朱子学は儒教伝統の仁政，徳治，礼治，民本，公天下などという政治理念を継承している。仁政とは，為政者が人々を労わり慈しむよい政治をいう。徳治とは文字どおり，道徳による政治をいう。しかし道徳だけで政治を行うのは非現実的なので，道徳を具現するための礼（道徳的規範）やそれによる秩序をその補強に用いる。それを礼治という。民本は民のため（為民）の政治を施すための概念である。公天下は「天下（世界）は権力者の私物ではなく，そこに暮らすすべての人々のための公のもの」との意である。

　朱子学によれば，人間を含む万物は気で構成されるが，万物には理が存在す

るという。気とは、天地に充満する空気のようなものであり、流動的で運動して作用を起こす。それが凝固して物質となり、万物の構成要素とされる。理とは、物事の筋道を意味する。それが抽象化されて、万物の構成原理とされる。すなわち、物事の普遍的な原理・原則を意味する。数学や科学の原理・法則みたいなものである。理と気との相互作用を論じ、万物の生成を説くのが理気論である。朱子学はまた、人間の実践倫理に関連しては心性論、性情論などを展開する。だが本章で注目したいのは、朱子学の政治論としての公共論である。それが、朝鮮の公論政治の形成と展開に大きな影響を及ぼしたと考えるからである。

▶朱子学の公共論　公共という語を初めて用いたのは、司馬遷（BC145〜BC86年）の『史記』である。それによれば、漢の文帝（在位BC180〜BC157年）が法の定めを超えた裁量（重刑）を求めたとき、廷尉（法務長官）であった張釋之は次のように答えたという。「法とは、天子が天下とともに公共するものである。今の法もその通りで、これを更に重くすれば、その法を民は信じないことになる」（『史記』「張釋之馮唐列傳」）。すなわち法とは、天子（君）と天下（民）が公共するものだから、法の定め（制度）を超えた重刑を下すことはできないとのことである。例文の「公共する」とは、「君と民が公を共にする」と言い換えられる。ここで公は、法や法制度をいう。しかし公は、その延長線上に、政治や政治制度を含意する。

上の例文のなかには「天下公共」という言葉が登場する。その公共とは、人の位相や地位を問わず、あらゆる人々の水平的位相の倫理性、開放性、公平性を表す。そこにはまた、現代社会の「法の下の平等」という観念にも通底するような発想が投影されている。『朝鮮王朝実録』をみれば、朝鮮では初期から、上の例文をめぐる朝廷内の議論が続発していたことがわかる。その目的は法や刑とその制度を整備し、政治の公共性を追求することにあったと思われる。

漢代から唐代に至るまで、公共という語の用例は散見されるが、その用例が次第に増えるのは宋代からのことである。そこで公共概念は「道、理」などと結合する。孔子以来、道とは、日常卑近の人間行為の規範（人倫）と解釈され

た。朱子も「道は，人倫日用の間，当然に行うべき所のものである」（『論語集註』述而第七）という。この道を朱子はまた，理と相関させて説く。さらに，道・理を公共概念と結合させて論じる。その先駆は宋学の学者だが，朱子はそれを継承し，公共論の地平を開いた。

ここで『朱子語類』にみえる公共の用例をいくつか紹介しよう。その用例は多様な範疇に及ぶが，おおむね「気，道，理」などと結合し用いられる。例えば，「天地間の公共の気」（巻3，鬼神），「道理とは天下の公共する所」（巻20，論語二学而篇上）とある。気と道理はそれぞれ，天地，天下の人々が共有する公共のものを意味する。特に後者の，道理と相関する公共の用例が多い。それがまた，多様な形で表現されている。「道は物と我の公共する自然の理」（巻52，孟子二公孫丑之上）はその一例である。

公共は道・理のみならず，道義（人のふみ行うべき道）とも結合して用いられる。例えば，「道義は公共する無形影の物事」，「道義は衆人の公共する底(そこ)（至るところ）のもの」（巻52，孟子二公孫丑之上）である。特に後者の引用文の「衆人公共」との表現に注目したい。その趣意は，道義の衆人（現代語の民衆）への公共化にある。朱子はまた，「道は天下公共（中略）必ず人に及ぶべし」（巻118，朱子十五訓門人六）という。そこには，天下公共の道の担い手，実践主体を民衆に広めようという〈公共の民衆化〉への意志が表明されている。

朱子の公共論の内容を簡潔に説明しておこう。万物は気で構成される。気で構成される万物には理がある。道は身近な行動規範である。道にも理（普遍的な原理・原則）がある。人間が日常生活を営む中にも，普遍的に守るべき原理・原則がある。そこで気・道・理は公共のものである。これは，物質の存在にも人間の行動にも，普遍的な道理があるということである。人間はこの道理を学んでよりよい人間になることができるし，またそうした原理・原則に従って生きていかなければならない。それは為政者も市井(しせい)の人々も同様である。為政者は道理を犯して権限を行使してはならない。為政者には，道理を学び，よりよい統治を行う責務がある。一方で市井の人々にも，一人ひとりが道理を学び，世の中をよりよくすることにかかわる義務がある。

朱子は公共論を展開し，それによって〈公共の民衆化〉を目指し，道理などの

儒教の基本理念を民衆の間に公共化していこうとした。これは，次のような一連の波及効果をもたらす。まず，儒教の基本理念とともに，その政治理念も民衆化していく。それがまた，政治をめぐる公論の場を民衆の間に拡大していく。その過程で，民衆の中から，公論政治の主体が産みだされる。いわば民衆の政治主体化をもたらす。同時に，公論政治は民衆の間に拡散し活性化していく。すなわち〈公論政治の民衆化〉をもたらす。こうした一連の波及効果の様相を表す典型例が，朝鮮の公論政治である。

3　朝鮮の公論政治，言論機関と言論制度

▶公論政治の施行　　朝鮮は，儒教特に朱子学を政治理念としていた。そして徳治，礼治を施そうとした。同時に，それを補強するための法治も行っていた。そのための基本法典が『経国大典』である。建国当初は，最高の建国功臣である鄭道伝(チョンドジョン)（1342〜1398年）が著した『朝鮮経国典』（1394年）と明の『大明律』（1397年）を使用していた。間もなく1397年12月，鄭道伝は『経済六典』を完成した。それを補正し続け，成宗（在位1469〜1494年）は1485年に『経国大典』を頒布した。それ以降，『続大典』（1744年），『大典通編』（1785年），『大典会通』（1865年）など数種の改定版の頒布が続いた。

『経国大典』は序をはじめ，中央の行政組織である六曹（後述）それぞれの法典（六典と呼ばれる）などで構成される。『経国大典』の序は，統治の基本原則を示している。六典は六曹のみならず，他の行政組織とその権限を規定している。この基本法典は君権，臣権などの権力分散と相互牽制をはかっている。これと関連して，朱子学は通常，権力の絶対化をはかる専制政治の根拠とみなされがちである。しかし，そうした見方は誤解や曲解をはらんだ偏見である。朱子学はむしろ，朝鮮の歴史においては，権力を相対化する分権政治の根拠として機能していた側面が顕著であった。しかもその公共論をみればわかるが，朱子学は公論政治を行い，活性化しかつ民衆化しようという意志を示している。

公論政治を行うため，朝鮮の朝廷は行政組織内に複数の言論機関を置き，ま

た多様な言論制度を設けていた。言論機関の官員はその職務上，君権や臣権を牽制する権限と機能をもつ。その牽制機能はまた，言論制度も同様にもつ。注目したいが，朝廷の言論制度は民間の人たちも利用しうる制度を設けていた。その民間の範疇には，良賤の身分を問わぬ，すべての階層の民が入る。言論制度は公論の場を朝野に広め，公論政治を活性化し民衆化する装置として機能していたのである。

▶ 複数の言論機関　朝鮮の中央行政組織は，議政府，六曹と同所属の衙門（がもん）（政府機関），六曹所属でない衙門などで構成される。[2] 議政府は領議政（首相），左・右の議政（副首相）の3名（三公）が司る最高行政機関である。そのもとで，行政実務を分掌する六曹は，吏曹・戸曹・礼曹・兵曹・刑曹・工曹からなる。吏曹は任官・人事を，戸曹は財政を，礼曹は儀礼・外交・科挙を，兵曹は軍事を，刑曹は司法・刑罰を，工曹は公共事業・交通事務をそれぞれ担当する。

　行政組織内の言論機関として重要なのは司諫院，弘文館および司憲府である。この3つの機関は三司，または台諫（だいかん）（デガン）と呼ばれた。その役員たちを言官（言論を司る官僚）と呼ぶ。台諫という語は，諫言（かんげん）を担当する官僚を台官（デガァン）や諫官（カンガァン）と称したことに由来する。一般的に諫言とは，王や官僚に対して政事の過ちや非行を指摘し，正す行為を意味する。しかし諫言は通常，多様な公論を伴う。諫言を行うとき，公論を引き合いに出して，時政や官庁事務を論評するからである。あるいは，不正な行為を行った官僚の弾劾，政策の提言や請願，冤罪（無実の罪）の解決などを要請するからである。

　まず，司諫院は名称どおり，諫言を専門的に担当する機関である。その意味で，代表的な言論機関である。次に，弘文館は，文書や書籍を管理し，王の諮問に応じる機関である。王の諮問に応じるとき，諫言や公論を行う機会が得られる。[3] 第3に，司憲府は大司憲を長官とし，監察などで構成される。その職務は官僚の風紀の管理，時政の論評，冤罪の解決などである。司憲府は最高の監察・司法機関といえるが，同時に，言論機関の機能をもつ。職務上，朝野の情報や民意を調べるが，それによって公論がどこにあるのかを把握し，王や朝廷

に伝えることができたからである。

またひとつ，礼曹所属の成均館に触れたい。これは最高教育機関である。だが同時に，一種の言論機関の機能をもつ。成均館は，その傘下に，官学の最高級学校（国立大学）を運営した。学生は斎生，太学生などと呼ばれた。成均館の学生は公論を活発に行い，時には示威行動を起こした。その意味で，成均館は公論政治を支える言論機関として機能していた。そのほか，漢城（ソウル）の4カ所には四部学堂（四学）と呼ばれた官学の学校があった。

地方各地には，民（百姓）に教育を普及するための官学の郷校が設けられた。一方，儒生や士林は地方各地で，私学の学校の機能をもつ書院（ソウォン）を設立し運営していた。これらの学校も同じく，一種の言論機関として機能していた。ちなみに，儒生とは，儒教を自らの行為規範とし，学び修める人の意である。儒生の範疇は，官学や私学の学生はもちろん，官学や私学に通わずに儒教の学問を修める人々を含む。この儒生を，日本では儒者という。朝鮮では，儒生を士（ソンビ）と，また儒生の集団を士林（サリム）と呼んだ。

▶言論制度　諫言を行う方法は，直接王に言う（訴える）直訴と，王の宛に漢文の文書を寄せる上疏（サンソ）との2つに分かれる。直訴とは，文字どおり，直接言葉で訴える方式の行為を指す。一般的には王に対面できる資格をもつ人々，すなわち台諫を含む官僚の言論行為である。ただし，上述のとおり，朝廷の言論制度は民間の人たちも利用しうる制度を設けていた。それが，後述のように，民のための訴願（訴冤，ソウォン）の制度である。そのため，すべての階層の民は，訴願制度を利用し，王への対面が許された場合，王に直訴できる仕組みとなっていた。

上疏とは，文書作成ができる人々，すなわち官僚，学生，儒生による言論行為である。しかし一般庶民も，文書の代理作成を通じて，上疏できる。最も頻繁に上疏を行ったのは学生や儒生であった。学生の上疏はおおむね成均館の学生によるものだが，それを館儒疏（クァンユソ）という。儒生の上疏を儒疏，郷儒疏という。時には集団の連名で上疏を行う。そのとき，上疏の建議を受け入れて施行することを促すために，街頭で示威行動に出る場合もある。特に王宮の門前に伏して上疏を行う場合が多い。

上疏は，次のような手続きにより，制度化されていた。上疏は王の秘書機関である承政院に受理されたのち，王に伝達される。王は上疏の内容を検討し，その是非を調べる。上疏に対しては，王の回答を出すのが慣例であった。その回答の評価によって，上疏を寄せた人々は，褒賞や官職を得ることもあれば，逆に処罰を受けることもあった。

朝鮮の朝廷はまた，多様な訴願制度を施行していた。訴願とは，民が苦情を直接王に訴えることを意味する。訴願は，上述したとおり，直訴と同様の方式を取る。民の多くは，漢文の文書が作成できなかったからである。訴願制度の目的は，民の苦情を聞き入れて解決することや，民意を把握することであった。逆に，民は訴願制度を利用し，官による権力の濫用を牽制しうる。これを通じて，民は一定程度，公論政治に参加することができた。その意味で，訴願制度もまた，一種の言論制度として機能していた。

4　公論政治の民衆化と訴願制度

▶公論政治の民衆化，常民の両班化　朝鮮の朝廷は，文武両班などの官僚選抜試験である科挙の制度を施した。科挙制度は官僚制を支えるとともに，朝野の公論を疎通する装置として機能していた。身分上では良民（ヤンミン）の中の両班や中人（ジュンイン）だけではなく，常民（サンミン）も科挙を受験できた[4]。儒教など学問を修めて実力で科挙に合格すれば，常民は両班の地位を得る。こうした身分上昇すなわち常民の合法的な両班化は，朝鮮時代に，持続的に進行していた。

両班は当初，建国に功績があって中央の官僚となった人々とその子孫が大部分を占めていた。これを勲臣（フンシン），勲旧派（フングパ）と呼ぶ。しかし地方からは，新興両班が出現し増え続けた。儒教など学問を修めた儒生が増加したからである。彼らは「士林，新進士大夫」とも呼ばれた。士林の中から科挙に合格し，官僚となる人も増加した。こうして新たに官僚となった人たちを士林派という。

士林派（の官僚）は，15世紀中葉以降，朝廷に進出し続けた。16世紀以降に

は政治の主導権を握り，士林政治の時代をひらく。士林政治の時代は17世紀を頂点とし，18世紀後半まで続く。[5)]この数世紀の間，士林派の政権は公論政治を標榜し，権力を相対化しようとした。そのために儒生や士林の世論すなわち士論（サロン）を興し，公論政治を活性化していった。その過程で，公論政治は中央から地方へ，官から民へと拡散した。こうして公論政治の民衆化が進展していったのである。

士林の儒生たちは，地縁や学閥をもとに結んだ多数の党派を形成していた。その党派は朋党と呼ばれた。一般的に朋党とは，政治思想や利害関係を共有する官僚や儒生の集団が結んだ党派を意味する。朋党は，士論や公論政治の担い手のひとつである。朋党は他の朋党と，公論を軸にした議論＝党論を競い合う。そうした朋党間の言論行為は，朋党政治を生み出した。朝鮮の朋党は，現代の政党と類似する。その意味では，朋党政治は一種の政党政治である。

士林の儒生たちはまた，官学の郷校の運営に携わるとともに，私学の書院や地方自治体の郷約（ヒャンヤク）[6)]の設立を通じて，それぞれの地方での勢力を拡大させていった。なかでも書院は，士林の士論を形成し，また上疏を行う結社ないし団体の役割を果たしていた。言い換えれば，一種の言論機関として機能していたのである。

常民の合法的な両班化は士林（派）の成長をもたらしただけではない。それが，常民の身分上昇の欲求を高め，社会全般に広めたのである。一部の常民からは，合法的ではなく，非合法的な方法で，両班の地位を得る常民が現れ，増え続けた。例えば，官職の売買，両班族譜（家系図）の偽造などの方法である。こうした非合法的な両班化は，朝鮮王朝の中期から広がり始めたが，後期からは，加速する一方であった。その結果，地方の村によっては，両班の戸口が6割，7割を占めるほどであった。

常民の両班化は，合法であれ非合法であれ，持続的に進展していた。その現象を否定的にみれば，政治秩序が弛んだとか，身分制度が破綻したといえよう。しかし肯定的にみれば，それは，民衆の政治主体化が進展し，それにより一種の民権意識が高まったことを表す。その背景には，公論政治の民衆化の進展やそれによる民の政治的地位の向上があった。それを支えたのが，常民にも

受験を認めていた科挙である。科挙に合格した常民は，両班へと身分が上昇し，政治主体となる。それを政治主体の民衆化と呼んでよかろう。こうした政治主体の民衆化の基礎が朱子学，特にその公共論にあったといえる。
　ちなみに，常民の両班化とは逆に，両班の常民化というべき現象も発生し，進展していた。すなわち，没落両班の出現による地位の下層移動という現象である。両班の家柄であっても，おおよそ三代以上科挙合格者を輩出できなかった場合，その子孫は，常民の地位に引き下げられるのが慣例であった。この場合，両班の身分は名目上，維持される。しかしその地位は実質的に，常民と等しいものになる。また，両班の身分がはく奪される場合もある。官僚や両班が政治的失脚，重大な犯罪・不正による処罰を受けた場合，常民やそれ以下の身分へと没落した。
　総じていえば，朝鮮社会では，官職の世襲はもちろん，また身分の世襲ないし固定もほとんど存在しなかった。これは，実力主義による身分移動ないし階層移動が相当程度可能である社会が成立していたことを物語る。こうしたなかで公論の場の拡大，公論政治の民衆化，そして常民の両班化＝民衆の政治主体化などが同時進行していったのである。

▶訴願制度　　公論政治の民衆化はまた，常民のほか，最下層に位置づけられた賤民をも取り込むものであった。前述した訴願制度を利用してのことであったが，その制度を施行したのは朝鮮の王である。そこには朱子学の政治理念，特に民本・為民を公共的に実践しようという，公論政治の民衆化への企図が投影されていたといえる。ただしその利用者は一般庶民に限らない。現職・前職の官僚も，地方の儒生も，訴願制度を多く利用していた。
　特記したいが，朝鮮の訴願制度は民による街頭の政治活動を許し，制度化したものである。言い換えれば，街頭の政治を訴願制度の制度内に包容したものである。一般的に街頭の政治とは，制度外の政治活動を指すが，このような制度内の街頭の政治もあるということを注目する必要があろう。訴願の制度的装置としては，申聞鼓（シンムンゴ），上言（サンオン）および撃錚（キョクチェン）の3種類がある。
　まず，申聞鼓とは，太宗代（在位1400〜1418年）に王宮内に置かれた鼓をた

たいて悔しさを直接王に訴える装置を指す。太宗元年の7月に登聞鼓を設置したが，翌月には申聞鼓と改称し，制度化した。鼓をたたくにはまず主掌官や地方官に申請するという手順が必要である。漢陽（ソウル）では主掌官→司憲府→申聞鼓と，地方では地方官→司憲府→申聞鼓という手順であった。申聞鼓を利用した民の訴願は，その濫用が心配されるほど，活発に行われた。時には民が私的利益を求め，不正に利用したこともあって，それによる弊害を伴った。その弊害を取り除くために，成宗代（在位1469～1494年）には不正利用に対する処罰の規定を補正した。しかし不正利用は後を絶たず，申聞鼓の廃止と復設が繰り返された。

次に，上言とは，文字どおりには王に申し上げるとの意である。それが制度化され，訴願の装置のひとつとなった。上言は元来，直接王に訴えるという直訴の装置であったと思われる。しかし，のちに上言の訴願を文書で作成させて，その文書を承政院が受理するという法制的装置を施した。それを示すのが，正祖代（在位1776～1800年）に編纂された『秋官志』や『典律通補』の「上言規式」である。「上言規式」は，これを制定しなければならないほど，正祖代には上言が盛んに行われていたことを表す。実際，正祖は在位24年間，約3000件の上言を受理させ，処理したという。ちなみに，正祖は朝鮮の歴代の王のなかで，民本・為民の理念を最も充実に実践した王として有名である。

最後に，撃錚とは，ドラや鼓などを打ち鳴らして直接王に訴える制度的装置を指す。王宮内で行うものと，王の外出時に王宮外で行うものとの2種に分類される。撃錚は，申聞鼓の代替手段（装置）として，中宗代（在位1506～1544年）から登場し慣行化した。のちに明宗代（在位1545～1567年）には申聞鼓を一時廃止し，その代わり，撃錚を制度化した。撃錚もまた，活発に行われ，その濫用，不正利用などによる弊害を伴った。その弊害を防ぐために，英祖（在位1724～1776年）20年には撃錚可能な範疇を制限し，また濫用に対する処罰の規定も強化した。撃錚が最も盛んに行われたのは正祖代のことである。正祖は在位中，1000件以上の撃錚に出会い，その訴願を処理したという。

5 公論政治の近代および現代への影響

▶公論政治の「近代的」変容

朝鮮は、近代に入ってから、対外の危機的状況のもと、さまざまな政治変動と政局変化を経た。その過程で、多様な政治勢力が出現した。そのなかで朝鮮政府は1880年代から、近代国家建設を目指し、近代化を推進していった。しかしその前途は波乱に満ちたものであった。何より、日本や清国(中国)など諸外国の間で、朝鮮をめぐる勢力競争が続いたからである。また、国内の政治勢力の間では、近代化と政治改革の路線をめぐる葛藤や対立が生じていたからである。

朝鮮が近代化を推進して間もなく、1882年に壬午(じんご)軍乱が勃発した[7]。その鎮圧を機に清国は、朝鮮の内政に干渉し始めた。それが日本と清国との対立、勢力競争をもたらした。そうした状況のもと、朝鮮の近代化は遅延を余儀なくされた。この「失われた10年」を経て、朝鮮は日清戦争(1894~1895年)に巻き込まれた。日清戦争後、朝鮮は自主独立への意志を強く表明しようと、国号を大韓帝国と改名した(1897年)[8]。大韓帝国の政府は近代化を本格的に推進し、その成果を上げていった。しかし朝鮮半島の支配権をめぐる日本とロシアとの対立が続くなか、今度は日露戦争(1904~1905年)に巻き込まれた。その結果、日本の保護国となる(1905年)。その5年後の1910年には日本の植民地となる。

朝鮮の近代は短すぎた。とはいえその間、朝鮮政府は近代的な政治制度を導入し、多様な政治改革を試みた。その過程で、朝鮮の公論政治の伝統は「近代的」に変容していった[9]。その過程で、多様な政治運動が展開された。その発生した時期の順でいえば、衛正斥邪(えいせいせきじゃ)運動、開化運動、東学(とうがく)農民運動、義兵運動、独立協会運動、愛国啓蒙運動などがある。これらの政治運動の多くは、当初は上疏などを通じた制度内の政治活動であったものが、(制度外の)街頭の政治運動へと発展していった事例である。

まず、衛正斥邪運動は、西洋文明を邪悪な道と否定し、儒教文明の正しい道を固守しようとした運動である。この運動を主導したのは、儒生や士林である。それを衛正斥邪派と呼ぶ。衛正斥邪派は、政府が近代化を推進し始める

や，上疏を行いつつ，反対運動を各地で展開した。1881年から2年間続いたが，政府の弾圧を受け，阻止された。しかし日清戦争後，衛正斥邪運動は形を変えて再燃する。今度は日本帝国主義に抵抗するのがその目的であった。それを義兵運動という。義兵運動は，大韓帝国の時期には沈静するものの，日露戦争後，日本の保護国化政策に抵抗して全国各地に広がる。そして朝鮮が植民地化されると，義兵の一部は海外に亡命し，抗日独立運動に身を投じる。

　次に，開化運動をみよう。前述したように，朝鮮政府は1880年代から近代化を推進した。その推進役は，開化派と呼ばれる新進勢力の官僚であった。地方では，儒生たちの一部勢力が開化派に同調し，上疏を行いつつ，近代化の推進を支持していた。ところが清国の内政干渉が強まるや，政府内では，近代化路線をめぐる対立が生じた。それゆえ，開化派は急進派と穏健派に分裂した。急進開化派は，急速な近代化を目指し，1884年には甲申政変を起こした。だが失敗し，その残存勢力は日本や米国に亡命する。

　第3に，東学農民運動は，東学教徒の農民が政治・社会改革を目指し，また外勢の進出を拒もうと起こした運動（内乱）である。それを東学農民戦争，または東学農民革命ともいう。1894年（甲午年）に至り，東学農民が武装し蜂起した。しかし同年，日清戦争が勃発した後，政府軍と日本軍の連合軍によって鎮圧された。この運動の始まりは1892年，訴願制度と上疏を利用して起こした教祖訴願運動である。その目的は当初，亡き教祖の復権と東学の合法化であった。それが，のちに政治・社会改革の要求へと変わったのである。

　第4に，独立協会運動は，1896年から1898年まで独立協会という開化派の団体が起こした運動である。独立協会は，近代的な立憲君主制の導入を目指し，開化思想を民衆に啓蒙した。そのために大衆言論（『独立新聞』の発行），民衆集会の開催，独立門の建設などの活動を展開して自主独立思想を広めた。その活動のひとつ，万民共同会を取り上げよう。独立協会は1898年2月から公開討論会を行った。その結果，王（高宗皇帝）に上疏を提出し，外勢の排除や政治の改善などを政府に建議した。だが受理されず，翌3月からは大規模集会すなわち万民共同会を開催した。それから数カ月間にわたって，議会開設運動を展開していった。

最後に，愛国啓蒙運動は，大韓帝国が保護国化された時期に展開された。日本帝国主義に抵抗して，自国の富強（自強）と国権の回復をはかろうとした運動である。自強運動や国権回復運動とも呼ばれる。国内各地では，大韓自強会，大韓協会などの組織が結成され，言論・出版・教育などの活動を通じて国民の実力を養成しようとした。また新民会という秘密組織も結成された。そして国内各地のみならず海外の支部を設立し，国権回復運動を展開した。しかし日本の弾圧とそれに続く植民地化により，終息させられた。この運動に参加していた人々の多くは海外に亡命し，衛正斥邪派と同じく，抗日独立運動に身を投じた。

　これらの政治運動から，朝鮮の公論政治の伝統が「近代的」に変容していく様相を見出すことができる。特に東学農民運動，万民共同会の運動および愛国啓蒙運動は，朝鮮の政治史上，進行してきた公論政治の民衆化や民衆の政治主体化の「近代的」変容の様子を示しているといえよう。しかしどの政治運動もそれぞれ時の悲運に出会い，挫折する。それぞれの目標は達成されず，結局，朝鮮の植民地化により霧散してしまう。その意味で，公論政治の伝統の「近代的」変容は失敗を経験したといえるかもしれない。

▶現代への影響　朝鮮の公論政治の伝統は，形を変えつつ，韓国における街頭の政治や市民の政治参加に引き継がれている。そして新しい伝統を構築し続けている。1980年代まで展開された韓国の民主化運動はその典型例である。これ以降，市民の政治参加は多様な市民団体の組織を通じて社会の隅々に浸透している。市民運動や労働運動は盛んに展開し，時に街頭に進出している。こうした街頭の政治運動は，朝鮮の訴願制度の伝統を受け継いでいると考えられる。

　それでは，朝鮮の公論政治の伝統は現代韓国において，どのような形で継承されているのだろうか。その具体的な例をいくつか取り上げてみよう。

　まず，司正（サゾン）機関がある。司正機関は政界，官界，財界など各界の有力者による不正・違法の摘発，処罰をつかさどる機関である。政府機関としては監査院，検察，警察，国税庁，公正取引委員会の5つがある。各機関の司正は厳しく徹底している。司正の対象は最高権力者の大統領を含む。現職大統

領の不正があれば，弾劾の対象となる。特に政権交替の時期には，前の政権に対する司正が広範囲にわたって行われる。その結果，前職大統領が何人も処罰せられたことがある。¹²⁾総括すれば，現代韓国の司正機関は朝鮮時代の言論機関と諫言の伝統を引き継いでいると判断される。

次に，民願(ミヌォン)の制度がある。民願とは，国民の請願や政策提案を意味する。それはまた，苦情を陳べるという陳情，嘆願を含む。民願を行う人を「民願人」，その申請内容を「民願の事項」，それを処理する行政機関の業務を「民願の事務」という。その窓口の民願受付機関として，大統領府(青瓦台，チョンワデ)から区役所に至るまでの各種の行政機関は「民願室」を運営している。現代韓国の民願制度は，朝鮮時代の訴願制度や上疏制度の伝統を継承し，現代的に変容し発展させたものであるといえよう。

最後に，朝鮮時代の申聞鼓の伝統が形を変えて復活している。例えば，国民申聞鼓や安全申聞鼓などがそれである。国民申聞鼓は，韓国政府が2008年から運営してきた統合民願の掲示板である。具体的にいえば，16の中央行政機関と監査院，法院の行政処，239の広域・基礎自治団体の民願窓口をひとつに統合した国民ポータルサイトである。¹³⁾国民申聞鼓の運営責任は，大統領府の所属機関である国民権益委員会が受け持っている。安全申聞鼓は，災難や事故など安全上の不安要素を発見した場合，ただちに該当の行政機関に申告するシステムである。そのためのポータルサイトは2014年から，国民安全処が運営している。

6　韓国の政治文化と朝鮮の公論政治の伝統

朝鮮の公論政治の伝統は，韓国の政治文化を構成している。韓国の政治文化の特徴は政治道徳の重視にある。それは韓国国民の，政治(家)に対する道徳的な要求の高さ，道徳的かつ普遍的な判断基準の厳しさとして表れる。その根底を成すのは，公論政治とこれを支えた朱子学(や儒教)の伝統であるといってもよい。朱子学の政治理念は近代以降，西洋政治理念・思想に取って代わられたかのようにみえる。しかしその伝統が，消え去ったとはいえるまい。その形を変えつつ，今なお現代韓国の政治に影響を及ぼし，その政治文化を構成し

ているといってよかろう。

　さて，公論政治の伝統やその構成要素は――世の中のあらゆる物事がほぼ例外なくそうだが――正負の両側面をもつ。もっとも，その弁別は容易ではない。両側面は重なり合っているからである。しかも人々の判断基準によって，正なのか負なのかと，各自の評価が分かれる。また時空間やその状況変化に沿って，正が負に，負が正に転じることもある。これを念頭に置いて，関連要素を取り上げながら話を進めよう。そして公論政治の伝統が，韓国の政治文化にどのような正負の遺産をもたらしているかを考えてみよう。

　まず，公論政治の民衆化や民衆の政治主体化を考えてみよう。それは，前述したように，公共圏の拡大と民衆の政治参加との伝統を築いた。この伝統は現代韓国の街頭の政治や市民の政治参加の新しい伝統に継承されている。そして韓国型の民主主義と政治制度を支えている。その意味で，韓国の政治文化に多くの正の遺産をもたらしているといえよう。しかしそれは，政治過熱という現象を伴う。韓国社会の隅々に政治が浸透し，政治以外の各種領域・部門を過度に政治化するということである。そして政治的な対立や分裂をもたらす。そのように考えるならば，公論政治の伝統は，負の遺産に転じることにもなろう。

　次に，士林政治から派生した朋党政治は，公論政治を活性化するという正の遺産をのこした。しかし，また他方では，朋党の間の激しい党争をもたらした。この党争の伝統を一概に，負の遺産とはいえるまい。しかし朋党の間では，時には党利党略を軸にした党争が起きる。そうした党争の伝統は，負の遺産となりうるのだろう。

　最後に，朱子学の伝統を取り上げてみよう。それは，前述したが，韓国の政治文化の特徴である高度な道徳性の根底をなす。道徳性そのものは正の遺産である。ただしその道徳性が，道徳過剰をもたらした場合，負の遺産にも転じうる。それが，独善的な道徳や判断による，過剰な他者批判や自他対立および非妥協の性向を生み出す恐れがあるからである。また，道徳と政治とのバランスを壊し，理念と現実とのギャップを広めるからである。さらに，道徳が通用できぬような現実，状況と出会ったとき，それへの柔軟な対応を見失う境遇が生じるからである。

【注】
1) 道伝は，王権を規制し牽制するため，宰相（首相）中心の政治を主張した人物として有名である。
2) 衙門の官僚は文官の文班と武官の武班を含む。朝鮮の両班（ヤンバン）とは，この文武官職の２つの班を指す言葉から由来する。両班はとうぜん，支配階層の卿・大夫・士を構成する。そして民のなかの上位の身分を指すこととなった（後述）。
3) 弘文館の官員はまた，経筵の官職を兼任する。経筵とは，重臣たちが王に対して経書の講義を行う勉強会をいう。経筵の時にも，諫言や公論の機会が得られる。
4) 朝鮮時代の身分は大きく，良民（両班，中人，常民）と賤民（奴婢）との２つに分けられる。両班については前述した（注２）が，中人は医官・訳官などの技術官僚，常民は農・工・商などを営む一般庶民の身分をいう。奴婢（ノビ）は役所や一般家庭につとめる従僕，従業員である。役所の公奴婢と一般家庭の私奴婢がある。
5) 19世紀に入ってから，士林派の一部勢力が権力を独占した勢道（セド）政治が現れる。
6) 郷約とは，儒教道徳に基づく訓育と相互扶助により村人の行動・規範を規律し，村落の自治と結束をはかるために組織された結社である。その意味では，士と常民の連帯による郷村社会の地方自治体と理解してよかろう。
7) 壬午軍乱は，当時の朝鮮政府の軍制改革に反発をつのらせた旧式軍隊が起こした暴動，反乱である。その経緯は省くが，結局，清国軍の派遣・介入によって鎮圧された。
8) それによって，国王の高宗（在位1864～1907年）は自ら皇帝となる。
9) ここでいう「近代的」な変容とは，朝鮮の政治史における「伝統と近代との異種交配（hybridization）」の現象を指すと理解されたい。
10) 東学とは，西学（＝天主教）に対抗しようと，朝鮮独自の思想体系を構成して作った学問をいう。それが民衆の間に浸透し，宗教となる。東学の創始者＝教祖は崔済愚（チェジェウ）（1824～1864年）である。彼の思想は「侍天主」に集約される。そこには，人間平等と人格神の観念が投影されている。しかし天主とは，天主教の神様と同一名称でもあり，東学教徒＝西学の徒と誤解された。結局，崔済愚は「邪道乱正」との罪目で処刑された。のちに「侍天主」思想は，第２代教主の崔時亨（1829～1898年）の「事人如天」（人を天のように尊敬し，万人につかえる）に継承され，第３代教主の孫秉熙（1861～1922年）に至っては「人乃天」（人はすなわち，天である）へと発展する。
11) しかし万民共同会の議会設立運動は結局，挫折する。その運動の開始から８カ月後の11月に，独立協会は大韓帝国政府を転覆し，共和制（大統領制）の樹立を試みているとの理由で，その解散の勅令が発せられたのである。
12) これと関連して，朝鮮時代においても，王の不正・非道をただすとの名分を掲げて，２人の王を処罰し，廃位させたことがある。王号をもたぬ燕山君（在位1494～1506年）と光海君（在位1608～1623年）がその２人である。ちなみに，前の王を廃位し，新王を推戴することを「反正」（正しい状態にかえす）という。
13) その趣旨は「行政機関等の不正・違法，消極的な処分と納得できない政策による権利や利益の侵害，不便・不満な点がある場合，告発および政策提言ができる」ということである。

【研究案内】
　朝鮮の公論政治については，三谷博『東アジアの公論形成』東京大学出版会，2004年。朱子学の公共論を理解するには，溝口雄三『中国の公と私』研文出版，1995年や，金鳳珍「公共の伝統と近代——中国と日本における『公共』」平野健一郎ほか編『国際文化関係史研究』東京大学出版会，2013年が参考になる。
　公論政治の「近代的」変容については，月脚達彦『朝鮮開化思想とナショナリズム』東京大学出版会，2009年，趙景達『異端の民衆反乱——東学と甲午農民戦争』岩波書店，1998年。そして長田彰文『世界史の中の近代日韓関係』慶応義塾大学出版会，2013年を読めば，近代から植民地時期および現代にいたるまで，韓国の公論政治の変容が概観できる。
　現代韓国における公論政治とその変容については，大久保史郎・徐勝共編『現代韓国の民主化と法・政治構造の変動』日本評論社，2003年がわかりやすい。なお，文京洙（ムンキョンス）『韓国現代史』岩波書店，2005年を読めば，韓国の政治変動の歴史を概観することにより，公論政治の変遷がわかりやすくなる。

第5章　東南アジアにおける体制移行と「街頭の政治」
―― 小さな政治再編を積み重ねるマレーシア

篠崎　香織

1　東南アジアにおける体制移行

▶東南アジアの政治体制　　自らを東南アジアの国家として位置づける11カ国のうち，10カ国が東南アジア諸国連合（Association of Southeast Asian Nations, ASEAN(アセアン)）を構成している。[1)] ASEANは近年，購買力をもつ中間層・富裕層が拡大しつつある6億人規模の一大成長市場として，世界から注目を集めている。ASEANは2015年12月に，ASEAN共同体として発足した。経済的な統合はかなり進展していると評価されており，ASEAN市場という表現も一般的に使われるようになっている。

　これに対して，ASEANにおける統合の低さを指摘する見方もある。ASEANが内政不干渉を原則とし，加盟国の権限がASEANの権限に優越し，ASEANとして統一的な行動を取りにくい側面があるためである。内政不干渉はもともと，他国の主権を踏みにじる行為を東南アジアから排除するために，主権尊重と一体で共有されてきた理念である。しかし近年のASEANでは，人権や民主主義の実践に対する国外からの批判を，内政不干渉を盾にしてかわそうとする側面が顕著であり，そのことが批判的にとらえられている。

　ASEAN全体が人権や民主主義の実践に消極的なわけではない。ASEANにはこの問題をめぐり，先発加盟国（インドネシア，シンガポール，タイ，フィリピン，マレーシア）と後発加盟国（カンボジア，ブルネイ，ベトナム，ミャンマー，ラオス）との間に意見の相違があるといわれている。先発加盟国はASEAN原加盟国であり，後発加盟国は新規にASEANに加盟した国である。先発加盟国は，冷戦後の国際社会が求める民主主義や人権などの諸価値を共有しようとする姿勢を示し，各国が互いに内政に干渉することも受け入れたうえで，経済統

合の迅速化のみならず，国際社会が求める諸価値を追求しつつ ASEAN の意思決定・運営の効率化を志向している。これに対して後発加盟国は，民主主義や人権などの問題において内政不干渉の原則を持ち出し，批判をかわそうとする傾向が強い。

　後発加盟国には，民主主義の指標とされる制度が備わっていない国家が多い。カンボジアは1970年から続いた長い内戦を経て，1993年に新たな国家として再出発し，選挙を経て新政府を発足させたが，現在に至るまで人民党の一党優位が続いている。ミャンマーでは1962年にクーデターが起こって以降，軍が政治を主導してきた。2011年以降民主化が進展し，2016年に民選の大統領が半世紀ぶりに誕生したが，下院議席の4分の1が軍に割り当てられており，政治における軍のプレゼンスは依然として高い。ベトナムとラオスでは，ベトナム共産党およびラオス人民革命党が国家を指導する立場にあることが憲法で規定されており，一党支配が憲法で保障されている。ブルネイは立憲君主国であるが，世襲の国王が首相と外相，防衛相を兼任しており，政治的な権限を行使している。1984年に独立してから2004年まで，議会は治安を名目に停止されていた。2004年に議会は再開されたが，議員の多くは国王が任命し，議会の権限も制限されている。

　ただし，民主主義の指標とされる制度が備わっていないからといって，国家が一方的に社会を抑圧しているとは限らない。ASEAN 後発加盟国については，民主主義の指標とされる制度とは別の制度を使って，社会が国家に対して権力の公正な行使を迫りうる側面もあることが指摘されている。民主主義の指標とされる制度の有無だけでその国の政治のあり方をみるのではなく，国家と個人がどのような権力関係で結ばれており，個人はそのなかでどのような工夫をして国家による権力の行使を監視しているのかをみる視点も必要であるだろう。

▶政治体制が移行したとされる国　上記の ASEAN 先発加盟国もかつては，権威主義体制という政治体制に分類されていた。権威主義体制とは，ホアン・リンスが提示した概念で，政治学で広く使われてきた用語である。リンスは政治体制を民主主義，権威主義，全体主義の3つに分け，民主的でも全体主義的でもない中間的な体制を権威主義体制と呼んだ。権威主義体制では，民

主主義の指標となる制度や利益集団の存在は認められるものの，政治的な多元性は限定的であるとされる。例えば，結社や政治活動，言論の自由が厳しく制限されていたり，為政者が制度を恣意的に援用して権力を行使したりすることがある。

先発加盟国のうちフィリピン，インドネシア，タイでは，1980年代から1990年代に権威主義体制から民主的な体制への移行が完了したとされる。その過程において，街頭の政治活動が大きな役割を果たした。フィリピンではマルコス体制（1965～1986年）の崩壊につながった「ピープルパワー」があり，インドネシアではスハルト体制（1966～1998年）の崩壊につながった政治改革を求める「レフォルマシ（改革）」があった。タイでは軍部主導の政治に異議申立てを行う街頭の政治活動が行われ，弾圧を受けて犠牲者を出してきた。そうした事件として，「血の日曜日事件」（1973年10月）や「血の水曜日事件」（1976年10月），「5月流血事件」（1992年5月）などがある。

これら街頭の政治活動は，政治体制の移行をもたらした単独の要因ではない。政治体制の移行をもたらした要因としては，冷戦の終結，国際的な経済危機，国内の体制内部の対立などがより重要であった。しかしこれらの要因が街頭の政治活動と結びつくことにより，当時の政治状況が体制移行へと方向づけられた側面があった。これら3カ国では，政治や社会を変えるルールや手続きとして定められた政治参加の制度が機能しないと人々が判断したときに，街頭の政治活動を含む制度外の政治参加という手段が採られるに至った。

▶**政治体制の移行が未完とされるマレーシア**　ASEAN先発加盟国のうちマレーシアは，シンガポールとともに，依然として権威主義的な体制にあるとされることが多い。それは両国において政権交代が起こっておらず，それゆえに体制移行も生じていないとされるためである。両国では，建国時に与党であった政党が現在に至るまで継続して与党の座にある。これら与党を率いた指導者は，1970年代から1990年代にかけてマルコスやスハルトとほぼ同じ時代を生き，彼らとともに権威主義的な政治指導者と位置づけられた。

マレーシアにおいてそのような指導者として位置づけられるのは，1981年から2003年に首相を務めたマハティール・モハマドである。[2] マハティール首相が長期に政権を維持した要因として，与党に有利な選挙制度，マスメディアの統

表1　マレーシア下院議会選挙における獲得議席数

	マレーシア全体				半島部			サバ			サラワク		
	議席総数	与党議席数	与党得票率	野党	議席総数	与党	野党	議席総数	与党	野党	議席総数	与党	野党
1995年	192	162	65.2%	30	144	123	21	21	13	8	27	26	1
1999年	193	147	56.5%	46	144	102	42	21	17	4	28	28	0
2004年	219	198	63.8%	21	165	146	19	26	25	1	28	27	1
2008年	222	140	51.5%	82	165	85	80	26	25	1	31	30	1
2013年	222	133	47.4%	89	165	85	80	26	23	3	31	25	6

注：与野党が拮抗している時期・地域は網掛けの部分。
出所：筆者作成。

制，国家に強力な強制力を保証する法律の導入など権威主義的な側面が指摘されてきた。マレーシアでは1998年から1999年にかけて，インドネシアと同じく「レフォルマシ」を掲げた街頭の政治活動が活発化した。しかしインドネシアとは異なり，街頭の政治活動はマハティール政権の崩壊に結びつかなかった。1999年の総選挙で与党は勝利し，マハティール政権は続投した。マハティールは自らの意志で首相退任の時期を決め，その意志を託された副首相が次期政権を引き継いだ。新たな首相のもとで行われた2004年総選挙で与党は圧勝し，与党は安泰であるようにみえた。こうした状況を受けて，周辺国では政治体制が移行したのに，マレーシアでは与党が安定的に政権の座にあり，なぜ民主化しないのかが問われた。その要因のひとつとして，民主化より経済的な繁栄を優先する保守的な中間層の存在が指摘された。

▶マレーシアにおける民主化の兆し？　　安定的にみえたマレーシアの政治状況は，2008年に大きく変化した。2008年総選挙で野党が大きく躍進し，半島部で与党と野党が拮抗する状況が発生した（表1）。この変化は「ポリティカル・ツナミ」と呼ばれている。また2007年頃からマレーシアでは，街頭の政治活動が活発化しているようにもみえる。主催者発表で約50万人が参加した街頭の政治活動も行われている。

　こうした変化は，「体制移行が遅れてきたマレーシア」において，インドネシアやタイ，フィリピンのように街頭の政治活動が力をもち，民主化への体制

移行が期待できる状況がようやく生じつつある兆候ととらえることができるだろうか。

　この問いに対して本章では，2点指摘したい。第1に，現在でも権威主義体制に分類されるマレーシアは，権威主義体制に分類された時期のインドネシア，タイ，フィリピンとは異なり，政治的な多元性と競争的な政治が選挙という制度を通じて展開してきたことである。それを可能にしてきた仕組みが「民族の政治」である。競争の公正さにおいて改善すべき点は多々あるものの，マレーシアでは，政治や社会を変えたいならそのための制度として定められた選挙というルールおよび手続きに依拠しなければならないという理解が社会で広く共有されており，制度外の手段に訴えることを社会が支持してこなかった。

　街頭の政治活動は，社会が一丸となって国家権力に挑むという側面が肯定的に評価されてきた。インドネシア，タイ，フィリピンにおける街頭の政治活動も，そのような側面から高く評価されてきた。他方で街頭の政治活動は，社会内部の対立や亀裂をあらわにし，制御不可能な混乱や暴動を生んだり，意思決定の制度を機能不全に陥らせたりする側面ももつ。そのような側面は，インドネシア，フィリピン，タイでも生じていた。

　インドネシアでは，「レフォルマシ」を唱えジャカルタで街頭の政治活動に参加している人たちが暴徒化し，商店や住居を襲撃し，略奪・放火を行った。首都ジャカルタのみならず，複数の都市で同様の暴動が生じた。これにより，数百人から千人近い人が殺害・暴行・強姦の犠牲者となった。これら犠牲者の大部分は華人であった。フィリピンではエストラダ大統領（在任1998〜2001年）に反対する人々（主にエリート層といわれる）が「ピープルパワー2」と銘打った街頭の政治活動を行い，これを「民意」の裏付けとし，司法の介入により大統領を交代させた。これに反発してエストラダを支持する人々（主に非エリート層といわれる）が「ピープルパワー3」を展開したが，弾圧された。これ以降フィリピン社会では，エリート層と非エリート層の分裂が顕著になったといわれている。タイでは2000年代半ば以降，タクシン元首相（在任2001〜2006年）の支持者と不支持者とが，街頭の政治活動を通じて自らに有利な政治状況を作り出そうとした。タクシン元首相系の候補者・政治家が選挙に強いなかで，反

タクシン派は街頭の政治活動を展開し,「民意」を背景に司法を通じて政治に介入し,さらには軍の介入を招くこととなった。マレーシアの人たちは,近隣諸国におけるこうした政治状況をみるなかで,また自国における苦い経験を通じて,社会内部の対立や亀裂を物理的な力に訴えて解消するような事態を招かないよう,街頭の政治活動に対して慎重な態度を取り続けてきた。

　他方でマレーシアでは,政治や社会の再編において,街頭の政治活動が大きな役割を果たしてきた側面もある。本章ではこの点を第2に指摘したい。マレーシアの街頭の政治活動は,選挙で決着をつけることを前提に展開してきた。街頭の政治活動を通じて政権に異議申立てをする人たちを政権が排除することもあるが,その一方で,そうした人たちを政権が包摂するような対応も取られてきた。そのなかで,政権を担う与党の構成員が再編され,それが政権の担い手の再編につながる側面があった。政党政治では一般に,政権を担う政党の交代により政権を担う主体が交代するとされる。これに対してマレーシアでは,政権を担う政党の交代を伴わずに政権を担う主体の変更が生じてきた側面がある。

　以上のことを確認するために,本章は以下のように議論を進める。第2節では,競争的な政治を支えてきた「民族の政治」について説明する。第3節から第5節は,「民族の政治」の再編期(1960年代〜1970年代),マハティール政権期(1980年代〜2000年代),「ポリティカル・ツナミ」期(2000年代)に時代を分け,「民族の政治」と「街頭の政治」がそれぞれの時代において選挙との関係でどのように機能してきたのかをみていく。なお本章では街頭の政治活動を,「屋内・屋外において不特定多数の相手に,自らの政治的な主張への同意を働きかける活動」と定義する(与野党が動員する活動も含む)。

2　「民族の政治」の基本設定

▶定期的な選挙の実施　　マレーシアでは1951年に市レベルで直接選挙が導入され,1955年に最初の国政レベルの選挙が行われた。それ以降4年から5年に一度,総選挙を定期的に実施してきた。1969年5

月から1971年2月にかけて議会が一時停止した時期を除き,競争的な選挙が定期的に行われてきた。

直接選挙が行われるのは,国会の下院議会と州議会である。国会は上院と下院の二院制で,州議会は一院制である。州以下にも郡議会や市議会があるが,1965年に直接選挙が廃止され,それ以降は州政府が郡議会や市議会の議員を任命している。有権者は21歳以上の国民で,選挙人登録が必要である。有権者のうち選挙人登録を行っている者の割合は,2013年総選挙では74.19%であった。

▶民族別政党の形成とその提携の制度化　マレーシアにおける基本的な政治スタイルは,「民族の政治」である。これは,意思決定の場に代表を送り出すうえで,また個人が公権力と意思疎通をはかるうえで,民族という枠組みを利用する仕組みである。この枠組みは1940年代末から1950年代初めにかけて,半島部で構築されていった。

マレーシアは多民族国家である。多くの民族が存在し,混血者も存在するが,政府の人口統計はマレーシア国民をブミプトラ(約68%),華人(約24%),インド人(約7%),その他というカテゴリーに分けている。ブミプトラはマレー語で「土地の子」を意味し,「先住民」系の人たちがここに含まれる。具体的には,マレー人(約55%)とその他の先住民系の人たち(約13%)である。マレー人は,マラッカ王国の血統を継承する人と,同王国で花開いたマレー語とイスラム教を核とするマレー文化を継承する人を指す。マレー人のなかには,東南アジアの周辺国や中東,インドなど,マレーシアの外部に出自をたどれる人も多いが,マレー人は,華人とインド人を「外来者」に位置づけ,それに対して自らは「先住民」であると主張してきた。これに対して華人やインド人は,マレーシアで生きていく者として自らを位置づけ,「外来者」として括られることに異議を唱えてきた。

今日のマレーシア半島部では,1940年代末から1950年代初めに民族政党が設立された。統一マレー人国民組織(United Malays National Organisation, UMNO),マラヤ華人協会(Malayan Chinese Association, MCA),マラヤ・インド人会議(Malaya Indian Congress, MIC)である。これら3政党は,1953年に連盟党という連合政党を結成した。

3党による連合政党は，選挙において以下のように機能してきた。選挙は小選挙区制で行われる。3政党は選挙区の人口構成に照らし，どの政党から候補者を出すかを決める。一般にマレー人が多い選挙区ではマレー人の候補者を立て，華人が多い選挙区では華人の候補者を立てる。これに対して野党も，マレー人が多い選挙区ではマレー人を主な支持基盤とする野党がマレー人候補者を立て，華人が多い選挙区では華人を主な支持基盤とする野党が華人候補者を立てる。そのため，同じ民族に属する与野党の候補者がひとつの選挙区で票を争う構図となることが多い。こうしたなかで有権者は，直接的には自分の民族の代表者を選ぶとともに，自分の利益を守りうるのは連盟党かあるいはそれ以外の政党かを選択する。自分と異なる民族の候補者が自分の選挙区に立てられる場合は，連盟党とそれ以外の政党のうちいずれが自分にとってより望ましいかが主な選択の基準となるが，間接的に自分の民族の代表を選ぶことにもなる。例えば与野党からマレー人候補者が立てられた選挙区の華人の場合，連盟党から出馬したマレー人候補者に投票することは，連盟党への信任であるとともに，連盟党を構成するMCAを自らの代表者として信任することとなる。

　選挙に勝つうえで候補者は，その選挙区で多数派を構成する民族の支持を得ることが必須となる。しかしだからといって，その選挙区で少数派を構成する民族をないがしろにすることもできない。多数派民族の支持が与野党に二分した場合，少数派民族の支持が候補者の当落を左右するためである。例えば，マレー人有権者が多い選挙区で与野党からそれぞれマレー人候補者が立てられ，マレー人有権者の支持が与野党に二分した場合，華人やインド人など非マレー人有権者の票がマレー人候補者の当落を左右する。実際にマレー人有権者の票は1980年代以降，与野党に二分する傾向が顕著となっている。

　このように「民族の政治」は，選挙という制度を前提に成り立っている。選挙は多数決原理に基づくが，「民族の政治」という仕組みにより，多数派の民族が数の力に物を言わせて好き勝手に振舞うことに一定の歯止めがかけられている。代表者は，自らが代表する民族の利益を守るとともに，多民族社会における調和の維持に配慮することが求められる。こうした責務の履行を代表者に迫ってきたのが，定期的に行われる選挙である。

▶与党に有利な選挙のルール　　マレーシアの選挙のルールは与党に有利であり，公正な競争が保障されていないと指摘されている。具体的には以下の点が批判的に指摘されている。

　第1に，選挙運動期間が短いことである。マレーシアでは日本と同様，公示日以降に選挙運動を行うことができる。微小な違いとして，日本では投票日前日まで選挙運動ができるが，マレーシアでは投票前に冷却期間を置くべく投票日前々日までしか選挙運動ができない。マハティール政権以前，公示日と投票日の間は平均2週間であったが，マハティール政権以降は平均10日間となり，最短は8日間（2004年）であった。2012年に公示日と投票日の間は最低10日間確保するよう規定されたが，野党やNGOは，有権者が候補者をじっくり選べるよう，公示日と投票日の間を最低21日間確保すべきだとする。

　第2に，マスメディアの論調が与党に有利なことである。マレーシアの紙媒体の新聞やテレビは，与党が間接的に所有している。また紙媒体の新聞や雑誌などの定期刊行物は，2012年まで内務省から毎年発行許可を取得することが義務付けられており，許可を取得するために報道内容に自主規制や自己検閲をかける傾向があった。そのためマスメディアの論調は与党寄りとなる側面が指摘されている。例えば選挙運動期間中のマスメディアの報道では，与党候補者の動向を伝える記事が多いのに対し，野党候補者の動向を伝える記事は少ないといわれている。

　第3に，選挙区割りが与党に有利なことである。マレーシアでは，都市部の有権者は地方の有権者よりも野党を支持する傾向があるといわれている。こうしたなかで，地方の選挙区は都市部の選挙区よりも1票が重くなるような選挙区割りがなされていると指摘されている。2013年総選挙では，有権者数が最大の選挙区の有権者数は14万4159人であったのに対し，最小の選挙区では有権者数は1万5791人であり，1票の格差は最大9.13倍であった。ちなみに日本では，2016年参議院選挙において1票の格差は最大3.08倍であった。2016年9月以降，マレーシアでは選挙区割りの検討が始まっているが，1票の格差がさらに拡大するような区割りであるという批判がなされている。

　第4に，選挙を管理する選挙管理委員会が中立性に欠けることである。選挙

管理委員会は国王が任命するが，その際に助言を行うのは与党である。上述の選挙区割りをするのも選挙管理委員会である。

▶ 選挙のルールに対する社会の対応　マレーシアにおいて興味深いのは，有権者が以上のような状況を織り込み済みで対応している点である。与党に有利なルールを必ずしも受け入れているわけではないが，そのようなルールで競争が行われることを認識し，対応している。

　選挙運動期間が短いことは，政治家も有権者も織り込み済みである。それゆえに有権者に関していえば，選挙が公示されてから誰に投票するかを考えるというよりは，日頃から政治家の言動をチェックして審判の日に備えている傾向が強い。またマレーシアにおいて選挙運動が可能な期間は，極端に短いわけでもない。例えば日本では，衆議院議員選挙の際に選挙運動を行える期間は少なくとも12日間とされている。マレーシアにおいて選挙運動を行える期間は，日本と比べて若干短いが，極端に短いわけではない。

　マスメディアの論調は，確かに与党に有利であると判断される側面もある。表面になかなか現れない「真実」を暴くことで公正を世に問うような報道は，野党の機関紙を除き，紙媒体の新聞ではあまりみられない。マレーシアのマスメディアは，与党政治家の言動を伝えるだけの「大本営」的報道だと批判されることもある。

　他方でそのような「大本営」的な報道には，表面にみえる事柄を丹念に拾い，代表者の仕事ぶりを観察する材料を有権者に提供する側面もある。野党を批判する与党政治家の発言がそのまま掲載されることもあるが，読者はその批判の論理の妥当性を検討したり，政治家が批判に用いた刀でその政治家を切り返したりするような報道の読み方をする。

　野党候補者による選挙運動の扱いは，新聞によっても異なる。華語で書かれた日刊紙（以下，華語新聞）では，野党候補者の選挙運動を伝える記事も，与党候補者の選挙運動を伝える記事と数のうえでは大差なく掲載される。また華語新聞の地方版は，選挙期間中に行われるチェラマ（ceramah）と呼ばれる政治集会がいつどこで行われるかの情報を与野党問わず毎日掲載しており，政治家と社会をつなぐ役割も果たしている。

チェラマでは，立候補者たちが自分の選挙区を中心に演説を行う。会場は，レストランやホール，集会場，支持者の自宅のほか，空き地や駐車場，街頭などでも行われ，まさに街頭の政治活動である。夕方7時頃から夜中12時頃の間に行われることが多く，演説の前後には歌や掛け合いなどで会場を盛り上げるなどショー的な要素も色濃く，若者や家族連れなどさまざまな世代の人たちが気軽に参加する。一般に，野党候補者は与党候補者よりも活発にチェラマを行い，ひとりの候補者が一晩のうちに2，3箇所でチェラマを行うこともある。政党の幹部は自党の候補者の応援のために全国を飛び回る。チェラマを通じてマレーシアの有権者は候補者に直接触れることができ，候補者についての情報を得る。

　2000年代に入る頃にインターネット・メディアが設立され，2000年代末以降，存在感を示している。インターネット・メディアには紙媒体と異なり，毎年発行許可を取得することは義務付けられておらず，より自由に言論を展開することが可能となっている。

　選挙区割りについては，日本でも都市部と地方との間に1票の格差があることが指摘されており，裁判所がそのことを違憲と判断することがたびたびある。1票の格差を是正すべく，2016年参議院選挙では隣接する2つの県をひとつの選挙区とする合区が導入された。この対応を評価する声もあれば，県ごとに異なる利益をひとりの議員が代表しうるのかという疑問や，有権者の少ない地域の議員数が相対的に少なくなり，地方の声が国政に反映されにくくなるとの指摘もある。日本における1票の格差の問題は都市部への人口集中と密接な関係があり，同様の事情がマレーシアにもある。マレーシアでは，政治的な意思が選挙区割りに反映しているようにみえる地域も確かにあるが，地域の自治を求める声や開発が相対的に遅れている地域に配慮して選挙区割りが行われている側面もある。1票の格差は是正すべき点もあるが，地域の事情をふまえず，人口規模に基づいて画一的に選挙区割りをすることが常に正しいとは限らないだろう。

3　「民族の政治」の再編

▶街頭の政治活動から
　生じた5月13日事件

マレーシア社会では，街頭の政治活動を通じて，本来定められているルールや手続きを超越する形で，政治や社会のあり方を変えていくことは慎重に回避されている。そのような認識が共有されているのは，1969年に起こった5月13日事件の苦い経験があるためである。5月13日事件は，総選挙後の街頭の政治活動をきっかけに生じた事件であった。

1963年にマレーシアが発足し，下院議会の全議席を対象とした最初の総選挙[4]が1969年5月に行われた。この選挙では，華人系野党とイスラム系野党が躍進した。下院議会では，連盟党の議席数が89議席から66議席に減少し，野党の議席数が12議席から37議席に増加した。州議会では，2つの州で野党政権が発足し，2つの州で与野党の議席数が拮抗した。

この選挙結果を受けて，華人系野党の党員や支持者が党の躍進を祝う街頭パレードをクアラルンプールで行った。これに対抗して，UMNOの党員と支持者が街頭パレードを計画するうちに，マレー人と華人の衝突が起こり，それが瞬く間に暴動に発展し，死者196人，負傷者196人を出す惨事となった。犠牲者の多くは華人であった。これが5月13日事件である。この事件を受けて国王は非常事態を宣言し，憲法と国会を停止した。

5月13日事件をふまえてマレーシアでは今日に至るまで，街頭に出て政治活動を行えばその活動に反対する者が動員・組織化されて対抗集団として現れ，選挙というルールや手続きを無視して，数の力や暴力などに物を言わせて政治や社会を変えてしまうかもしれないという警戒感が根強くある。そのような警戒感は，5月13日事件で犠牲者の多くを占めた華人社会にとりわけ強い。

1987年に，華語小学校に対する教育省の扱いに不満をもつ華語教育組織が，与野党の華人政治家を交え，クアラルンプールで2000人規模の集会を行った。するとこれに対抗してUMNOが1万人規模の集会を開催し，党員をさらに動員して50万人規模の集会を開催すると声明した。民族間の緊張が高まり，流血

の惨事の再現が懸念された。こうしたなかで政府は，UMNO党員も含む関係者97名を逮捕し（掃討作戦），事態の収拾をはかった。情勢が沈静化したのちに与党関係者は早期に釈放されたが，野党関係者のなかには長期にわたって拘束され続けた者もいた。

こうしたなかでマレーシアでは，非マレー人を中心に，街頭の政治活動に慎重な対応がとられてきた。多数派が数に物を言わせて政治や社会のあり方を決めてしまわないように，選挙というルールおよび手続きが遵守されてきた。

▶「民族の政治」の再編

5月13日事件をきっかけに，「民族の政治」が再編されていった。再編によって2つの変化がもたらされた。ひとつは，「民族の政治」に新しい側面が付け加わったことである。もうひとつは，「民族の政治」に参加するアクターが増えたことである。

「民族の政治」に付け加わった新しい側面とは，民族によって資源にアクセスできる機会が異なるという側面であった。マレーシアの憲法は，資源の公的な分配においてブミプトラ（マレー人およびサバ，サラワクの先住民）に一定の「割り当て」を留保しうると規定している。公的に分配される資源とは，公務員職への採用・昇進，政府奨学金の付与，公立の高等教育機関への入学，事業の許認可などである。5月13日事件に関する政府の報告書は事件の原因はマレー人と非マレー人との経済的不均衡であると結論づけ，その是正を目的とする新経済政策を1970年に開始した。これは，憲法に基づき，資源の公的な分配においてブミプトラへの「割り当て」に数値目標を設定し，その達成のために政府が積極的に介入する政策で，20年の時限付きで実施された。例えば，ブミプトラの株式所有率を1990年までに1.9％から30％に引き上げるという数値目標が設定された。

「民族の政治」に参加するアクターの増加は，連盟党の再編を通じて行われた。非常事態宣言下で停止されていた国会は，1971年2月に再開した。連盟党は1969年総選挙で躍進した野党に，連盟党への加入を働きかけた。その結果，華人を主な支持者とするマレーシア人民運動党（Parti Gerakan Rakyat Malaysia，グラカン）と，インド人を主な支持者とする人民進歩党（People's Progressive Party, PPP），マレー人を主な支持者とする汎マレーシア・イスラム党

Horitsubunka-sha Books Catalogue 2018

法律文化社 出版案内
2018年版

■報道の自由・知る権利の危機⁉ 国連に懸念を示される日本の現況

なぜ表現の自由か
阪口正二郎・毛利 透・愛敬浩二 編　A5判／262頁／3000円

●理論的視座と現況への問い　「表現の自由」の保障の意義とあり方を、規制へのたゆまぬ警戒が必要との問題意識に基づき、憲法学の成果を踏まえて論究。「忘れられる権利」など表現の自由と関わる新課題も考察。

法律文化社　〒603-8053 京都市北区上賀茂岩ヶ垣内町71　TEL075(791)7131　FAX075(721)8400
URL:http://www.hou-bun.com/　◎本体価格(税抜)

法律

セクシュアリティと法 2500円
谷口洋幸・綾部六郎・池田弘乃 編

●身体・社会・言説との交錯　性的な欲望や性的マイノリティと社会制度との関係を考える。本領域の法学研究の基本書。

インターネットの自由と不自由
庄司克宏 編　2900円

●ルールの視点から読み解く　プライバシーや個人データを保護するための限界設定とは。日米欧の比較を通じて考える。

18歳からはじめる情報法
米丸恒治 編［〈18歳から〉シリーズ］　2300円

合格水準 教職のための憲法
志田陽子 編著　2500円

民法入門　2000円
生田敏康・畑中久彌・道山治延・蓑輪靖博・柳 景子 著

犯罪学リテラシー
岡本英生・松原英世・岡邊 健 著　2600円

面会交流支援の方法と課題
●別居・離婚後の親子へのサポートを目指して
二宮周平 編　3200円

実践 知的財産法
●制度と戦略入門　木棚照一 編　4000円

会社法のファイナンスとM&A
畠田公明 著　3300円

会社事業承継の実務と理論
●会社法・相続法・租税法・労働法・信託法の交錯
山下眞弘 著　3000円

医療法律相談室
●医療現場の悩みに答える
川西 譲・川西絵理 著　2500円

実務 知的財産権と独禁法・海外競争法
●技術標準化・パテントプールと知財ライセンスを中心として
滝川敏明 著　2800円

差別表現の法的規制
●排除社会へのプレリュードとしてのヘイト・スピーチ
金 尚均 著　5000円

ヘイト・スピーチ規制の憲法学的考察
●表現の自由のジレンマ
松垣伸次 著　4800円

多元的行政の憲法理論
●ドイツにおける行政の民主的正当化論
高橋雅人 著　6000円

自治制度の抜本的改革
●分権改革の成果を踏まえて
阿部昌樹・田中孝男・嶋田暁文 編　6500円

学校事故の責任法理Ⅱ
奥野久雄 著　6500円

性暴力の罪の行為と類型
●フェミニズムと刑法　森川恭剛 著　4800円

高齢犯罪者の権利保障と社会復帰
安田恵美 著　5300円

■脅かされる自由と平和
本当は怖い自民党改憲草案
伊地知紀子・新ヶ江章友 編　2000円
現行の自民党草案が描く社会像の危うさを表現・思想・信仰などの7つのテーマによるシミュレーションで検証。

政治／平和学・平和研究

市民社会論
坂本治也 編　3200円
●理論と実証の最前線　①分析視角の重要性、②理論・学説の展開、③日本の現状、④今後の課題の4点をふまえた概説書。

社会資本(ソーシャル・キャピタル)の政治学
河田潤一 著　4000円
●民主主義を編む　社会資本醸成のカギと民主主義の活発化条件を、アメリカにおける草の根の政治的実践の考察から探る。

核のない世界への提言
ハロルド・ファイブソン ほか著　[RECNA叢書]
鈴木達治郎 監訳／冨塚 明 訳　3500円
●核物質から見た核軍縮　核物質の専門家が市民に向け核物質の本質・問題を明らかにし、実現可能な核廃絶方法を提言。

国際政治学
清水 聡 著　2500円
●主権国家体制とヨーロッパ政治外交　ヨーロッパの国家間関係の展開に焦点をあてながら、国際政治のしくみをまとめた入門書。

資料で学ぶ日本政治外交史　2400円
武田知己・鈴木宏尚・池田慎太郎・佐道明広 著

日本のネット選挙
●黎明期から18歳選挙権時代まで
岡本哲和 著　4000円

市民立法の研究
勝田美穂 著［岐阜経済大学研究叢書18］4300円

ドイツ統一から探るヨーロッパのゆくえ
天理大学EU研究会 編　2600円

ポピュリズムのグローバル化を問う
●揺らぐ民主主義のゆくえ　4800円
中谷義和・川村仁子・髙橋 進・松下 洌 編
［立命館大学人文科学研究所研究叢書第21輯］

21世紀の東アジアと歴史問題
●思索と対話のための政治史論
田中 仁 編　3000円

アメリカの大学におけるソ連研究の編制過程
藤岡真樹 著　4000円

原爆投下をめぐるアメリカ政治
●開発から使用までの内政・外交分析
山田康博 著　4300円

ドイツの平和主義と平和運動
●ヴァイマル共和国期から1980年代まで
竹本真希子 著　5300円

米州の貿易・開発と地域統合
●新自由主義とポスト新自由主義を巡る相克
所 康弘 著　3000円

び寄る監視社会
共謀罪」を問う
解釈・運用をめぐる問題点
孝明 著　926円

学者による警鐘の書。共謀定の逐条解説を収録。中止との関係など刑事法に関わ題点にも鋭く切り込む。

■連鎖する貧困
「子どもの貧困」を問いなおす
家族・ジェンダーの視点から

松本伊智朗 編　3300円
家族という仕組みを相対化し、同時に歴史的に女性が負ってきた社会的不利を考察、論究する。

社会学／社会一般／社会保障・社会福祉

生活困窮者支援で社会を変える
五石敬路・岩間伸之・西岡正次・有田 朗 編　2400円

住みよい地域社会をめざして自立支援制度の本質に迫り、支援を通じて「孤立と分断」を打開するアイデアを提起する。

レイチェル・カーソンに学ぶ現代環境論
嘉ада由紀子・新川達郎・村上紗央里 編　2600円

●アクティブ・ラーニングによる環境教育の試み
各人の感性に立脚した問題検討を可能にする教育とは。カーソンの思想に学ぶ。

入門・社会統計学
●2ステップで基礎から[R]で学ぶ
杉野 勇 著　2800円

人口論入門 ●歴史から未来へ
杉田菜穂 著　2100円

都市の包容力 [URP先端的都市研究シリーズ9]
●セーフティネットシティを構想する
水内俊雄・福本 拓 編　800円

社会福祉の歴史
●地域と世界から読み解く
田中和男・石井洗二・倉持史朗 編　2400円

生活分析から政策形成へ
●地域調査の設計と分析・活用
河合克義・長谷川博康 著　3300円

社会福祉研究のこころざし
大友信勝 監修／權 順浩・船本淑恵・鵜沼憲晴 編　4000円

生活保護の社会学
●自立・世帯・扶養　牧野清子 著　4600円

〈自立支援〉の社会保障を問う
●生活保護・最低賃金・ワーキングプア
桜井啓太 著　5400円

障害とは何か ●戦力ならざる者の戦争と福祉
藤井 渉 著　4500円

改訂版

法学部入門〔第2版〕 吉永一行 著　2100円	行政法の基本〔第6版〕　2700円 北村和生・佐伯彰洋・佐藤英世・高橋明男 著
新・いのちの法と倫理〔改訂版〕 葛生栄二郎・河見 誠・伊佐智子 著　2600円	都市法概説〔第3版〕 安本典夫 著　3800円
テキストブック憲法〔第2版〕 澤野義一・小林直三 編　2200円	ハイブリッド民法5 家族法〔第2版補訂〕 半田吉信・鹿野菜穂子・佐藤啓子・青竹美佳 著　3200円
クローズアップ憲法〔第3版〕 小沢隆一 編　2500円	18歳からはじめる民法〔第3版〕 潮見佳男・中田邦博・松岡久和 編　2200円
ベーシックテキスト憲法〔第3版〕 君塚正臣 編　2600円	司法福祉〔第2版〕　3000円 加藤幸雄・前田忠弘 監修／藤原正範・古川隆司 編
新・エッセンス憲法　安藤高行 編　2500円	国際ビジネスのための英米法入門〔第3版〕 植田 淳 著　2900円
歴史から読み解く日本国憲法〔第2版〕 倉持孝司 編　2600円	年金保険法〔第4版〕 堀 勝洋 著　7400円
憲法〔第三版〕 加藤一彦 著　3400円	はじめての政治学〔第2版〕 佐藤史郎・上野友也・松村博行 著　1900円
憲法とそれぞれの人権〔第3版〕 現代憲法教育研究会 編　2600円	新版 国際関係論へのファーストステップ 中村 都 編著　2500円
人権入門〔第3版〕 横藤田誠・中坂恵美子 著　2100円	入門・社会調査法〔第3版〕 轟 亮・杉野 勇 編　2500円
つかむ・つかえる行政法〔第2版〕 吉田利宏 著　2600円	生涯学習論入門〔改訂版〕 今西幸蔵 著　2500円

(Parti Islam Se-Malaysia, PAS〈パス〉5)）が連盟党に参加した。このうちグラカンはペナン州で，PAS はクランタン州で，それぞれ州政権を担っていた。連盟党はさらに，サバ州とサラワク州で州政権を担う政党も迎え，1973年に国民戦線として再編した6)。これにより国民戦線は，マレー人，華人，インド人，サバ，サラワクをそれぞれ代表する代表者を含む全国的な与党連合となった。

　国民戦線の成立は，翼賛的な体制の成立と位置づけられることがある。他方で国民戦線の成立は，民族の代表者として支持を集めた人物や組織を体制内に包摂する側面をもっていたともいえる。

4　マハティール政権期

▶抑圧性と応答性　　1981年に首相に就任したマハティールは，自身に批判的な勢力に対して強硬手段をとることも多かった。批判的な勢力はしばしば司法を通じて異議申立てを行ったり，行政処分を覆そうとしたりしたため，マハティールは，司法に対して立法・行政の優越性を確立する法改正を行った。またイギリス植民地期に制定された法律で，裁判なしに拘留できることを定めた国内治安法を適用し，掃討作戦〈ララン〉のように多数の逮捕者を出し，野党の政治家を長期にわたり拘留したこともあった。掃討作戦がきっかけとなり，定期刊行物に対して1年ごとに出版・印刷許可の取得を義務付ける法改正も行われた。こうした強硬的な対応ゆえに，マハティールは権威主義的な指導者として位置づけられてきた。

　他方でマハティールは，多様な要求に耳を傾け，それに対応する応答性の高さをもつことも指摘されてきた。「民族の政治」に沿って，マレー人と華人を例にとると，応答的な側面として以下の点がある。

　1970年代以降マレー人の間で，イスラム教の価値観に根差す生き方への志向性が高まった。マハティール政権下において，社会のさまざまな領域においてイスラム的な価値に基づく制度や生活様式を導入するイスラム化が進展した。その例として，各州のイスラム法廷の整備・制度化や，イスラム金融機関の設立・金融サービスの提供，国際イスラム教大学の設立などがある。この背景に

は，マレー人の代表者の座をめぐり競合するUMNOとPASが，イスラム教の庇護者として振舞うことでマレー人の支持を獲得しようとし，互いに競い合うようにしてイスラム化を促していた側面があった。

　マレーシア・イスラム青年運動の会長で，学生運動の指導者であったアンワル・イブラヒムのUMNOへの参加（1982年）は，マレー人の支持を獲得するうえで，UMNOの大きな資源となった。アンワルは街頭の政治活動のなかから台頭した人物であった。マレーシアでは1960年代末から1970年代初めにかけて，マレー人の学生組織を中心に学生運動が活発化した。学生たちは，汚職や搾取，貧困の除去や社会是正を訴えた。そのなかで，公正さや清廉さの基盤となるモラルをイスラム教に見出そうとする動きが高まった。1974年にクアラルンプールで，ゴム価格の下落とインフレで生活に困窮したゴム園の農民への救済を政府に求める学生デモが行われた。学生たちは警官隊と激しく衝突し，デモの中心人物と目された人物は国内治安法により逮捕された。そのなかには，現在政界やNGO，ジャーナリズムで活躍している者も多く，アンワルもそのひとりであった。体制に対して異議申立てを行い逮捕された人たちが，のちに体制内に招き入れられたのである。アンワルは1993年に副首相に就任した。

　新経済政策は1991年に終了したが，ブミプトラに「割り当て」を確保する政策はそれ以降も引き継がれた。他方で，非ブミプトラに対する割り当ての拡大や，割り当ての領域外での機会の開放が進展した。例えば，マレー語以外の言語で教授する私立の高等教育機関の設立が認められた。非マレー人に対する奨学金の枠が拡大したり，華人が多く住む新村への助成が導入されたりした。この過程において，MCAなど華人政党が華人諸団体と連携し，UMNOと交渉を重ねていった。

　華人政党はマハティール政権期に，行政と華人社会との橋渡し役を積極的に引き受けた。そうしたなかで華人は，華人の国会・州議会議員に，公権力との交渉が必要な問題をしばしば持ち込むようになった。そのなかには，水道や排水溝，道路など生活インフラの整備や，試験で非常に優秀な成績を修めたにもかかわらず希望の国立大学に入れなかった学生の入学先調整，政府奨学金の確保，警察に対する治安向上の要請などがあった。華人政党の対応と，華人政党

の要求に対応する国民戦線の対応は，マハティール政権期には華人有権者の支持をおおむね得ていたといえる。

▶レフォルマシ　　マハティールの政治運営は，経済成長をもたらした実績と民族ごとの個別の対応により，おおむね有権者に支持されていた。しかしその安定は，1997年7月のアジア通貨危機をきっかけに揺らぎ始めた。マレーシア経済は，資本の急速な流出，為替と株価の暴落，資産の急激な縮小，企業業績の悪化，不良債権の増大など，深刻な状況に陥った。この対応において，マハティールとアンワルとの間に意見の相違が生じた。また経営危機に陥った企業の救済策がマハティールに近い起業家の救済であるとの批判が現れ，アンワルは政府の汚職と縁故主義を批判した。両者の関係は悪化し，アンワルは1998年9月2日に副首相を解任され，UMNO も除名された。

　アンワルは「レフォルマシ（改革）」を求める運動を開始した。全国で遊説を行い，権力乱用と汚職の防止，司法の独立，成長のパイの公正な分配などを訴えた。1998年9月20日には，アンワルがクアラルンプールの独立広場で演説を行い，5万人の支持者が集まった。同日にアンワルは国内治安法で逮捕されたが，マレー人の若い世代を中心にアンワル支持・改革要求・首相退陣を掲げた運動が続いた。

　この運動は，選挙を通じて政治の公正さを世に問うという展開を遂げた。1999年4月にアンワルの妻ワン・アジザを党首とする国民公正党が結成され[7]，同年11月の総選挙で候補者を立てた。同党と，同じく野党である民主行動党（DAP）および PAS は選挙協力を行い，その成果もあり，野党の獲得議席数は改選前よりも大幅に増えた。しかし，国民戦線の安定は揺るがなかった。マレー人の票は与野党に二分したが，非マレー人の票が国民戦線を支えた。

　非マレー人有権者が国民戦線を支持したのは，アンワルに対してそれほど強い同情が存在しなかったことが要因のひとつである。さらに，1998年にインドネシアで展開した「レフォルマシ」の影響も大きかった。インドネシアの「レフォルマシ」では，すでに述べたように，街頭の政治活動が暴動に発展し，その被害者の多くが華人であった。この時期に10万人ともいわれる華人がインドネシアから国外に脱出し，マレーシアも脱出先のひとつであった。マレーシア

の華人は，マレーシアにおける「レフォルマシ」がインドネシアと同様の展開になることを強く危惧し，「レフォルマシ」に共感を抱きにくかった。

5 ポリティカル・ツナミ

▶首相の交代　　マハティールは2003年に首相を退任し，アンワル失脚後に副首相となったアブドゥッラー・バダウイが政権を引き継いだ。アブドゥッラー首相は穏健で清廉なイメージがもたれており，新首相に対する人々の期待は高かった。2004年総選挙では，国民戦線が圧勝した。

　国民戦線の勝利が非マレー人に支えられていることを，UMNOの政治家は十分に認識していた。そのためUMNOは2005年半ば頃から，マレー人の支持を獲得するためのパフォーマンスに訴えるようになった。それは，クリス（マレー人のシンボルとされる短剣）を掲げ，マレー人の利益を死守するためにクリスを血で染めることも辞さないなどの言動となって現れた。こうした言動は，非マレー人に嫌悪感をもって受け止められた。

　こうしたなかで2007年11月にクアラルンプールで，インド系を主体とする街頭の政治活動が発生した。これを主導したのは，ヒンドゥー権利行動部隊（Hindu Rights Action Force，ヒンドラフ）というNGOであった。2006年から2007年にかけて半島部各地で，不法占拠地の強制撤去が進展し，その際にヒンドゥー教寺院が破壊されるケースが多発し，インド系住民が不満を抱いていた。ヒンドラフはそうした声を取りまとめ，州や市の首長や関係省庁，司法機関などに嘆願書を送るなどしていた。そのようななかで2007年10月にクアラルンプール近郊のシャーアラムで不法占拠地の撤去が大規模に行われ，ディーパヴァリ（マレーシアのヒンドゥー教徒が最も重視する祭祀）目前にヒンドゥー教寺院が取り壊された。撤去作業中に作業員・警官と住民が激しく衝突し，負傷者も出た。野党議員が国会でこの問題を取り上げるよう動議したが，却下された。インド人政党のMICは，この問題にあまり積極的にかかわらなかった。

　ヒンドラフが主導した街頭の政治活動は，治安当局が放水や催涙ガスの使用，参加者の逮捕など実力行使を通じて収束させた。この街頭の政治活動に対

するマレーシアの人たちの見方はさまざまで、共感を示す人もいれば、街頭の政治活動は秩序の混乱を招きうると否定的にみる人もいた。他方でこの街頭の政治活動は、国民戦線が非マレー人の訴えに十分対応していないと判断される材料となった。

▶ポリティカル・ツナミ　こうしたなかで実施された2008年総選挙において、野党が大きく躍進した。半島部では、下院議会における与党と野党の議席数が85議席対80議席と拮抗し、11州のうち5州で野党の州政権が誕生した。この背景には、国民戦線を支持してきた華人やインド人の国民戦線からの離反があったといわれている。ただし野党に投票した人たちは、何が何でも政権交代を望んでいたわけでもなかったようである。有権者自身が選挙結果に驚き、戸惑っていた。選挙運動期間中、連日メディアで国民戦線の優位が報道されるなかで、国民戦線の続投でもよいけれど現状には不満であるため、その声を伝えるべく反対票を投じようと思った人たちが予想以上に多くなったようである。

　2013年5月に行われた総選挙においても、半島部における与野党の拮抗は維持された。2008年総選挙と異なり、野党が動員する場以外において政権交代を公然と叫ぶ人たちが広くみられた。州政権の運営において野党が実績を積んだこともあり、政権を一度変えてみてもいいかもしれないという気持ちから野党に投票した人が増えたように思われる。

▶選挙での決着を志向する街頭の政治活動　2008年総選挙以降、街頭の政治活動が活発化する様相をみせている。特徴的なのは、街頭の政治活動に慎重な対応を取ってきた華人の参加者が増加していることである。その最たる例がブルシである。ブルシはマレー語で「清潔、清廉」を意味する語である。ブルシは、NGOや野党など複数の主体で構成される「清廉で公正な選挙のための連合」の略称であり、またこの連合が主宰する街頭の政治活動の名称である。

　ブルシは人権NGOが中心となって2006年11月に発足した。野党と親和的な関係にある。ブルシが最初に主催した大規模な街頭の政治活動は、2007年11月にクアラルンプールで実施され、4万人が参加したとされる。この時のデモには非マレー人も参加していたが、非マレー人の間には一般的に否定的な見方が

存在していた。華人の多くは，ブルシは野党に動員されたマレー人のデモであり，交通渋滞を引き起こして困るという見方をしていた。実際にデモの参加者の多くは，PASにより動員された人々であった。

しかしブルシは回を重ねるごとに，非マレー人の参加者や，野党に動員されていない参加者を増やしてきた。これまでに5回実施されており（第2回2011年7月，第3回2012年4月，第4回2015年8月，第5回2016年11月），第4回は主催者発表で約50万人が参加した（報道では8万人～20万人，政府の発表では5万人）。ブルシは，公的資金を横領した疑いがもたれているナジブ・ラザク首相に退陣要求を突き付けたこともある（第4回）が，街頭の政治活動で為政者を引きずり下ろすことは目的としていない。為政者の審判は，選挙を通じた有権者の判断に委ねられている。

UMNO支持者を中心に，ブルシを華人による政治活動と位置づけ，対抗的な街頭の政治活動を展開する者もいる。ブルシに参加する人たちは，自身の街頭の政治活動が数の力や物理的な力に訴えようとする人たちに口実を与えうることを常に意識している。そのような口実を与えないためにブルシは，多民族が協働する場として社会に認知され，選挙という制度を遵守することを自らに課している。

▶小さな政治再編の積み重ね

マレーシアでは「民族の政治」という仕組みのなかで人々が選挙を通じて自らの意思を示し，代表者がその民意に対応してきた。人々の支持を受けた人物や組織を体制が取り込むなかで，政治主体が再編されてきた。マレーシアでは小さな政治再編が積み重ねられたため，街頭の政治活動で為政者を引きずり下ろすような制度外の手段を通じた政治変動は起こらなかったといえる。数の力や物理的な力に直接訴える手段を回避してきたのは，有権者自身であった。劇的な政治体制の移行ばかりに関心を向けるのではなく，小さな政治再編の積み重ねに着目する視点も重要であるだろう。

【注】
1) 加盟国は，インドネシア，シンガポール，タイ，マレーシア，フィリピン，ブルネイ，ラオス，カンボジア，ベトナム，ミャンマーである。これに加え，東ティモールが

2) シンガポールにおいて権威主義的な指導者として位置づけられるのは、人民行動党を率い、1959年から1990年まで首相を務めたリー・クアンユーである。首相を退いた後も上級相、上級顧問相として2011年まで内閣にとどまり、政治に大きな影響を与えてきた。
3) マラヤ華人協会およびマラヤ・インド人会議は1963年にマレーシアが成立すると、マレーシア華人協会およびマレーシア・インド人会議に名称を変更し、現在に至る。
4) マレーシア発足後、1964年に総選挙が行われたが、これは半島部の議席だけを対象に行われ、サバ、サラワク、シンガポールに割り当てられた議席は、それぞれの地域が代表者を選ぶこととされた（シンガポールは1965年8月に分離独立）。1964年総選挙では、連盟党が104議席中89議席を獲得して圧勝した。
5) PASは1978年に国民戦線を離脱した。
6) このときに国民戦線に入らなかった政党もあり、その主なものに華人を主な支持基盤とする多民族政党の民主行動党（Democratic Action Party, DAP）がある。
7) 2003年にマレーシア人民党と合併し、人民公正党（Parti Keadilan Rakat, PKR）に再編した。

【研究案内】
　東南アジア現代政治の入門書に、清水一史・田村慶子・横山豪志編『東南アジア現代政治入門』ミネルヴァ書房、2011年、および中野亜里・遠藤聡・小高泰・玉置充子・増原綾子『入門　東南アジア現代政治史［改訂版］』福村出版、2016年がある。前者は国別に議論しているのに対し、後者は国別ではない記述となっており、両者を比較して読むと多様な視点が得られるだろう。マレーシア政治については、1970年代までを中心に論じた金子芳樹『マレーシアの政治とエスニシティ——華人政治と国民統合』晃洋書房、2001年と、近年の政治を中心に論じた山本博之編『「民族の政治」は終わったのか？——2008年マレーシア総選挙の現地報告と分析』日本マレーシア研究会、2008年、および山本博之編『二大政党制は定着するのか——2013年マレーシア総選挙の現地報告と分析』日本マレーシア学会、2013年がある。山本編の2文献はインターネット上で公開されており、各政党の経歴や過去の全選挙におけるデータも収められており、マレーシアの政治に関する基礎的な資料を得るうえでも有用である。鈴木絢女『〈民主政治〉の自由と秩序——マレーシア政治体制論の再構築』京都大学学術出版会、2010年は、マレーシアの政治には反対派も含め多元的な意見を取り入れて合意を形成させる側面が強いことと指摘する。本章ではマレーシア半島部の政治を中心に論じたが、半島部以外の政治についてはサバ州を扱った山本博之『脱植民地化とナショナリズム——英領北ボルネオにおける民族形成』東京大学出版会、2006年がある。インドネシア、タイ、フィリピンについては、スハルト体制の維持と崩壊についてゴルカルを通じた包摂性とその限界に着目した増原綾子『スハルト体制のインドネシア——個人支配の変容と1998年政変』東京大学出版会、2010年、ピープルパワー後のフィリピン政治を論じた日下渉『反市民の政治学——フィリピンの民主主義と道徳』法政大学出版局、2013年、軍主導の政治体制の移行とタクシン首相の登場、その後の政治的混乱を論じた末廣昭『タイ——中進国の模索』岩波新書、2009年がある。

第6章　香港の「街頭の政治」
―― 中国との共存をめぐる葛藤

下野　寿子

1　世界が注目した雨傘運動

▶金融と観光の街で何が起こったのか

　アジアを代表する金融センターであり，グルメとショッピングの観光都市でもある香港には，毎年多くの人が世界中から訪れる。2015年末の香港人口は約732万人であったが，香港の出入境統計によれば同年に香港を訪問した外国人は約5930万人で，そのうち大陸からの訪問者は約4584万人（香港の人口の6倍以上）であった。また，近年の直接金融取引の増加により，大陸から流入する巨額の資金が香港の株式市場を支えているともいわれている。香港は中国経済との一体化を進めながら繁栄を享受してきたが，繁栄の柱となってきた金融街と観光産業の集積地で，2014年9月，異変が起こった。

　9月26日，香港では多くの学生や民主派の人々が香港島の金鐘（アドミラルティ，香港の代表的なビジネス街）や中環（セントラル，金融街）の幹線道路で座り込みを始めた。原因は，2017年行政長官選挙について，民主派が事実上立候補できない仕組みを中央政府（北京）が決定したことであった。非暴力主義を貫いた座り込みやデモは，雨傘運動あるいは雨傘革命と呼ばれ，九龍半島の旺角（かつての歓楽街で今も香港の若者が集まる繁華街）や尖沙咀（高級ホテルや高級ブティックが並ぶ半島部最大の商業地域）に拡大し，占拠範囲の増減はあったが全体で79日間続いた。9月28日夕刻，警察が発射した催涙弾を避けようとデモ隊は折り畳み式の雨傘を広げて抵抗した。亜熱帯気候の香港に住む人々は，常に折り畳み傘を携帯する。それが催涙弾避けとして使われたこの日から，色とりどりの雨傘は運動の象徴となった。

　自由港の伝統と国際金融都市の機能をもつ香港で起きた雨傘運動は，国際社

会の耳目を集めた。言論や集会の自由が厳しく制限された中国において，1997年に返還された香港は一国二制度[4]によって大陸の制約は適用されていなかった。そのため，報道関係者に限らず運動参加者が自らフェイスブックなどのSNSを使って現場の様子をリアルタイムで発信し，世界中のネット規制のない地域へ瞬時に情報が届けられた。中国の一角に民主化への道が開けるのか，あるいは1989年の第2次天安門事件のように北京が運動を力で圧し潰すのか，丸腰のデモ隊と北京の対立，そしてその間に置かれた香港特別行政区政府と警察の動きを，国際社会は固唾をのんで見守った[5]。

香港のデモが世界の関心を集めた背景には，「香港人は経済活動に専念し政治には無関心である」というステレオタイプが崩れたことへの驚きがある。実際には，香港では度々小規模なデモが起こっていたが，都市の機能を部分的に麻痺させるほどの大規模なデモは1967年の香港暴動以来であり，2014年の運動はまさに「香港らしからぬ」現象であった。一方で，中国人観光客や運び屋による粉ミルクの買占め，香港で出産する大陸からの越境妊婦の増加，大陸投資家の不動産購入に起因する香港の不動産価格の高騰など，香港と大陸との軋轢を示唆する現象も近年顕著になっていた。香港は一国二制度のもとで大陸に呑み込まれてしまうのか，それとも香港返還交渉で合意された高度な自治を維持しうるのか。デモ隊の要求に北京がどのように対応するのか，運動の成り行きに世界中から高い関心が寄せられたのである。

▶香港人のルーツ

議論に入る前に，雨傘運動の主役である香港人と中国との関係について確認しておきたい。なお，本章で扱う香港人とは，香港の人口の90％以上を占める中国系の人々を指す。

1842年の南京条約によって香港島が清朝からイギリスに割譲され，1860年の北京条約で九龍半島の一部が割譲され，さらに1898年の新界租借条約で九龍半島ほぼ全域と235の島を99年間イギリスが統治することになった。イギリスが統治を始めた頃の香港島には7500人に満たない中国系の農民と漁民しかいなかったが，その後，人口は急速に増加し，1941年の日本占領が始まる前には150万人の港湾都市になっていた。日本占領期の疎散政策と圧政[6]により香港の人口は60万人にまで急減したが，戦後は再びイギリスの統治下に入り，国共内

第6章 香港の「街頭の政治」　111

戦[7]から逃れてきた中国系難民が押し寄せて人口を急増させた。少数のイギリス人支配者が英語で繰り広げるエリートの世界に対し，香港社会の底辺には多くの中国人移民がひしめいていた。彼らの使用言語は主に広東語で，北京語や各地方の方言を使う人もいた。

中国から香港に逃れてきた人々の大半は，戦禍や共産主義の迫害を恐れてきた人々である。これら移民は資産の多くを大陸に残して着の身着のまま香港に来ざるをえなかった。中国人はイギリス人から差別的な待遇を受けることもあったが，香港には生存の自由があった。また，生活が貧しく，英語が話せず，社会のエリートになれないとしても，仕事を見つけて懸命に働けば相応に報われるという経済活動の自由を享受することができた。植民地社会は英語と広東語・中国語の世界に棲み分けされていたため，移民が中国から持ち込んだ文化風習も存続し，中国人社会の精神的な支えとなった。香港を経由して欧米やオーストラリアに渡った少数の人々を除き，大半は香港に定着して子どもを育て，やがて香港生まれ香港育ちの世代が増えていった。この新しい世代は親世代から中国とのかかわりを受け継いでいたが，自らは中国大陸との直接的な接点をもたず，英語と西洋文化がセレブリティの条件とみなされる世界で育った。

一方，大陸に誕生した社会主義中国では，毛沢東政権が資本家や資本主義的な経済活動を迫害し，言論や表現の自由を制限し，経済や価値観を全国一律に管理する共産党一党支配体制をとった。やがて大躍進や文化大革命（文革，1966～1976年）といった全国規模の政治運動により，大陸では経済も社会も大きく疲弊した。とりわけ文革は封建主義的あるいは資本主義的とみなされた文化風習や文物をことごとく破壊した。その結果，中国の伝統文化や風習は，香港の中国人社会に持ち込まれたものは継承されたが，大陸では大きく損なわれてしまった。大陸での生活に希望を失った人々は，2つの地域を隔てる陸と海の境界線を命がけで越えて香港へやってきた。香港政庁は比較的寛大にこれらの難民を受け入れた。

このように，香港の中国系住民の大半は中国の混乱や共産党政権から逃れてきた人々とその子孫であったが，1984年の中英共同声明で香港は共産党の懐に

返されることになった。そして現在，中国に回帰した香港に住む人々は，もはやそこから向かう避難先はなく，この地で行われる統治を受け入れざるをえない。

▶ **本章の構成——香港の「街頭の政治」史と雨傘運動**

香港人と中国との関係をふまえてみると，いったい雨傘運動は起こるべくして起こった事件とみるべきなのか，それとも新たな意義を付与すべき現象なのか。返還後50年続く一国二制度は2047年に終了することが決まっている。雨傘運動の評価については依然として流動的な側面があるが，少なくともこの運動が2047年に向けた通過点のひとつであることは間違いない。イギリス統治下においても中国返還後も，統治者に対する社会の意思表明として，香港人は繰り返しデモやストライキ，暴動といった形で「街頭の政治」を行ってきた。植民地時代には中国返還が視野に入った後の1982年まで普通選挙が実施されず，返還後は将来的な民主化が明文化されながらも普通選挙が大幅に制限されている香港では，街頭に繰り出す行為は珍しくない。そして，返還の前後を問わず，香港の「街頭の政治」には常に中国がかかわってきた。

本章では，歴史的な視点と中港関係の特性に基づいて香港社会を読み解き，その文脈に雨傘運動を位置づけて，中央政府に代表される国家と香港社会との関係を考えてみたい。第2節では，植民地時代の香港について，移民社会の変化，経済発展，中国への返還に向けた準備を中心に概説し，イギリス統治下においても香港は中国と切り離しがたい関係を維持してきたことを確認する。第3節では，一国二制度と高度な自治という方針のもとで中国の一地方となった香港が，大陸との経済関係を急速に深めていった反面，反中感情が高まっていったことを説明する。第4節では，返還後の香港で度々起こったデモと雨傘運動の経緯を取り上げて，香港社会の中で醸成されつつある大陸や中央政府に対する警戒感が運動の背景にあったことを指摘する。第5節では，街頭の政治活動が香港社会にもたらした影響と意義をふまえて議論をまとめる。

2　植民地香港と中国との絆

▶移民社会・経済発展・香港人の誕生　中国から大量に流入してきた移民にとって香港は仮住まいの地と考えられていたが，香港を経由して他の地域へ移住できる経済力をもつ人は限られていた。最終目的地に行く手段をもたない多くの中国人はこの地で家庭を築き，やがて香港生まれ香港育ちの人々が増えていった。長い間，香港政庁は移民たちの厳しい暮らし向きには目を向けず，困窮にあえぐ人々も多かったが，それでも移民してきた中国人からみれば，植民地の方が共産党の統治よりまし，と思えた。仮住まいの地にやむなくとどまらざるをえなかった親世代に対して，最初から中国での生活体験や記憶をもたない子や孫の世代にとっては，香港こそが故郷であった。

　香港人と中国は生活の最も身近なところで結びついていた。それは中国から香港に送られてくる水と食料，日用雑貨品であった。大きな河川をもたない香港は慢性的な水不足であり，1961年には中国から飲料水を輸入し始め，1965年には香港と広東省を結ぶ水道パイプラインが完成した。現在でもこのパイプラインは香港の飲料水事情の改善に大きく貢献している。また，新鮮な食材を好む香港人の嗜好に合わせて中国は食材を供給し続けた。水と食材の提供は大陸が文革で混乱していた時期も途絶えることはなかった。

　1950年代に入ると，香港では軽工業を中心とした工業化が進んだ。大量の移民は安い労働力となって工業化に大きく貢献した。政庁の自由放任主義のもと，香港は貿易や軽工業で高度成長を達成し，東アジアの経済発展の成功例として国際的にも注目された。

　一方，朝鮮戦争参戦の代償として資本主義陣営から経済制裁を受けていた中国は，極めて少額の対外貿易しか行っていなかったが，西側資本主義国をはじめ国際市場につながる唯一の物資調達ルートとして香港に戦略的価値を見出していた。また，資本主義陣営の主要国であるイギリスは1950年に中華人民共和国を国家承認しており，中国は良好な二国間関係を維持するためにもイギリスによる香港統治の現状維持に変更を求めなかった。

香港の経済発展が進んだ1970年代には人件費が高騰し，第２次産業は低迷した。1979年に中国が改革開放を始めると，香港の中小企業は安くて豊富な労働力を求めて隣接する広東省に進出し，そこで生産した製品を香港経由で海外へ輸出した。1980年代の中国にとって香港の経済発展と先進性は見倣うべき近代化モデルであり，香港企業の大陸進出を歓迎した。香港の多くの企業も中国各地に投資をして生産活動を行い，改革開放を支援した。しかし，共産党の政策が急に変わるリスクを考えた香港人は，損失を最小限に抑えるために資金負担が最も少ない委託加工を選ぶことが多かった。

▶物騒な香港　　香港はイギリス人の支配下にあったが，現地の中国人社会では親中国派と親台湾派が対立を繰り返していた。また，劣悪な労働条件に対する抗議や反英デモも頻発した。戦前には反英の性格を帯びた香港海員ストや省港ストが起き，戦後は中国共産党の影響を受けた労働争議が多発し，1956年には九龍暴動が発生した[8]。1966年には庶民の足であるスターフェリーの値上げがきっかけで大規模なデモが起こり，引き続いて翌年には大陸中国が深く関与した香港暴動が発生した。

　それまで中国共産党政権は良好な中英関係を優先して香港回収に乗り出すことはなかったが，文革が起こるとその余波は香港社会にも及んだ。資本主義の地，香港に駐在していた中国共産党員は，毛沢東への忠誠を示すことで紅衛兵からの批判や攻撃を免れたいと考え[9]，1967年に九龍半島の造花工場で起こった労働争議に便乗して香港に文革を持ち込もうとした。この騒動は数カ月にわたって継続し，香港暴動と呼ばれた。暴動は社会を震撼させたが，結果としては香港の左派あるいは親中国派の勢力を弱めることになった。なぜなら，香港市民が暴動の過激さに嫌悪感を抱いて左派への支持を失い，また，多くの暴動関係者が逮捕されたり大陸へ追放されたりしたためである。一方，相次ぐデモや暴動の背景に低所得者層の困窮と社会に対する不満があることを重くみた香港政庁は，低所得者向け住宅の建設など貧困対策に乗り出した。その結果，「街頭の政治」は消滅したわけではないが，暴力的な行動は香港暴動を最後にほとんどみられなくなった。

▶改革開放と香港　　毛沢東が死去して文革が終わった中国では、1979年から改革開放が始まり、社会主義計画経済から資本主義や自由市場の導入へと大きく政策が転換した。中国は広東省に隣接する香港を経済発展モデルのひとつとみなし、貿易・投資関係を深めるとともにビジネスのノウハウを学ぼうとした。また、対外経済関係をほとんど断絶してきた中国にとって、香港は国際市場につながるルートとして重要であった。

一方、1950年代から1970年代にかけて工業化に成功した香港は、その副産物として賃金が上昇し、産業構造を転換する必要性に直面していた。人件費高騰に耐えかねた香港の中小企業が1970年代末から中国で生産を始めるようになった経緯は前述のとおりである。香港では製造業が衰退していったが、代わりに金融保険などのサービス産業が経済に大きな比重を占めるようになった。近年では香港のGDPの90％以上をサービス産業が占め、金融保険・観光業・商業（貿易を含む）・専門サービスとその関連を合わせると雇用の半数近くを占める主要産業に発展している。

香港との経済協力を推進する一方で、中国は、国家統一を推し進めようとしていた。新界の租借期限を目前に控えて更新を打診してきたイギリスに対し、鄧小平は強い姿勢で香港の主権を取り戻す意思を伝えた。1979年に訪中した香港総督クロフォード・マレー・マクレホースは、中国側の香港回収への固い決意を聞いたが、香港社会を混乱させないように、鄧小平の「香港の投資家は安心してほしい」というメッセージだけを発表した。1982年のマーガレット・サッチャー訪中から香港をめぐる正式な中英交渉が始まり、中国側は、「香港の主権の回復、50年間の一国二制度の適用、港人治港（香港人が香港を統治する）、高度な自治」を提案して交渉の主導権を握った。1984年9月には中英共同声明の合意文書仮調印が整い、同年12月には正式に調印して、香港の中国返還が確実となった。香港返還をめぐる外交交渉は中英両政府間で行われ、香港人が関与する余地はなかった。返還合意を知った香港市民のうち、共産党に対する不信感が拭えず、かつ経済的に余裕がある人々は旧英領のカナダやオーストラリアへ移民し、現地の市民権や永住権を取った。しかし、大半の香港人は第三国・地域へ移民する経済力もなく、中英間の合意と返還後の社会を見守

しかなかった。

▶返還決定後の香港　　マクレホースの訪中後，香港政庁は近い将来に起こると予想された中国への返還に向けて民主的な制度の構築を模索し始め，1982年3月に香港初の普通選挙が一部の区議会選挙で実施された。1984年には中英共同声明によって「返還後50年間は現状維持」が明確になったため，香港の民主派や香港政庁はそれぞれ「1997年6月30日の香港」をより民主的な体制とするべく働きかけたが，中国は1984年当時の「現状」が変化することを望まなかった。

　1985年7月，返還後の香港に適用される香港特別行政区基本法（基本法）の起草委員会が設置された。一国二制度という特別な枠組みのもとで，香港には大陸の憲法が適用されないため，基本法は香港の憲法に相当すると位置づけられている。大陸側36名，香港側23名で構成された基本法起草委員会は，香港財界も民主派代表も含む多様な分野から人材を集めており，香港と中国との直接協議の場は比較的穏やかに運営されていた。しかし，1989年4月に天安門広場で学生による民主化運動のデモが始まると，香港人は天安門の学生たちを支援し，北京に戒厳令が敷かれた翌5月21日には香港で100万人抗議デモを行った。1997年7月の返還を控えた香港人にとって，北京での学生運動弾圧は他人事ではなかった。この時期，共産党政権による学生デモ弾圧を公然と非難した民主派2名は基本法起草委員会から追い出された。一方で，中国ビジネスに関心の高い香港の財界代表は親中姿勢を強め，民主化が香港の繁栄を損なうという北京の見解に追随した。こうした状況で，1990年，北京の全国人民代表大会（全人代）は基本法を採択した。基本法の解釈権は全人代常務委員会にあることを明言した158条は，返還後の基本法の運営において北京が主導権をとる根拠を提供した。

　1992年4月に最後の総督として着任したクリストファー・パッテンは，香港の繁栄の土台である自由，法治，人権，市民社会を守るには中英共同声明だけでは不十分であり，民主化が必要と考えた。彼は返還以前にできるだけ香港の民主化を促進しようと努め，基本法の枠内で最大の可能性を追求した選挙制度改革案を提出し，香港立法評議会を通過させた。中国側は，パッテンは「現状

を変更」しようとしているとみなし，改革案が骨抜きになるように仕組んだ。返還が決まってから1997年6月30日までの時間は，香港の「現状」維持がどの時点での現状を指すのかをめぐる中英間の葛藤であった。返還交渉に招かれなかった香港人は，自らの未来を決める枠組みとして基本法起草委員会には参加できたが，有力な財界代表は北京の見解を支持し，北京に抗議する民主派は追い出された。こうして中国に有利な枠組みが制度化されるなかで，1997年7月1日未明，イギリス王室のブリタニア号に乗ったパッテンとチャールズ皇太子は静かに香港を去って行った。

3 脱植民地時代——香港特別行政区の船出

▶一国二制度と高度な自治

ここで一国二制度と高度な自治という，中国が用意した香港返還の条件について確認しておこう。返還交渉の際に中国は，香港の主権を回収することができるなら，社会主義制度の中国の中に資本主義制度の香港をそのまま受け入れると申し出た。基本法第2章によれば，外交と防衛は北京が責任を負い，それ以外は香港が責任を負う。北京では国務院香港マカオ弁公室が一義的に香港政策を担い，その指導を受けて中央政府駐香港連絡弁公室が香港特別行政区政府と中央政府との連絡係を担う。後述のように行政長官については若干事情が異なるが，それ以外の香港特別行政区政府の高官は中央政府が任命する。

また，経済活動の自由はもちろんのこと，言論・集会・報道・信教の自由など，中国にはない自由な空間も返還前と変わらなかった。司法の独立も保障され，香港政庁の内部も大きな変更はなく香港特別行政区政府に転換した。国際通貨として広く流通している香港ドルの地位も変わらず，金融経済政策も香港特別行政区政府は独自の枠組みで決定執行することができた。一国二制度は中国と香港との境界も維持した。大陸中国人と香港人が互いに往来する際には，パスポートは要らないが専用の通行証が必要である。また，香港と広東省深圳との間には入境管理処があり，国境線と同様の出入境管理が行われる。中国の各地と香港を結ぶ航空路線は国際線扱いである。

このように植民地時代からの制度の多くが返還後の香港にほぼそのまま引き継がれており，北京は香港社会を動揺させないために不介入姿勢を取ろうとしていたことがうかがえる。しかし，中港関係にはまだ決まっていないこともあった。そのひとつが，行政長官選挙の問題である。既述のように，本稿執筆中の2017年3月現在，行政長官選挙は普通選挙ではない。基本法45条によれば，香港特別行政区政府のトップである行政長官は，香港の中での選挙を経て中央政府が任命することになっている。では香港人が中央政府にとって望ましくない人物を選んでしまったらどうするのか。そうした事態を避けるため，北京は立候補者の選定段階で望ましくない人物をはじき出す仕組みを導入しようとした。当然，民主派はこれに反対する。基本法は行政長官も立法議会も最終的に普通選挙を目指すと明記しているが，それがいつになるのか，どのような段階を積み重ねていくのか，肝心なところは決まっていない。制度構築の最中にあるからこそ，北京も香港社会もそれぞれの思惑や理念を制度化の過程に反映させようと画策する。未来の制度をめぐる議論が香港の「街頭の政治」を誘発する原因となっているのである。

▶経済危機の襲来　　香港返還は混乱もなく速やかに行われた。香港人が最も懸念したのは経済活動の自由が保障されることであり，それは共産党政権の目指すところでもあった。なぜなら中国は台湾にも一国二制度での統一を呼びかけていたため，中国に返還された香港が繁栄し続けることは必要不可欠であった。ところが，返還の翌日にタイで通貨危機が発生し，通貨と株価の大暴落が周辺地域に次々と感染していった。香港も10月にハンセン指数（香港の株価指数）が20％を超えて下落し，苦境に立たされた。

　アジア通貨危機を乗り切った後に香港が直面したのは鳥インフルエンザと新型肺炎SARS（サーズ）であった。1997年12月，鳥インフルエンザの猛威を断ち切るため，特別行政区政府は香港のすべての鶏を殺処分し，市民生活に大きな影響を与えた。2003年春にはSARSによって香港で初めて死者が出たため，3カ月余りにわたって世界保健機関が香港への渡航自粛勧告を出した。相次ぐ危機により，香港の繁栄を担ってきた金融と観光産業は大きな打撃を受けた。

　香港では毎年7月1日の返還記念日に合わせてデモが行われるが，2003年の

それには50万人が参加した。デモに参加した人々は中央政府が導入しようとした基本法23条立法化に強く反対し，政府はこれを棚上げせざるをえなくなった。基本法23条立法化に反対するデモには前年も6万人が参加していた。しかし，半年余りで参加者が50万人に増加した事態を重くみた中央政府は，デモの背景に香港の経済的低迷があると判断し，香港経済の救済に乗り出した。中央政府は，デモ発生直前に香港財界の強い要請で調印していた経済貿易緊密化協定（Closer Economic Partnership Arrangement, CEPA）に基づき，香港から大陸へ輸出される273品目を無関税とし，大陸で新たに7業種への香港企業の参入を認め，7つの中港経済協力プロジェクトを実行に移した。香港企業が大陸の地方政府と進めるプロジェクトも，中央政府の支援で香港企業が優遇された。CEPAに付随する政策のうち，大陸住民の香港への個人旅行解禁は最も経済効果が大きかったといわれており，後述のように香港社会を大きく変えるほどのインパクトをもった。こうして，北京は当初の不介入姿勢を放棄し，香港経済を積極的に支える立場へと転換した。同時に，大陸にはない特権が香港に与えられているという認識を中央政府やほかの地方政府がもっていたことも忘れてはなるまい。

▶経済依存と反中感情

返還後，香港と中国との間には大きな変化が生じた。それは中国の高度成長を原因とする中港間の経済力の逆転である。1992年以降，改革開放を再加速した中国には多くの多国籍企業が進出し，製品を生産して世界市場へ輸出した。世界の工場と呼ばれた中国は高度成長を続けて経済大国となり，2007年には対米ドルで人民元の価値が香港ドルのそれを上回った。中国の経済力拡大に伴い，中国にとっての香港の経済的重要性は中英交渉時よりも相対的に小さくなっていった。しかし，香港の価値がなくなったわけではない。国際金融センターである香港には，中国が一朝一夕には獲得できない国際的な信任があり，人民元の国際化を推進する拠点としての役割が期待されている。2010年には中国のGDPは世界第2位となり，都市部を中心に高い購買力をもつ豊かな中間層が増えた。短期間のうちに豊かになった中国人は，アジアや欧米への海外旅行にも積極的に出かけるようになった。

大陸中国人の香港個人旅行が解禁され，人民元の持ち出しが事実上無制限になると，香港で買い物を楽しむ大陸からの観光客が急増した。香港では観光客が訪れる場所のほとんどで人民元や銀聯カード（中国の銀行が発行するデビットカード）の決済ができる。街には観光客目当ての宝飾品店や高級ブティック，免税店が増え，地域のテナント料が高騰すると昔ながらの小さな店舗は姿を消していった。大陸で食の安全性が深刻な問題となるなかで，中国人は香港で粉ミルクやその他の日用品を大量に購入していった。大陸の富裕層は香港の不動産にも触手を伸ばし，それに釣られて香港の不動産価格は全般的に上昇した。土地の少ない香港の住環境は一般的にあまりよくない。高い学歴を身につけて高収入の仕事に就き，結婚したら実家の狭いマンションを出て夫婦のマンションを買うのは香港人の夢である。しかし，不動産価格の高騰は激しく，賃金がそれほど上がらないなかで，大卒エリートが中古マンションを買うことさえ難しい状況になった。また，香港の一流大学に入学する優秀な大陸出身留学生も増えており，進学や就職において香港人学生の競合相手となりつつある。

　身近に中国人観光客の旺盛な消費活動と高い購買力を目の当たりにし，しかもその購買対象が香港の資源であれば，これらを買い占める中国人に批判が向かう。さらに，子どもに香港の市民権を与えようと香港に来て出産する大陸からの越境妊婦が増えると，産科の病床不足が懸念されるようになった。また，親が大陸住民であっても香港市民権をもつ子どもは香港の学校に越境入学してくる可能性があり，その教育費の負担も問題になる。香港の公共ルールに慣れない中国人観光客が香港人とトラブルを起こすことも増えた。ある香港人が飲食禁止の地下鉄内で子どもに菓子を食べさせた中国人観光客の母親を注意した映像がニュースやインターネットで流れると，今度は北京の学者が「香港人は大英帝国主義の犬だ」と放言し，香港人の反発を買った。香港では，商品を買い漁って大陸に持ち帰る中国人を，通り去った後に何も残らないイナゴの襲来に例えて侮蔑する風潮も生まれた。

　香港社会に突然大量に流れ込んできた大陸からの観光客は，香港の人々に多大な人口圧力を感じさせた。観光客以外にも，少子高齢化が進む香港社会には毎年一定数の移民が大陸から入ってくる。そうした状況において，香港では，

自らを中国人ではなく香港人だとみなす香港アイデンティティが強まり，香港独立論が誕生する素地が用意されていったのである。

4 雨傘運動

▶政府との交渉手段としてのデモ　香港では，デモはしばしばこれに参加した者の要求をくみ取る形で地域の政治や社会に変化をもたらしてきた。1960年代の香港暴動とそれに付随するデモは香港政庁を貧困対策に向かわせしめたし，返還後の2003年デモは国家安全に関する基本法23条立法化を無期延期に追い込んだ。

　第3節で触れた2003年のデモを異なる角度から振り返ってみよう。2002年7月1日の香港返還5周年記念式典で，中央政府を代表する銭其琛（せんきしん）・中央政治局常務委員兼副総理が基本法23条立法化の必要性に言及したことを受けて，香港特別行政区政府は9月から諮問を開始し，立法化に向けた正式な手続きを始めた。翌年2月，中国の香港出先機関のひとつである新華社（政府系通信社で，返還前は事実上の駐香港大使館）は，7月の立法会休会の前に立法手続きの完了を望むというコメントを出し，23条の立法化は避けられない見通しになった。これに反対する市民は7月1日に「基本法23条立法化反対」と「還政於民（政治を民の手に返せ）」のスローガンを掲げ，約50万人が参加するデモを行った。政府は立法会への法案提出を延期し，9月には法案の正式撤回が発表された。

　直近では，2012年の国民教育反対運動も大規模なデモによって香港特別行政区政府を政策断念に追い込んだ。デモの先頭に立った高校生のひとり，黄之鋒（こうしほう）（ジョシュア・ウォン）は当時15歳で，2年余り後に雨傘運動でも中心的メンバーとなった人物である。2012年の国民教育反対運動の発端は，政府側が香港の学校教育に中国共産党の統治と体制を中国モデルの成功として賛美する内容を取り入れるように義務付けようとしたことであり，学生や親たちはこれに強く反発した。親中派の梁振英（りょうしんえい）行政長官（在任2012年7月～2017年6月）は中央政府の方針撤回は難しいとの見解を示し，市民の怒りに油を注いだ。学生や市民は国民教育とは洗脳教育であると非難し，黄之鋒は前年に設立した学民思潮の[11]

メンバーとともにシンボルカラーの黒い服を着て街頭で政府批判を訴えた。新学期直前の8月末には、黒い服を着た黄之鋒ら学生3名が政府庁舎前広場でハンガー・ストライキを行い、市民も彼らを応援した。その後、9月7日には黒い服を着た12万人が集会に参加し、政府への強い抗議を表明した。8日、政府は国民教育カリキュラムの導入を義務化しないことを宣言したが、この騒動は翌日に実施された立法会議員選挙の投票率を押し上げる効果があったという。

▶行政長官選挙をめぐる攻防
──「普通選挙」と「真の普通選挙」

香港はこれまで民主的な政治制度をもったことはない。イギリスは、統治のやりやすさを追求すると同時に、香港が民主化すれば中国の反発に遭うと心配して普通選挙の導入をためらってきた。しかし返還決定後は、イギリス本国で香港返還を認めてもらうためにも、中国に引き渡す前に民主的な制度構築を進めて一国二制度のスタート地点となる「現状」を民主主義に近づけようと考えた。その試みは挫折したが、香港人は植民地時代に確保していた自由、例えば経済活動・言論・集会・報道などの自由を守るために、自らが政治に参画する必要があると考え、政党を結成して民主主義を追求するグループが出現した。一方、香港の財界や左派は、前者は中国でのビジネスや権益確保を有利に進めるために、後者は思想的に共産主義を支持するために、それぞれ中国との関係を重視した。

さて、雨傘運動の原因は、中央政府が発表した2017年行政長官選挙の新たな枠組みについて香港の民主派や学生たちが公平性に欠けると判断したことにあった。ここで両者の主張とこれまでの経緯を確認しておこう。「港人治港」の原則がある以上、共産党政権は北京から行政長官を派遣することはできない。しかも基本法45条は、行政長官は香港での選挙もしくは協議によって選ばれると明記しているため、北京は香港で選ばれた人物を任命せざるをえない。しかし、共産党一党支配を継続する中央政府は反中国的な人物が香港の指導者になる可能性を排除したい。そこで中央政府は基本法の解釈権も活用しながら、普通選挙の実施を遅らせ、また、財界や左派が有利になる仕組みを導入してきた。香港の立法会議員選挙も行政長官選挙も、現在のところ、財界の代表者が最も有利になる仕組みとなっている。一方、民主派が望むのは、財界に偏重したり民主派を不利にしたりするといった操作のない普通選挙である。完全

普通選挙の実施を目指す民主派と，体制維持の手段として普通選挙の形式を活用しようとする政府側との間には，埋めることのできない溝がある。

　2003年の50万人デモは香港での普通選挙導入を遅らせたかもしれない。2004年，基本法の解釈権をもつ全人代常務委員会は，2007年行政長官選挙と2008年立法会議員選挙では普通選挙を実施しないと決定した。2007年末，全人代常務委員会は2017年の行政長官選挙を普通選挙化してもよいと発表し，候補者を指名する指名委員会に多くの財界人を任命した。これに対して，民主派は幅広い代表制を考慮して香港市民による指名制度の導入を求めた。2013年3月，戴耀廷（ベニー・タイ）香港大学教授ら民主派は「中環占拠（セントラルを占拠しよう）」計画を発表し，政府の出方次第で計画実施に踏み切る覚悟を示した。

　2014年6月，中央政府は「一国二制度白書」の中で，中央政府は香港に対する全面的な統治権をもつと発表した。反発した「中環占拠行動」の民主派は理想的な普通選挙法を選ぶための住民投票を実施し，79万人が投票した。こうした動きに対して親政府派も10万人を動員して対抗デモを行い，香港社会は民主化をめぐって議論が沸騰した。8月31日，全人代常務委員会は2017年行政長官選挙について，普通選挙を認めるものの，親中派が多数を占める1200名の指名委員会で過半数の推薦を受けた者しか立候補できないと決定した。これは，民主派候補が選挙に出る可能性を摘み取ってしまう決定であった。

　中央政府と香港特別行政区政府は，2012年行政長官選挙が1200名の選挙委員だけによる間接選挙であったことを考えれば，有権者すべてが参加できる普通選挙の導入は画期的だとみなした。しかし，民主派議員やその支持者は，立候補者から民主派を事実上排除する仕組みに強く失望した。

▶座り込み，そして強制排除

　中央政府の決定が発表された夜，民主派とその支持者約3000人が行政長官官邸前の公園で抗議集会を開き，中環を占拠して国際金融センター機能を麻痺させ，政府に圧力をかけることを表明した。その後，民主派は散発的にデモを実施し，「中環占拠行動」計画に多くの市民が参加するように呼びかけた。金融街を占拠するとはいえ，当初の計画では，実際の金融取引に支障をきたさないように10月1日の祝日（中国の国慶節）に実行予定であった。一方，香港のほとんどの大学

が参加する学生団体の香港学生連盟は，9月22日から1週間の授業ボイコットで抗議を表明する計画を立てた。22日午後，香港中文大学に各大学から1万3000人が集まって決起集会を開き，授業ボイコットに入った。

　事態が急転回したのは9月26日金曜日の夜のことである。行政長官の対応を要求した学生の一部がその夜から27日未明にかけて政府庁舎敷地内に突入したため，警察は催涙スプレーを撒いて多くの学生を逮捕し，負傷者も出た。警察の対応に抗議するために集まった人々は28日には6万人にのぼり，金鐘，中環，銅鑼湾(トンローワン)，旺角でデモを行った。騒ぎは終息せず，29日未明には警察が催涙弾や威嚇用のプラスチック弾を用いて強制排除を試みた。この光景は即座に世界中に発信され，武器を持たないデモ隊に催涙弾を浴びせた警察の行動は市民からも強く非難された。翌月曜日，座り込みが継続していた地域の金融機関は軒並み営業を取りやめた。平日の幹線道路がデモ隊に占拠されてバスの運行が妨げられ，従業員の通勤に影響が出たため，一部の企業や商店は業務時間を短縮せざるをえなくなった。例年ならば10月1日からの国慶節休暇は大陸から多くの観光客が訪れ，観光産業がにぎわう時期である。この時期のデモは観光産業や高級専門店の売上に大きな影響を与えた。もちろん，すべてのビジネスが停止したわけではなかったし，香港証券取引所は通常どおり取引を行っていた。けれども香港の株価は下落し，資産運用や経済活動の面で「香港は安全」という国際的な信頼も揺らぐのではないかと懸念された。

　一方，デモ隊は非暴力を貫き，占拠地帯の秩序と生活環境の維持に配慮しながら「真の普通選挙」実現を掲げて座り込みを続けた。運動を支援する市民からの差し入れや寄付された物資は整頓され，参加者に配布された。学生たちはゴミを収集して清潔な環境維持に努め，活動の合間に勉強したり，SNSでリアルタイムの情報を発信したりした。複数の団体が集ったわりには秩序だった光景であったが，このデモにはリーダーがいなかった。そこには，ひとりのリーダーを立てれば，そのリーダーの主張に賛同した者しか集まらないが，リーダーを立てないことで運動の趣旨に賛同する幅広い学生の参加を引き出すねらいがあった。

　学生たちによる占拠を短期間で終わらせる方策はなかった。政府や警察が力

ずくで非暴力の学生を強制排除すれば市民の反発を招きかねない。一方，学生の要求は中央政府の決定を覆すことにつながるが，共産党政権にとってその選択肢はありえなかった。デモ隊と政府側との間に妥協の余地はなく，事態は膠着状態に陥った。運動が長引いて占拠地帯周辺のビジネス活動に明白な影響が表れると，運動に対して批判的な市民も出てきた。時には，占拠する若者と住民が口論し，ヤクザ者が学生にからんで騒ぎになることもあった。政府側は学生や市民が疲弊するまで待った。12月15日，事前に通告された手順に従って静かに強制排除が行われ，政府側は収束宣言を出した。一部の参加者が逮捕されて雨傘運動は終わった。

5　通過点としての雨傘運動

▶雨傘運動が香港社会にもたらしたもの

強制排除の後，学生たちのグループは分裂した。一部は活動を続け，一部は別の方法を模索するためにキャンパスに戻り，一部は無力感で運動から手を引いた。一方，香港を中国の一部と認めず，香港こそ「本土（中国語で故郷，本国，地元の意味がある）」とみなす本土派 (localists) は，雨傘運動よりも過激な手段で目的を達成しようと試み，社会の注目を浴びるようになった。2016年9月の立法会議員選挙では複数の本土派が当選し，勢力の急拡大を示した。ただし，議会での宣誓で「故意に」定型文を正確に読まなかったこと，中国を批判する文言を述べたこと，また雨傘運動のシンボルである黄色い折り畳み傘を議場に持ち込んだことなどを理由に，彼らの議員資格が取り消された。この措置は基本法の解釈に基づいて北京の全人代が決定したが，中央から与えられているはずの香港の「高度な自治」が侵害されたという批判も起こった。

　交渉の余地がほとんどない要求を政府側に突きつけた雨傘運動は，成果を期待できないことがわかっていた運動でもある。それでも香港市民や国際社会が強い関心をもったのは，中央政府がこの運動をどのように終息させるかであったかもしれない。北京の共産党政権は，デモ隊によって呑めない要求を突きつけられたが，国際金融都市の信頼を失うような手荒な選択肢も最初から持ち合

わせていなかった。角度を変えてみれば、雨傘運動もその後の民主派や学生たちの行動も、北京の許容範囲と対応を試すかのようにも映った。学生や民主派の行動が過激になればなるほど北京は早い段階で騒動の芽を摘もうとし、それが一部の民主派のさらに過激な行動を誘発する。現状では、この悪循環を断ち切る方策を両者ともにもっていないのである。

また、香港の自由の侵害と受け取れる問題も明らかになっている。2015年秋から年末にかけて香港の書店関係者5名が失踪し、中国当局によって拘束されたことが判明した。彼らは言論の自由とは関係のない罪状を自白して香港に返されてきたが、香港社会はこれらの事件の不自然さと、拘束されたひとりである林栄基・銅鑼湾書店店長の証言から中央政府の謀ではないかという疑念を拭い去ることができないでいる。また、返還後に大陸企業が香港メディアに資本参加するようになり、メディアの論調が北京寄りに変化しているともいわれている。じわじわと中国の圧力を感じざるをえないなかで、SNSやインターネット・メディアは若者など特定の層に対して大きな影響力をもち、情報を発信している。どのような形で言論の自由を維持するのか、ここでも香港社会と中央政府との攻防がみられる。

▶ 2047年問題を控えて

陸続きで隣接する大陸に水と食料の供給を頼る香港は、独立はおろか中国と離れて存在することはできず、常にその影響力のもとで生きていくしかない。雨傘運動収束後、大陸からの観光客は2割程度減少したといわれるが、ヒト・モノ・カネの往来は継続しており、状況を総体的にみれば中港関係が経済の一体化を進めていくことは既定路線である。

しかし、香港の統治体制を構築する課題が民主化問題と直接的に結びつけられた現在、中央政府と民主派の対立は香港社会の内部分裂へとつながっている。街頭での政治行動の限界を知った一部の若者は新たな政党を結成して立法議員に当選し、中国が用意した制度の中に入り込んで活動をし始めた。これに対して中央政府は彼らをその制度から排除しようと試みている。他方、デモの影響で経済的損失を被ることを恐れたり、北京を過剰に刺激することを懸念したりする人々は、急激な民主化に慎重な姿勢をとる。香港社会がそれぞれのグ

ループの利害に基づいて行動し，意見を統一することができなかった結果，2016年6月，香港の立法会は中央政府案（民主派立候補者を排除して普通選挙を実施する案）を否決し，普通選挙自体が当面行われないことになった。これは回り道なのか，それとも賢明な選択肢だったのか。

こうした香港の状況を北京はどのようにみているのだろうか。中央政府は香港に「高度な自治」という特権を与え，経済回復のために寛大な政策支援を与えてきた。改革開放後，中国政府は一貫して地方政府や社会の人々に経済発展と豊かさを与え続けることで国家としての正当性を維持してきた。なぜその手法が香港には通用しないのか。雨傘運動も本土派立法会議員の宣誓も，北京には踏み絵のようなものである。これらの事態に遭遇するたびに，北京は一国二制度の枠組みでどのような対応をとるのか，一挙手一投足を香港社会のみならず台湾や国際社会からも観察されている。国家統一のために大陸社会と異質な香港社会を抱え込んだ中央政府もまた，苦悩せざるをえない。

香港にとっても中央政府にとっても，雨傘運動は2047年問題へ向けての通過点である。50年間の一国二制度という公約が切れるとき，新たな中港関係をどう構築するのか，両者は共存の道を模索し続けなくてはなるまい。

【注】
1) 大陸とは中華人民共和国（中国）を指し，かつて植民地であった香港とマカオを含まない。
2) 中国への返還が既定路線となって以降，香港では，中国共産党が香港人の人権や自由，法治などを侵害することを懸念した人々が，民主的な制度構築を求めてさまざまな活動をしてきた。これらが香港の民主化の土台となり，こうした活動を継承する人々を総じて民主派と呼ぶ。なお，立法議会で民主派としばしば対立する勢力は親政府派である。親政府派には中国よりの親中派と財界人など保守派の2つの大きな流れがある。
3) 「北京」には，地名としての意味以外に，中国政府あるいは中国共産党政権を意味する場合もある。
4) 一国二制度とは，返還から50年の間，香港に社会主義の政策や制度を適用しないことを指す。香港の主権は中国に帰属するが，外交と国防を除き，香港には高度な自治が与えられ，既存の資本主義制度と生活様式を保持することができる。
5) 香港の統治機関は，植民地時代は香港総督を長とする香港政庁であったが，返還後は行政長官を長とする香港特別行政区政府となった。特別行政区は中国のほかの省・市・自治区と同様に中央政府が直轄する。
6) 太平洋戦争中，香港を占領した日本軍は香港を兵站基地にしようともくろんだ。食糧

自給が困難な香港で過剰人口を減らすため，難民や失業者を中心に多くの人々を大陸へ追いやった。
7) 日中戦争終了後まもなく，中国大陸では国民党と共産党が内戦に陥り，後者が勝利して1949年10月に中華人民共和国（中国）を建国した。敗れた国民党（中華民国）は台湾へ敗走した。
8) 香港海員ストは1922年に賃上げや差別待遇反対を掲げて起こった大規模なストライキで，2カ月近くにわたる争議の末，イギリス側に要求の大半を認めさせた。省港ストは1925年に広東省広州と香港で帝国主義反対を唱えた大規模ストライキである。九龍暴動は1956年に国民党関係者が引き起こした爆発事件で，多くの犠牲者を出した。
9) 文革初期に毛沢東に忠誠を誓う若者が学校や職場で自発的に結成した組織である。紅衛兵は率先して封建的なものやブルジョア的なものを破壊し，権力を奪うために批判集会や暴力的な闘争を繰り返した。紅衛兵の活動は，全国で多くの貴重な文化財・伝統の破壊や冤罪をもたらした。
10) 基本法23条は「中央政府に対する反逆，分離，扇動，転覆にあたるいかなる行為をも禁止し，国家機密の窃取を禁止し，外国の政治団体が香港で政治活動をしたり，香港の政治団体が外国の政治団体と関係を持ったりすることを禁じる法律を，香港は自ら立法化しなければならない」と述べる。これが立法化されると香港での民主化運動も非合法とみなされる可能性がある。
11) 当時，1990年代生まれの中高生を中心に結成された学生運動組織であるが，雨傘運動後に主要メンバーが政党を立ち上げることになり，2016年3月に解散した。
12) 行政長官を選挙または協議で選出することは，香港返還に関する中英共同声明に明記されている。
13) 基本法は，最終的に行政長官と立法会議員の双方を普通選挙で選ぶことを規定している。しかし2017年7月現在では，立法会議員選挙は地区ごとの直接選挙枠（定員35名，18歳以上の有権者による普通選挙）と職能別選挙枠（定員70名，企業・団体の代表，教師，弁護士など特定の資格をもつ者のみが有権者となる）で選出され，後者は財界の影響力が強いために親政府派が選出されやすい。また，行政長官選挙は，立法会議員選挙の職能別選挙枠の有権者と他の職業資格者を加えた有権者が1200人の選挙委員を選び，その選挙委員が行政長官を選ぶ仕組みになっている。

【研究案内】
　香港を概観するには吉川雅之・倉田徹編著『香港を知るための60章』明石書店，2016年。香港の街を散策しながら史跡をめぐるには，津田邦宏『観光コースでない香港』高文研，1999年。香港の成り立ちと現状について，日本語では谷垣真理子の論文「中港関係五十年史」岡部達味編『中国をめぐる国際環境』岩波書店，2001年がわかりやすい。香港人研究者の見解を日本語で読むなら羅永生（丸川哲史・鈴木将久・羽根次郎訳）『誰も知らない香港現代思想史』共和国，2015年。エズラ・F・ヴォーゲル（渡辺利夫訳）『アジア四小竜──いかにして今日を築いたか』中公新書，1993年を読めば，香港の経済発展のパターンとアジアにおけるその特性が明らかになる。香港の政治制度や選挙の仕組みについては，日本語では谷垣真理子，倉田徹，竹内孝之らの論文や現状分析が数多く発表されてお

り，一部はインターネットでも閲覧できる。中港関係については，当事者の伝記としてパーシー・クラドック（小須田秀幸訳）『中国との格闘——あるイギリス外交官の回想』筑摩書房，1997年や，許家屯（青木まさこ訳）『香港回収工作』（上・下），筑摩書房，1996年がある。また，返還後の状況については，倉田徹『中国返還後の香港——「小さな冷戦」と一国二制度の展開』名古屋大学出版会，2009年や竹内孝之『返還後香港政治の10年』アジア経済研究所，2007年が網羅的である。雨傘革命については，倉田徹・張彧暋『香港——中国と向き合う自由都市』岩波新書，2015年。

第Ⅲ部

国際政治の新潮流からよむ

第7章　北九州市の環境国際協力にみる「街頭の政治」
―― 地域発の市民運動が世界を変える

尹　明憲

1　公害反対運動

　今日の国際関係において環境問題は重要な分野のひとつであり，ニュースでも頻繁に取り上げられる。例えば，近年のトピックとしては，2016年4月22日，ニューヨークで国連の開催で「パリ協定」の署名式が開催され，175カ国が参加したことが報じられた。また，西日本を中心に黄砂やＰM2.5の飛来がしばしば報道で取り上げられるが，これは，中国の工業化に伴って大量に排出される硫黄酸化物や煤塵(ばいじん)が原因のひとつとなっている。中国での工業化の進展は，中国の地元企業だけが担ってきたわけではなく，日本をはじめとする先進諸国の企業が，中国に進出して設立した工場で大量の製品を生産して本国または第三国に輸出することによって促されてきた。先進国企業の中には，本国の厳しい汚染物質排出規制を回避するために発展途上国に工場を移して有害物質を垂れ流し，現地で環境問題を引き起こした企業もある。それゆえ，先進国には発展途上国の環境問題の解決に協力する責務があると考える人は少なくない。

　環境問題のなかでも，地域が限定されており，その地域に一方で，汚染源が存在し，他方でマイナスの影響を受ける人々がいて，特に深刻な生活・健康上の被害が生じる場合には「公害」と呼ばれる。今日の国際社会でパリ協定のような世界全体での環境改善のための枠組みが必要になるのは，ひとつには急速に経済成長している多くの新興国・発展途上国で公害が蔓延しているからである。パリ協定で設定された目標を世界全体で実現するためには，現在途上国で進行している公害を解決されなければならず，そのためには先進国で公害を克服した経験が途上国に伝わっていくことが重要となる。

その点で，日本では1960年代の日本の高度成長期に各地方の工業都市で深刻な公害問題が発生して，熊本県水俣市や三重県四日市市など，大きな代償を払いながら公害を克服したところが多くある。北九州市でも深刻な大気汚染や水質汚濁に悩まされてきたが，水俣市や四日市市のように多大な犠牲者を出すこともなく，市民・行政・企業が一体となって克服してきた。北九州市が公害を克服する過程で形成してきた行政組織，施策，環境技術などは北九州市にとっては財産となっており，現在東南アジアを中心に多くの途上国に対して環境面でも国際協力を積極的に行っている。[2]

　ところで，本書の共通テーマは「街頭の政治」であるが，この章では1960年代以降展開された北九州市の公害反対運動を取り上げる。現在では環境国際協力を展開するに至った北九州市の環境施策が始まったきっかけは，市内の主婦たちの異議申立てであった。それは，工場から排出されるあまりに多くの煤煙が降り積もり，生活環境，家族の健康状態が悪化していくなかで止むにやまれず上げた声であった。北九州市ではこのような主婦の声が行政と企業を公害対策に突き動かしたのである。この点は次節で詳しく述べるが，公害問題の専門家や市民活動家ではなく，日常生活の中で家事に携わる主婦が自ら手探りで学習会の運営から行政への陳情まで行って，主体的かつ根強く運動を展開してきた。その点は，他の公害反対運動と比較しても画期的な意義をもつといえる。

　本章では北九州市の主婦による公害反対運動がどのような経緯で行われ，北九州市の公害反対運動が同時期に展開された他の地域のそれと比較してどのような特徴をもち，反対運動の結果，北九州市でどのような公害対策が実施されたのか述べていくことにする。

　ここで，北九州市の事例に入る前に，「公害反対運動」がどのようなものであるか若干の説明をしておく。公害反対運動は「社会運動」のひとつであるが，社会運動とは現状に不満をもつ集団が状況を変えることを目指して行動を起こすことである。社会運動は，行動する主体によって「市民運動」と「住民運動」に分類される。「市民運動」は，例えば平和運動や公民権運動，女性運動のように，一定の価値観をもつ人たちが特定地域とは必ずしも直接的に結びつかない運動である。これに対し，「住民運動」とは，地域の住民が利害の当

事者になっている地元の個別の問題にかかわる社会運動のことを指す。公害反対運動は住民運動のカテゴリーに入る。

　住民運動は，阻止・抵抗型の運動と，参加型の地域づくりを実践しようとする運動に大別することができる。阻止・抵抗型の住民運動とは，日本の高度成長期に各地で頻発した公害や空港・発電所などの大規模開発に対して，損害を不平等に多く押しつけられる人々の異議申立てとして展開された運動である。阻止・抵抗型の住民運動では，地元住民だけでなく学生運動や労働運動に属する個人や組織，革新政党が運動に参加する例が多い。本章で取り上げる北九州の公害反対運動は，いうまでもなく阻止・抵抗型の住民運動であるが，住民以外の運動組織が加わって運動が過激になることはなかった。他の地域と比較した北九州の公害反対運動の特徴については，次節で述べる。

　もうひとつの住民運動は，自然や景観，歴史などを含めた地域の環境を守りながら地域づくりに住民を巻き込んでいく運動である。住民が資金を出し合って土地を買い取り，開発による環境破壊を止めさせて，自然環境や歴史的地区などの保存しようとするナショナル・トラスト運動（国民環境基金）がそれにあたる。

　次に，そもそも公害問題が発生する原因が何か，住民が被らないといけない損失とはどういうものであるのかについて，経済学の考え方を用いて説明する。水俣，四日市，北九州など深刻な公害問題が発生した地方工業都市では，特に製鉄や化学工業などいわゆる素材産業の工場が数多く立地している。素材産業では広大な敷地で大型のプラントを動かして大量の原料・水・電気を用いて大量の製品を製造する。その過程で副産物として大量の廃ガスと廃液が発生する。廃ガス・廃液は処理せず垂れ流しにできるなら，企業にとってはその処理のための費用をかける必要はないから，より多くの利益を確保できる。

　しかし，地域社会からみれば，垂れ流される廃ガス・廃液は工場周辺の住民の生活を脅かすことになる。住民にとっては工場で生産される製品の売買取引の場（＝市場）とは全く無関係のところでとばっちりでマイナスの影響を受けることになる。これを経済学では「外部不経済」と呼んでいる。この場合に企業にとっての製品の生産費と社会にとっての費用とでずれが出てくる。企業が

生産のために原料・水・電気などに使う費用は私的費用であるが，周辺住民が負担する費用が別に生じる。これを「社会的費用」と呼ぶ。住民にとっては，煤煙がひどければ洗濯代が余計にかかるだろうし，家の改修の費用も必要になるだろう。何よりも，家族が煤煙のために喘息などの病気になるなら，完治するまで医療費がかかり，また病状が深刻で後遺症が残れば働くことができず，健康であればえることができるはずの生涯収入が大きく損なわれることになる。これらによって生じる費用が「社会的費用」であるが，その企業が廃ガス・廃液の処理対策を講じていれば払う必要のない，追加の費用である。住民がこの問題を解決するには，「外部不経済」のために負担せざるをえなくなった費用が，社会全体（企業と政府）で負担すべき「社会的費用」であることを社会に認識させる必要がある。公害反対運動は，環境汚染の実態を明らかにし，企業に対して廃ガス・廃液のための処理装置を設置することと，住民が負担した費用を「社会的費用」として補償することを求める運動である。

　北九州市の公害反対運動でリーダーシップを発揮したのは，主婦がメンバーになっている地元婦人会である。婦人会は異議申立てのための社会運動を起こすことを目的とした組織ではなく，次節でも触れるように，戦前には軍国主義体制を支え，戦後には地方自治体（北九州市）の外郭団体として構成されたものであり，異議申立てとは無縁の「体制内」の組織として位置づけることができる。当時の市長も公害問題には積極的には取り組まず，現状維持を望む保守的な立場を取っていたが，市の行政組織に連なっている婦人会が公害反対運動を始めたことで，市当局の公害問題に対する姿勢を改めさせるのに成功したといえる。

2　北九州市の公害反対運動

▶特定地区（中原，三六）での運動　　北九州では鉄鋼・化学工業などの素材産業を中心とした重化学工業が発展し，四大工業地帯のひとつとして日本の近代化を牽引し，また第二次世界大戦後の戦後復興にも鉄鋼生産を中心に大きく貢献し，1960年代以降の高度成長の基礎を築いた。1963年に合併して北

九州市となるまでは，門司，小倉，戸畑，若松，八幡の５つの市として存在した。工場群は旧戸畑市と旧八幡市に集中していたので，これら両市で工場から排出される煤と煙が降り注ぎ市民生活を脅かす降下煤塵による公害を日常的にみられた。

　当時降下煤塵が特にひどかったのが，八幡の城山地区である。北九州市『北九州市公害対策史　解析編』(1998年)によると，この地域は「公害の吹きだまり」と呼ばれており，この地域の降下煤塵量が1959年から連続して日本一を記録し，66年9月には1km²あたりで123.8トンに達した。煤塵の量は，積み重なった重みで屋根瓦が落ち，天井裏まで煙が侵入し，電線には煤塵がつらら状に垂れ下がっているほどであった。また，地元の城山小学校では全教室に2台ずつ空気清浄機を設置し，うがい教室も設けている。煤塵が教室に入らないように運動場に散水機も設置し，「公害体操」や乾布摩擦を励行するなど，あらゆる対策を施していたが，児童の病欠率は毎月10％を超え，66年には最高45.8％を記録したことがある。

　このように，煙・煤塵による影響が健康被害にもつながることが公害反対運動の主体となった婦人会の調査を通じて判明するのだが，当時の市民の意識としては，煙突から排出される煙や煤塵は，「繁栄の象徴」であり，喜ばしいものではないとしても，経済成長のためにはやむをえないものとしてみなされていた。

　北九州は八幡製作所の企業城下町として発展してきたので，八幡製作所は地元の旧八幡市に対して多大な影響力をもっていた。八幡製作所は1907年の八幡町議会に4人の議員を当選させて以来，毎期議員を当選させていた。また，1947年から北九州市合併の1963年まで八幡市の市長を務めた2人はいずれも八幡製鉄の出身者であった。八幡市民の多くが八幡製鉄をはじめとする大企業か，その関連企業の従業員とその家族であった。

　そのために，煤煙に対して不満をもつ市民がいるとしても，異議申立てができる雰囲気では到底なかった。そうしたなかで，北九州で戦後に公害反対の異議申立てを行ったのが，北九州市域で戦後最初に公害反対運動が起こした合併以前の旧戸畑市中原地区の婦人会であった。

婦人会について述べると，第二次世界大戦前には軍国主義体制を支える全国組織として大日本婦人会（1942年に愛国婦人会・大日本国防婦人会・大日本連合婦人会を統合して設立）を挙げることができるが，20歳以上の婦人は強制加入とされ，貯蓄増強・廃品回収・国防訓練など，戦争協力に動員された。戦後にはアメリカ占領軍によって民主化の実現のために改編された。婦人会の活動は戦後各地に設立されるようになった公民館の活動と結びついており，戦後の婦人会は，①学習活動，②健康，衛生，レクリエーションに関する活動，③地域社会の奉仕活動を目的としており，各地で設立された公民館を拠点としてこれらの活動を行った。婦人会は戦前のように加入を強制されることはなく，会の目的に賛同することが加入条件である。

　戦後の戸畑市では，婦人会の指導者に英語の堪能な女性がいたことから，米国人担当官との間で意思疎通が円滑にとられたために，積極的な取り組みが行われ，身近な社会問題について小グループでの学習会が進められるようになった。

　1950年当時戸畑中原地区には日本発送電（後の九州電力）中原発電所が操業しており，筑豊の低品位炭を燃料として発電を行っていた。そこからの黒煙や白煙は，周辺住民を悩ませていた。そのため中原婦人会は，煤煙調査を行うことを決定した。その調査は市内4カ所について敷布とワイシャツを屋外で干して汚れの程度をみるものであり，工場に近いほど汚れの程度がひどいことが判明した。婦人会のメンバーのなかには発電所幹部の婦人たちも在籍していたため，会社と直接交渉はせず，調査の結果をもとに地元出身の市議会議員に要請して市議会で煤塵問題を取り上げさせた。これを受けて市当局が会社に働きかけ，小倉大門発電所と中原発電所発電所に当時の金額で約1億円をかけて集塵装置の設置と設備の補修をする約束を取り付けた。

　中原地区に次いで，1950年代後半から悪臭と黒煙に悩まされてきた戸畑三六地区で，1960年夏から婦人会による公害反対運動が開始された。汚染源は，八幡製鉄㈱戸畑製造所の敷地内で操業する日鉄化学㈱戸畑工場であった。婦人会は市当局に協力を要請し，1961年に三六公民館で開催された市政懇談会で地域住民の深刻な悩みを訴えた。そして，地域代表2名，市議会代表，市当局がと

もに東京の日鉄化学㈱本社へ陳情して，1969年までに集塵装置を設定する約束を取り付けた。

　このように旧戸畑市で婦人会による公害反対運動が活発に展開されたのは，戸畑市が教育に熱心な土地柄で，[4] 公民館を基盤とした地域での社会教育も盛んに行っていたからである。旧戸畑市では小学校区ごとに公民館が建設され，市独自の組織として地域主体で公民館の運営を行う「地区社会教育運営委員会」が組織された。このような背景のもとで，三六地区では婦人学級が実施されており，そのテーマを決める会議で「子供が気管支ぜんそくで病院通いばかりしており医療費がかさむ」，「隣の老人はぜんそくで寝たきり」などの声が出て，公害学習を行うことになったのである。[5] その方針として，①事実を知ること，②科学的に問を考える習慣をつけること，③生活の範囲で問題をつかむことを決め，小グループに分かれて役割分担し自主的に学習を進めることにした。最初は新聞の切抜きから始めて，中原地区での経験を参考しながら，カメラによる公害の実態撮影，降塵量測定，布の汚染調査，病院での罹患者調査，住民の意識調査など，婦人としてできる範囲でのさまざまな調査活動を行い，それに並行して専門の大学教授を招いて公害に関連する基礎知識を学ぶ学習会を開催していった。

　三六婦人会は，1963年10月に戸畑区婦人会協議会と北九州市教育委員会の共催で開かれた展示会で共同研究の成果を発表した。このような調査結果をもって日鉄化学側に改善を迫り，1964年2月に住民と会社が1969年までに集塵装置を設定するという約束を交わす形で和解するに至った。日鉄化学以外にも多くの工場があったため，三六婦人会は1964年にも調査を継続した。特に人体への影響に重点を置いた研究を行い，衛生学を専門とする九州大学医学部の猿田南海雄教授を招いて事前学習会を行い，住民が年間にかかった病気，三六小学校と田川郡の小学校の欠席者数や健康調査の比較，多くの病院での患者の調査，区内の死亡者数と降塵量・亜硫酸ガス量の調査などを行った。また，同年に調査の対象を三六地区の全世帯（2500世帯）に広げたアンケート調査を実施した。このような三六婦人会の活動は各種マスコミにも取り上げられて高い評価を受け，北九州市の施策にも反映されるようになった。

共同研究を通じて，まず三六婦人会の会員の公害問題に対して認識が変わっていき，初めは協力的ではなかった家族も協力するようになって，地域での取り組みが次第に広がっていった。

▶戸畑区婦人会協議会の共同研究　1965年には，大気汚染は北九州工業地帯全域に広がる問題であるとして，三六地区で行われていた活動が戸畑区全体に広がっていき，戸畑区婦人会協議会（13地区婦人会，会員数6500人）の共同研究として煤塵調査に取り組むことになった。当初は三六地区以外のメンバーは公害に対する認識が十分ではなかったので，煤煙問題専門委員会（後に公害問題専門委員会に改称）を設置して各地区婦人会から1人ずつ委員を選出して，組織的に取り組むこととなった。まず，山口大学医学部野瀬善勝教授を招き，野瀬教授が取り組んできた宇部市での公害克服の経験を学んだ。そして，三六地区婦人会が実施した調査の方法を参考にしながら，地区ごとにグループを作って調査を分担することにした。

　データ収集グループでは北九州市5区（旧5市）の降塵量など環境関連のデータや関連の政府刊行物を収集し，その分析については野瀬教授に指導を依頼した。グループのメンバーは往復5時間かかる山口大学に通い，計算機の使い方から対数グラフの描き方まで学習した。別のグループは，1959年から1965年までの戸畑区内の小学校の月々の病欠者の数を調査し，比較のために田川郡の小学校の病欠者も調査した。また別のグループは，戸畑区民の死亡原因別の死亡数を保健所で調査し，大気汚染との関連を調べた。約7000人の戸畑区婦人会協議会の会員全員を対象にして，家族の病気，経済的損失，転居希望などのアンケートを行ったグループもある。

　このような調査活動を続けるなかで，調査だけでなく，市民により公害の実態を強く訴える必要があるという意見が出されるようになった。公害の実態を写真に記録するグループから，8ミリ映画を作ろうという提案が出された。台本，撮影，出演，録音，編集などあらゆることを婦人たちが綿密な打ち合わせをし，役割分担をして映画制作を進めていった。撮影班は，戸畑市教育委員会の社会教育部署の視聴覚担当者に撮影技術と編集方法を習い，自宅にある8ミリ撮影機を持ち寄って撮影を行った。このようにして完成した記録映画『青空

がほしい』は，1965年秋に上映会が実施され，マスコミにも取り上げられ大きく報道された。

それ以降も，戸畑区婦人会協議会による研究は1969年まで続けられ，研究活動の成果は『青空がほしい』と題した報告書の形で毎年公表された。婦人たちは調査の一環として洞海湾の水質調査も行った。洞海湾は最も汚染がひどいときには航行していた船のスクリューも短期間で腐食してしまうほどに汚染されていた。当時，洞海湾の海岸のほとんどが企業の所有になっており，市民が近づくことができず，守衛が妨害をするために写真撮影も採水も困難であった。そこで，知恵を出し合って秘密裏に採水した。

さらに，婦人会では1967年に企業と市会議員に対して公害対策についての公開質問状を出した。企業に対しては，過去に集塵装置に投資した経費とその内容，今後の計画などについて質問を行い，市内全域83社に質問票を送り，45社から回答を得た。なかには八幡製鉄所のように婦人会との間で説明会を開いたり，三菱化成黒崎工場のように集塵装置の設置状況の見学に応じたりした企業もあった。翌年には市会議員にも公開質問を行い，60名の議員のうち約半数から回答を得た。個人で回答したのは保守系の10人だけで，社会党，共産党などの革新系政党と公明党は議員団として回答している。企業出身の議員については企業への遠慮から具体的提案のないとおり一遍の回答が多かった。

▶北九州市における公害反対運動の特徴

これまでみたように，1960年代を通じて北九州で婦人会による公害反対運動が粘り強く続けられた。それは学習会活動として自らの状況を知ることから始まり，科学的根拠をもつ検証結果を企業および行政に示して，本格的な公害対策に踏み切らせるものであった。

当時の状況をみると，1960年代後半から70年代初めには，日本各地で公害反対運動が巻き起こり，東京都，横浜市，川崎市など関東圏の主要な都市で積極的に公害対策に取り組む革新自治体が誕生する時期であった。また，国レベルでの公害対策のための法制度も整備されるようになり，1967年には「公害対策基本法」が，1968年には「大気汚染防止法」および「騒音規制法」が，1969年には「公害に関わる健康被害の救済に関する特別措置法」が制定されて，日本

全体で公害を解決しようとする気運が高まった時期でもあった。

　一方で，北九州市については，先にも述べたように，議員にも一般市民にも汚染源である大企業の利害関係者が多く，1967年の市長選挙で公害対策よりも景気浮揚を優先しようとする保守系の谷伍平が市長に就任した。就任後は，積極的な公害対策を展開する横浜市などの革新自治体と比較されることもあって，「公害対策の遅れ」をマスコミや議会で批判された。そのため，1971年の市長選挙では公害が最大の争点となり，谷市長は選挙公約の筆頭として積極的な公害対策の実施を掲げ，再選を果たした。

　北九州市における公害反対運動および公害克服過程の特徴を挙げると，何よりも公害反対運動の主体となったのが婦人会であったという点である。洞海湾の汚染告発については大学生や労働組合の運動も若干みられたが，北九州市では労働運動や学生運動との連携による公害反対運動はみられず，行政を動かすまで一貫して活動を続けてきたのは婦人会であった。この点は，他の地域の公害反対運動と異なる。婦人会は「家族の健康」を願う主婦によって構成された組織であり，しっかりと地域に根差した地縁団体である。北九州市の行政当局とも結びつきのある地縁団体であったから，地域全体の総意として公害対策に取り組む機運を生み出すことができた。北九州市では野外での反対集会やデモ行進，裁判闘争などが展開されたわけではなく，専門家の協力を得ながら学習会活動を通じた汚染原因や被害の実態の究明，8ミリ映画の作成・上映などの活動を婦人会が中心になって展開してきた。婦人会メンバーが，公害汚染物質を垂れ流す企業の責任を問うために，科学的な方法で客観的データを集め，結果をさまざまな形で公表して社会問題として問いかけたのである。

　甚大な人体被害を出したいわゆる四大公害（水俣病，新潟水俣病，四日市ぜんそく，富山神通川のイタイイタイ病）では，公害被害者が補償を求めるために裁判闘争を行う必要があった。例えば，水俣での前例があるにもかかわらず，メチル水銀による健康被害が繰り返されてしまった新潟水俣病に場合には，被害者のほかに弁護団・学者・学生・ジャーナリストなどがメンバーとなった民主団体水俣病対策会議が組織されて反対運動が展開された。新潟水俣病で汚染源である昭和電工社の社会的責任を問うために，被害の原因を確定するためには

大学や医療関係者が,裁判を展開するためには法律専門家が主体となって活動することが必要となった。

公害被害者の救済という面では,北九州市の場合には,健康被害者は国および市による救済措置が取られ,その規模も水俣病ほど大きいものではなかったので,婦人会などが被害補償のための裁判闘争に乗り出すことはなかった。婦人会は金銭的な補償を求めず,企業と行政に対して,設備の改善を要求したのである。

ちなみに,北九州で公害健康被害者と認定された人数をみると,国による制度認定数は1975年には1090名であったのが,1987年には2108名に増加してピークに達し,それ以降は減少していき,2009年には958名であった。

いうまでもなく,婦人会は公害反対だけを目的とする組織ではない。地域のあり方と発展方向に責任をもつ行政と汚染源としての責任を負う企業が公害対策に取り組むようになれば,婦人会はその成り行きを見守る立場になる。次節では北九州市における自治体と企業が一体となって取り組んできた公害防止対策についてみることとする。

3 自治体・企業一体の公害防止の取り組み

1963年の五市合併以来,北九州市は,全国的に整備される公害対策への法整備の進展や婦人会の反対運動に促されて,公害対策を模索してきた。市は数多くの方法を試行してきたが,市民への普及啓発に最も効果があったのは,1969年5月に全国で初めて発令されたスモッグ警報であった。そのインパクトは大きく,行政はマスコミ,市民,議会から対応策について激しく追及された。スモッグ警報は翌70年までに13回発令され,発令の権限は福岡県にあった。しかし,大気汚染防止法施行令の改正を受けて70年2月にはスモッグ警報発令権限が福岡県から北九州市に移譲された。この権限移譲は全国唯一であり,北九州市にとってはこれによって権限を与えられるとともに,責任も発生し,その後大気汚染対策に真剣に取り組むようになった。

折しも,硫黄酸化物による公害に対する対策を目指して,通商産業省が北九

州地区で産業公害総合事前調査を実施したが，その実施にあたって，1970年に北九州市，福岡県，福岡通称産業局と市内の硫黄酸化物発生量の97％を占める30社が参加して大気汚染防止連絡協議会（以下，協議会）が設置された。このような企業の参加によって実効性を確保し，その後行政と企業の間で規制実施に関する事前協議や情報交換の場として協議会は重要な役割を果たした。

通産省の事前調査で許容すべき環境基準が定められたが，これを達成するために，1972年に北九州市，福岡県と47社54工場が公害防止協定である「硫黄酸化物に関わる公害の防止に関する協定（第一次協定）」を一括して締結した。これは，市内47社に協定書に加えて，燃料使用量，燃料中の硫黄分，煙突の高さ，硫黄酸化物排出量などを記載した「年次改善計画書」を提出させるものである。改善計画書の内容を変更する場合には，事前に行政との協議を行い，同意を得る必要があり，実質的な許可制となっていた。行政と企業との間の公害防止協定は他の都市でも行われたが，このように47社にものぼる多数の企業と一括して締結されたのは全国でも初めてのことであった。この運用には行政側と企業側との意思疎通が必要になるが，上記協議会の存在が両者間の十分な意思疎通を可能にしたのである。

翌1973年には，煙突の高層化が実現して環境基準が達成された。ところが，同年に四日市公害裁判の判決が出され，これを受けて環境基準が強化され，硫黄酸化物の排出量を1977年度までに総量をさらに3分の1まで削減することが新たな目標として決定された。そして，1977年には再度「硫黄酸化物に関わる公害防止協定」が主要57工場と締結された。

企業が硫黄酸化物を削減するのに有効な手段となるのは，燃料を硫黄成分が少ないものに切り替える燃料転換と排煙に含まれる硫黄酸化物を取り除く脱硫装置の設置，そしてより少ないエネルギーでより大きな効果を求める省エネルギーである。これらの取り組みが進むにつれて，公害防止に対する投資が増加するようになった。北九州市『北九州市公害対策史 解説編』（1998年）によると，北九州市の代表的産業である鉄鋼業と化学工業では，公害防止投資の全設備投資に占める割合が1970年前半に急上昇し，化学工業では1975年では32.0％，鉄鋼業では76年に23.4％に達した。これは，全設備投資の4分の1か

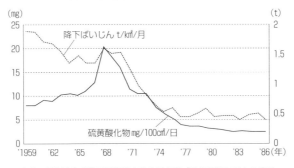

図1　汚染物質排出量の経年変化

出所：国際協力事業団国際協力総合研究所『環境対策に関する適正技術の研究報告書　資料編』1989年3月，資―1・資―2，より作成。

ら3分の1が公害防止投資に投じられた計算となる。新日鐵の鉄鋼一貫製鉄所の例では，1963年から1979年までに累計で777億円の環境対策工事費を投じている。

　さらに，1972年には「北九州市地域公害防止計画」も策定された。これは，複雑多岐にわたる公害現象の対応するためには総合的な防止対策が必要であるとして，公害対策基本法に基づいて，内閣総理大臣が公害被害の著しい地域を指定して指示を出して，策定される計画である。北九州市が作成した計画素案を基にして策定され，内閣総理大臣の承認を得て実施される。第1期計画（1972〜1981年度）の内容として，①発生源の規制および指導強化，②洞海湾および河川の水質浄化，③下水道および公園緑地の整備，④住工分離の促進，⑤自然環境の保護などの項目が含まれていた。その後も5年単位で期間が定められて，公害防止計画は継続された。

　この公害防止計画の中で，「公害の吹きだまり」として北九州市の公害被害の象徴とみなされた八幡西区城山地区については，住宅移転による住工分離を促進する地区として，対策を講じることとなった。そのために，地元住民に対して住宅移転に関する意向調査を複数回行ったが，実施の要件となる「全部または大部分」の賛成は得られなかったので，地域の環境整備を主眼とする緩衝緑地の整備事業に重点が移された。事業は城山地区（14ha）だけでなく，奥洞海

地区 (12ha) にも広げられて, 1979年から開始されて1985年に工事が完了した。

このような企業と行政による公害防止対策が取られるようになるにつれて, 北九州市における大気汚染状況も改善するようになった。図1 (145頁) では, 1959年から1987年までの降下ばいじんと硫黄酸化物の排出量の経年変化を示しているが, 降下ばいじんについては石炭が主要燃料源として使われていた1959年から大幅に減少しており, 硫黄酸化物については使用される燃料が石炭から石油に変わっていくにつれて排出が増加していき, 1968年をピークとしてそれ以降減少していった。

4 公害克服から国際協力へ

▶北九州市の経験の国際的普及　　これまで述べてきたように, 北九州市の公害克服の過程では戸畑婦人会の反対運動が大きく貢献した。北九州市において職場のしがらみに絡み取られることなく, ただ家族の健康を願った女性たちの運動が北九州市の行政と大企業を動かしたのである。北九州市における婦人会による公害反対運動の経験は, 北九州にとっては都市個性を形成する貴重な財産ともいえる。

その経験は, 1990年10月に設立されたアジア女性交流・研究フォーラム (Kitakyushu Forum on Asian Women, KFAW) の活動を通じて国際的に普及されるようになった。まず, KFAW が設立された経緯を簡単にみることとする。1985年に国連の主催によりナイロビで開催された第3回世界女性会議に, 20名の女性リーダーが北九州市から参加した。その際に, 政府間会議とともに併催された NGO フォーラムの一環として開催されたワークショップで, 彼女たちは女性問題が地球規模の問題であり, 環境問題に女性が深くかかわっていることを認識した。

このようななかで, 1988年に当時の竹下登首相のもとで「ふるさと創生事業」が実施された。これは, すべての市町村を対象に「自ら考え自ら行う地域づくり事業」に対して1億円の助成を行う事業であった。1989年1月に市職員の中から出された101の提案を検討した結果, 選ばれたのが KFAW であった。こ

のテーマが選ばれたのは，女性問題がより多くの市民に主体的な参加を訴えていくことができ，国の支援を得られるような継続性・発展性をもつ事業として推進することができると判断されたからである。

　KFAWは，その名前のとおりに「研究」と「交流」を柱としており，①調査研究事業，②交流・研修事業，それに付け加えて③情報収集・発信事業を主要な事業分野としている。折しも，KFAWが設立された1990年に北九州市は環境面での国際協力の業績を評価されて，国連環境計画（UNEP）から日本の自治体として初めて「グローバル500」賞を受賞した。[8] それを受けて，KFAWでは「青空がほしい」運動，すなわち戸畑婦人会の公害反対運動を記録化し，それを海外に紹介する事業を最初に始めた。さらに，8ミリ映画『青空がほしい』の英語ナレーションを入れたDVDを作成したりした。

　1992年には「環境と開発と女性」を共通テーマとして第3回アジア女性会議がKFAW主催で開催された。KFAWは海外から環境関連の著名な女性専門家を招いて国際シンポジウムを開催し，並行して「北九州女性環境フォーラム」を開催してパネリストとして招いて，「青空がほしい」運動の経験を国際的に発信した。

　また，KFAWは会議だけでなく，開発途上国の女性を対象に研修事業も行い北九州市の公害克服の経験の普及に努めた。すなわち，JICA九州国際センターからの委託事業として1995年から「環境と開発と女性セミナー」を開催するようになり，毎年8～10カ国から研修員を受け入れて，北九州市の経験を発展途上国からの研修生に伝授している。このセミナーではKFAWが作成した「青空がほしい」運動のテキストやビデオが教材とされた。

　2000年代に入ってからは，さらに海外の環境・ジェンダー分野のNGOとのネットワークを広げていった。2000年9月に北九州市で第4回アジア太平洋環境大臣会議（42の国または地域，33の国際機関の参加）が開催された際に，KFAWは「アジア太平洋環境女性会議」を併催事業として開催した。この会議を通じて「男女共同参画の実現とジェンダーの視点が，アジア太平洋の環境保全のために重要」であり，「環境問題解決のためにあらゆるレベルにおける意思決定への女性の参画」が保障されるべきであることが提案された。

▶「持続可能な開発のための教育」への取り組み　　このアジア太平洋環境女性会議の成功を受けて，KFAWは2002年に開催されたヨハネスブルグにおける「持続可能な開発に関する世界首脳会議」に日本を代表するNGOとして招かれ，世界の環境NGOとのネットワークを広げるとともに，独自のワークショップを開き，北九州市の女性による環境への取り組みを紹介した。ヨハネスブルグ・サミットでは「持続可能な開発のための教育」（ESD）が注目されるようになった。それは，自然環境との共生，経済開発，社会的公平性という環境・経済・社会のバランスがとれた「持続可能な開発」を実現させる人材を育てる教育である。ヨハネスブルグ・サミットでは当時の小泉純一郎首相が2005年からの10年間を「ESDの10年」とすることを提案し，同年末の国連総会でこの提案が採択され，2005年から世界全体で取り組まれることになった。それに先立って，KFAWは2003年に発足したESDの10年を推進する「推進会議」の理事として参画し，北九州市においては2006年に設立された「北九州ESD協議会」の事務局を担当することとなった。

　このように，戸畑の婦人会によって始められた公害反対運動が北九州市の行政と企業を動かし，公害問題の解決につながった。紙幅の制限のために本章で詳しく論じることができなかったが，行政および企業は公害問題解決の過程で蓄積してきた技術やノウハウを生かして，海外技術者を受け入れて市内での技術研修を行うだけでなく，中国大連市の環境計画への協力やアジア低炭素化センターを通じた環境技術の海外への移転促進など，さまざまな環境面での国際協力を行っている。こうした活動は確かに「世界を変える」推進力になりうる。

　21世紀に入ってから環境対策の焦点は，汚染物質の削減・処理を主とする公害対策よりも，次世代の生活にも配慮した「持続可能な開発」に移ってきた。かつて公害反対運動では婦人会が活動の主役であったが，「持続可能な開発」実現の活動ではKFAWが主役となり，今日ではESDを通じた次世代の人材育成が推進されている。戸畑婦人会が「青空がほしい」運動の形で植えた種が，有為の人材を育成し，地元北九州だけでなく，国内外に「持続可能な開発」を推進していく形で花開くことが期待される。

【注】
1) パリ協定とは，世界全体で進行している気候変動＝温暖化を止めることを目指して長年続けられた「気候変動枠組条約締結国会議」でまとめられた取り決めである。パリ協定では，発展途上国を含めて，すべての国が CO_2 などの温室効果ガスを削減するための目標を自主的に設定して，発展途上国に対しては，目標達成のための資金と技術を先進国が支援する仕組みが整えられた。日本は，「温室効果ガスを2030年までに2013年と比べて26％削減する」という目標を掲げているので，今後このような目標を実現するための施策が行われることになる。
2) 紙面の制約のために，北九州市の環境国際協力について述べる余裕はないが，東南アジアにおける環境協力のひとつとして，インドネシア・スラバヤ市で実施された「生ごみ堆肥化事業」を挙げることができる。これは現地の家庭やコミュニティに普及させようとするもので，インドネシアのスラバヤ市では2年間で約7000世帯に普及し，現地のごみ減量や衛生改善で大きな成果を上げた。この生ごみを堆肥化する手法は東南アジアの他の都市にも普及していった。
3) 成田国際空港に対する反対運動は典型的な事例である。成田空港の建設時に国側は住民に対して十分な説明をしないまま，建設計画を強行し，政党や新左翼組織が加わった激烈な反対闘争が空港建設（1978年）以降も長年続いた。
4) 旧戸畑市は，明治時代に炭鉱経営で財を成した安川敬一郎が資材を投じて中堅技術者育成のために明治専門学校（現九州工業学校）を創設して以来，教育に重点を置いており，戦後も教育優先の行政を行い，市の財政でも学校建設に多くの予算を割いてきた。
5) 当時三六婦人会の婦人学級の運営を指導していたのは，林えいだいという人物である。彼は当時戸畑市教育委員会に勤務しており，社会教育を担当していた。その後はルポルタージュ作家として朝鮮人強制連行など地域の現代史にかかわる多くの著書を出版している。
6) 被害者に対する救済・保障については，1973年に「公害に関わる健康被害の救済に関する特別措置法」に基づく地域指定を受けて，医療費，医療手当および介護手当が給付されていた。しかし，これは充分とはいえない制度であったため，74年に「公害健康被害補償法」（以下，補償法）が施行され，国の予算も投じられてより充実するようになった。この補償法では，医療費の全額負担の他，障害の程度に応じた7種類の補償給付，さらに健康回復，保持および増進を目的とした公害保健福祉事業も実施されることになった。
7) スモッグとはsmoke（煙）とfog（霧）とから合成された言葉である。大都市や工業地帯にしばしば発生する塵埃や煤煙の粒子が凝結して霧が発生する現象を指す。また，自然の霧とは関係なく，大気汚染の濃度の高い場合にも用いられる。スモッグは住民の健康に害を及ぼす。
8) グローバル500賞とは，国連環境計画が環境保全や改善で功績を上げて持続可能な発展に貢献した団体・個人を表彰する制度である。当初は1987年から1991年までに500の団体・個人を表彰する計画であったので，このような名称が付けられたが，表彰制度は1992年以降にも継続された。

【研究案内】

まず，世界で最初に環境汚染に警告した環境分野の古典ともいえる文献として，レイチェル・カーソン（青樹簗一訳）『沈黙の春［改版］』新潮社，1974年がある。初学者向けに社会科学分野だけでなく，自然科学の分野の環境問題に関する基礎知識を解説する文献として，後藤尚弘・九里徳泰『基礎から学ぶ環境学』朝倉書店，2013年を挙げることができる。環境問題を経済学の視点から接近するのであれば，ジェフリー・ヒール『はじめての環境経済学』東洋経済新報社，2005年が挙げられる。

社会学の分野から「環境社会学」と銘打っている文献としては，①飯島伸子・鳥越晧之・長谷川公一・舩橋晴俊編『講座環境社会学　第1巻　環境社会学の視点』有斐閣，2001年，②鳥越晧之『環境社会学――生活者の立場から考える』東京大学出版会，2004年，③舩橋晴俊編『環境社会学』弘文堂，2011年，などが挙げられる。①は日本でのこの分野の研究水準を反映することを意図されており，全部で5巻にもなるシリーズの1冊目である。②と③はこの分野の教科書として出されたが，②では抽象的理論よりも身近な事柄を取り上げて基本的な考え方を提示するところに特徴がある。一方，③は2010年代の状況に対応すべく，新しい視点を取り入れて，さまざまな問題群を取り上げている点に特徴がある。

本章のテーマである公害については，①飯島伸子『環境問題の社会史』有斐閣，2000年，②小田康徳編『公害・環境問題史を学ぶ人のために』世界思想社，2008年，③宮本憲一・淡路剛久編『公害・環境研究のパイオニアたち――公害研究委員会の50年』岩波書店，2014年などがある。①では日本の環境問題について江戸時代までさかのぼって論じている通史であることが特徴である。②では公害問題が現代の日本社会にどのような影響を与えたかという点を論じていることに特徴がある。

北九州市については，上記の参考文献以外に，永田勝也監修，北九州環境首都研究会編著『環境首都――北九州市　緑の街を蘇らせた実践対策』日刊工業新聞社，2008年を挙げることができる。

第8章　日本の原発輸出政策と「街頭の政治」
——「国際協力」「国際貢献」を問い直す

大　平　　　剛

1　「原子力ムラ」の復活と原発輸出

▶収束しない原発事故の影響　　「日本の民間業者がイタリアから輸入したブルーベリージャムから基準値を超える放射性物質のセシウム検出」。この報道がなされたのは2013年10月18日のことであり，当該製品は回収の対象となった。ブルーベリーはブルガリア産であったが，このセシウムはどこから来たのだろうか。実は，それは27年前の1986年4月26日に，ウクライナのチェルノブイリで発生した原子力発電所（以下，原発）事故由来のもので，事故の影響で大気中に放出されたセシウムが，ブルガリアにおいていまだ残存していたという事実がこの報道から明らかになった。このような食品を摂取すると内部被曝することになり，蓄積すればDNAが傷つけられ癌に冒されうるともいわれる。チェルノブイリ原発事故は過去のものなのではなく，いまだ現在進行中の出来事なのである。

　チェルノブイリから25年目にあたる2011年3月11日（以下，3.11）午後2時46分，東日本を襲ったマグニチュード9.0の大地震によって生じた津波は，沿岸部の集落を破壊しただけでなく，東京電力福島第1原発において全電源喪失という事態を招き，原子炉内での核燃料のメルトダウン（溶解）という最悪の事態をもたらした。チェルノブイリ原発事故に次ぐ大事故が日本においても生じてしまったのである。原発事故の発生原因もいまだ解明されないなか，地下水が原発建屋内に流れ込むことで生じる汚染水は今も増え続けている。また，原発事故の発生から6年を経過した2017年3月時点でも，いまだ7万7000人以上の人が避難生活を余儀なくされている。復興にはほど遠く，失われたものは計り知れないほど大きい。

▶「原子力ムラ」　　大多数の国民は,「原発は安全」「原子力はクリーン・エネルギー」といった安全神話を信じ込まされてきたが,3.11によって完全にその神話は瓦解するとともに,その神話を構築・維持してきた強固なネットワークを意味する「原子力ムラ」の存在を認識するに至った。政治家,メディア,広告代理店,学者,原発製造企業,関係省庁が結びついたこのムラは,日本のエネルギー政策の深層に棲み,長い年月をかけて日本社会をコントロールしてきたのである。

　原発事故後,一時的に「原子力ムラ」の力は弱まったものの,国内で全基停止していた原発も再稼働許可が原子力規制委員会からおり始め,徐々にその勢力は元に戻りつつある。このような「原子力ムラ」の復活は国内での再稼働の動きだけではなく,海外に対しても原発輸出という形で現れ始めている。日本政府は,経済成長戦略の柱として原発輸出を位置づけ,大規模事故の検証も十分に行わないまま,「国際協力」「国際貢献」の名のもとに原発を輸出しようとしている。

　強固な「原子力ムラ」によるこのような動きに対して,市民社会にできることはあるのだろうか。この章ではトルコ,ベトナム,日本において原発輸入（輸出）に対して繰り広げられている「街頭の政治」を取り上げ,原子力協定といった国家間の取り決めに対して異を唱える市民社会の意義について考えてみたい。なお,「市民社会」は多義的な用語であり,時代とともにその意味内容は変化してきた。ここでは市民による政治参加という近年の現象をとらえ,政府の役割を補完したり,あるいはそれに対抗したりすることによって社会を改革しようとする,国家権力から独立した平等な人々の集合体ならびに運動を指すものとする。また,本章では「国際協力」と「国際貢献」という用語を並列して用いる。元来,これら2つの用語は厳密に峻別され,前者は非軍事的な内容に限定され,後者は軍事的な内容を含むものとして用いられてきた。しかしながら,20世紀末頃より外交（Diplomacy）,防衛（Defense）,開発（Development）の3領域間での連携がみられるようになり,それぞれの英語の頭文字を取って3D戦略が採られるようになってきた。原発輸出は安全保障を求める外交戦略の一部であるとともに,輸出先の電源開発という目的を帯びており,こ

れまでの開発プロジェクトとは一線を画している。このように「国際協力」と「国際貢献」の境界が曖昧になったことから，本章では両方の用語を並列して記載することとする。

2　原発輸入（輸出）反対の「街頭の政治」

　第2次安倍政権（2012年12月26日～）が掲げる経済成長戦略（アベノミクス）では，世界経済との統合という観点から「安全で信頼のおける日本製のインフラを世界に」との方針が掲げられ，高速鉄道建設や空港建設などがリストに挙がっている。原発プラントの輸出もその一環であり，安倍晋三首相自らが外遊先で売り込みを行うというトップセールスが展開されてきた。

　この節では，原発輸入反対の事例として，まず民主党政権下で協定が合意に達したベトナムの事例，次に安倍政権下で進められてきたトルコの事例を取り上げ，抗議行動の実態について述べる。また，輸出側である日本社会での輸出反対を叫ぶ「街頭の政治」を取り上げ，輸出側市民社会と輸入側市民社会の連携について考えてみる。

▶ベトナムでの原発建設計画　　1986年のドイモイ（刷新）政策によって市場経済を導入して以降，ベトナムは高い経済成長を記録し続け，1人あたりGDPの数値も堅実に伸び続けている。そのような状況下において電力需要のさらなる伸びが予想され，原子力発電がにわかに脚光を浴びることとなった。[2] 日本との間では，2000年にベトナム原子力委員会と日本原子力産業協会との間で「原子力発電導入支援に関する協力覚書」が締結され，その後，2008年5月には両国政府間で「原子力協力文書」が署名された。このような流れのなか，日本からベトナムへの原発プラント輸出が3.11以前の2010年10月末にハノイで行われた日越首脳会談で合意されたのである。当時は民主党政権であり，首相は菅直人（在任2010年6月8日～2011年9月2日）であった。後述するように，原発輸出は政権にかかわりなく推し進められてきたものである。

　さて，建設予定地であるニントゥアン省ビン・ハイ県は，ベトナム南東部，

第8章　日本の原発輸出政策と「街頭の政治」　　153

図1　ベトナム原発建設予定地

出所：http://d.hatena.ne.jp/freemap/20060925に基づき筆者作成。

ホーチミン市から北東約350キロに位置し，東は南シナ海に面している。どこにおいてもそうだが，原発は都市部に建設されるわけではなく，都市から離れた辺境に建設されるのである。日本が受注した原発は当地での第2原発2基であり，第1原発の2基は同省フォック・ティン県に建設される予定で，ロシアがすでに2009年にベトナム政府との間で協定を結んでいる。その後，東日本大震災から9カ月も経過していない2011年12月9日に，日本の国会はベトナム政府との原子力協定を承認し，翌年の1月21日に同協定は発効した。これにより日本からの原発輸出が可能となったのである。当初の予定では2015年に建設に着工し，2021年に稼働させることとされていた。

　しかし，日本が受注した原発の建設予定地を含む一帯は，かつてチャンパ王国が栄え，付近には貴重なチャンパの遺跡が残っている場所である。また，チャンパ王国の独特の文化を受け継ぐチャム（チャンパ）族が多く居住している土地でもある。日本政府が進める第2原発建設現場に住む住民は，村ごと北へ数キロ離れた土地に移転させられるとされ，ロシアが進める第1原発を含めた原発建設計画では，全体で1288世帯4911人が立ち退かされることになるという。ところで，ベトナムは54の民族から構成されており，最大民族のキン族（ベトナム人）が全体の85％以上を占めているが，他の53の民族は少数民族であり，全人口に占める割合もおのおの2％以下である。自ずと政治力も乏しいばかりか，就学率や識字率においてもキン族とは格差があり，チャム族も原発建設計画について知らされないばかりか，原子力についての正しい知識が伝えら

れていない状況にある。

情報へのアクセスの非対称性や文化遺産などを無視した建設計画に対して，2012年になるとベトナム知識人の間にこの原発計画に対する反対意見が聞かれるようになるとともに，日本国内においても，その動きを支援する運動が市民社会により起こされてきた。

▶ベトナムでの抗議行動と日本の市民社会からの支援　共産党の一党支配下にあるベトナムでは，集会・結社の自由は制限されており，街頭でデモ活動を行うことは容易ではない。また，インターネットへのアクセスも制限されており，「アラブの春」でみられたようなSNS（ソーシャル・ネットワーク・サービス）を利用した情報の拡散も難しい。そのような状況下において，政府非公認のブログを利用した署名活動が古典音楽史研究家のグエン・スアン・ジエン氏らによって行われ，2012年5月21日に，国内外600名を超えるベトナム人が実名で署名した抗議文書が野田佳彦首相（在任2011年9月2日～2012年12月26日）宛に提出された。東日本大震災を受けて日本政府は国内の原発をすべて停止させておきながら，それを他国に輸出しようとするのは無責任であり不道徳だ，というのが彼らの主張だった。伊藤正子氏によれば，この抗議文書の提出後，グエン氏は当局に出頭を命じられており，まさに勇気ある行動であった。

このようなベトナムでの抗議の動きに対して，日本の市民社会からも側面支援する動きがみられた。例えば，2013年5月23日には「日本からの原発輸出と現地住民の権利――ベトナムを中心として」と題するパネル・ディスカッションが，東京弁護士会主催で開催された。また，同年9月7日にはアジア太平洋資料センター（PARC），アーユス仏教国際協力ネットワーク，メコン・ウォッチ，国際環境NGOであるFoE Japan等のNPOが共催する形で「ここがマズイ，原発輸出――ベトナム編」という集会が開催された。さらには，建設現場の住民立ち退き計画をベトナム政府が承認したとされる現地報道を受けて，FoE Japan，メコン・ウォッチ，原子力資料情報室が呼びかけ団体となり，原発計画の中止ならびに住民の立ち退きに抗議する国際声明が2015年7月3日付けで発表されている。

▶原発建設計画の白紙撤回　　2016年11月22日，ベトナム国会はニントゥアン省での原発建設計画の白紙撤回を承認した。そこには発電単価が当初の計画よりも上昇してしまい，財政的に原発が割に合わないという政府の合理的判断だけでなく，同年にハティン省沖などで70ｔもの魚を大量死させるに至った台湾企業による違法な廃液排出による海洋汚染に対して，ベトナム国民の間で環境破壊を懸念する意識の高まりが背景にあったとされる。もし原発事故が生じたなら，その環境破壊の程度は比べものにならないほど大きいと人々が考えるようになるとともに，放射性廃棄物処理の問題に対する懸念が強まったのである。また，上述したベトナム知識人による抗議と日本の市民社会による側面支援も，政府の意思決定に影響を与えたとされる[4]。共産党による一党支配で，結社・集会の自由が保障されず，この計画に反対していた人物たちが当局の監視下に置かれ，身の危険を感じる状況であったことを考えると，この突然の決定は劇的であった。もちろん，市民社会による側面支援がどれほどの影響力をもっていたかははかりようがないが，輸出側と輸入側の双方の市民社会が呼応する形で声を上げ続けることで，世論を相乗的に喚起することになりえたのではないだろうか。

▶トルコでの原発建設計画　　ベトナム政府同様，トルコ政府も2010年頃より原発建設に前向きな姿勢をみせるようになり，黒海沿岸シノップ県シノップ市と地中海沿岸メルスィン県アックユ市に原発を建設する方針を固めた。アックユについてはロシア資本で４基の原発が建設されることとなっているが，一方のシノップでは三菱重工業とフランスのアレバ社による加圧水型軽水炉４基の原発を建設することとなっている。

　トルコで原発建設計画が持ち上がったのは60年以上も前のことだとされるが，それでもなお現在に至るまで１基も原発が建設されなかったのは，現地に根強い反対運動があったためである。2011年時点での世論調査では国民の64％が原発建設に反対と答え，53％の人がまだトルコには核管理技術が十分ではないと答えている。また，シノップにいたっては80％もの市民が反対を表明している。このように反対運動が強いのは，トルコが地震多発国であるということが理由のひとつである。実際，1999年８月17日にトルコ北西部を襲ったマグニ

チュード7.6の地震（イズミット地震）では1万7000名が犠牲になっている。また，この地震に伴って津波も発生している。もうひとつの理由は，チェルノブイリ原発事故の記憶がまだ鮮明であることだ。チェルノブイリの事故では，放射性物質が川を下って黒海に流れ込み，その影響がトルコの黒海沿岸部にも達したとされる。

図2　トルコ原発建設予定地

出所：http://www.freemap.jp/itemFreeDlPage.php?b=mideast&s=turkey に基づき筆者作成。

▶トルコでの抗議行動と日本の市民社会による支援

このように原発に対してネガティブな思いを抱く人が多い場所で原発建設計画が浮上し，トルコ社会では大きな問題となっている。そのため，相次いで反対デモが繰り広げられているのである。2009年に行われたシノップ市の市長選挙では，建設反対派のバキ・エルギュル氏が当選を果たし，2016年12月時点でも市長の職にある。現地から明確な反対の意思表明がなされているにもかかわらず，日本政府は2014年4月18日に国会でトルコとの間の原子力協定を承認し，同年6月29日に原子力協定が発効した。トルコでは毎年，チェルノブイリ事故のあった4月26日に大規模な反原発デモが行われているが，同協定発効後の2015年のデモには4万人もの人が参加した。

現地での反対運動に呼応する形で，日本の市民社会も運動を共有している。3.11から5年目となった2016年3月11日には，原子力資料情報室，ノーニュークス・アジアフォーラム・ジャパンといった国内NPOが，インドのインド核軍縮平和連合，トルコのシノップ反原発プラットフォームならびに脱原発プロジェクトと合同で，岸田文雄外務大臣（当時）ら宛に「原発輸出に反対するインド・トルコの市民からの日本政府への要請」と題する文書を提出している。そのなかで問われているのは，3.11による原発事故後，すべての原発を停止させておきながら，他国に原発を輸出することがはたして倫理的に許されるのかという問題や，トルコでの反原発デモへのトルコ政府からの圧力が強まるなか

で，仮に死傷者が出た場合の日本政府が取るべき責任である。また，もし原発で大事故が起きた場合，そこに生じる環境破壊に対して日本側がもつべき賠償責任も問われている。これらの問いかけはインドとトルコの団体から発せられたものだが，それらをまとめ上げて日本政府に共同提出する形で，日本の市民社会も連携しているのである。

▶日本での抗議行動　　3.11後，日本社会では電力の使用を控えるために節電が行われるなど，これまでの浪費を改める気運が高まった。原子力発電がなくとも暮らしていけることが実感できるとともに，上述したように原発安全神話が崩壊していくなかで，原発に依存しない暮らしを求める人々が増えていった。菅直人首相（当時）も脱原発に方針転換し，原発輸出はストップすることとなった。しかしながら，菅に代わって首相となった野田佳彦は，事故から9カ月しか経過していない12月16日に福島第1原発の冷温停止を確認したとして，事故収束宣言を発したのである。溶け落ちた燃料の取り出しすらできておらず，状況は収束からはほど遠かったにもかかわらずである。

　翌年になると大飯原発（福井県大飯郡おおい町）の再稼働が6月に決定されたが，6月29日には首相官邸前に20万人もの人々が集まり，「大飯原発再稼働反対」の声を上げた。民意を無視した政治に圧力をかけるために，市民が「デモ」という直接行動に打って出たのである。毎週金曜日に首相官邸前で続けられている抗議デモは，2016年12月23日時点で227回目を数えるに至ったが，これほど長期にわたって継続して行われていることに，日本における市民による直接抗議行動の変化を認めることができる。官邸前抗議行動を組織・運営しているのは首都圏反原発連合だが，それは反原発を訴える複数の団体や個人が2011年9月に立ち上げたグループである。メディアも無視できないほどの規模に膨れあがった抗議行動を政権も無視することができず，2012年8月には野田首相が面談に応じ，民主党政権は2030年代までに原発稼働をゼロにするという方針に転換した。しかし，政権が民主党から自民党へと交代すると，安倍政権の経済政策であるアベノミクスにおける成長戦略のひとつとして政府は原発輸出を押し出し，またしても原発推進へと日本政府は舵を切り直したのである。

金曜夜の抗議行動は首相官邸前だけで行われているわけではなく，全国30カ所以上で続けられており，再稼働反対はもちろんのこと，日本政府による原発輸出政策に対しても反対の声を上げている。抗議行動には1960年代や70年代のかつての「デモ」にみられたような，労働組合や団体による動員といった様子はない。仕事帰りのサラリーマンや子どもを抱いた主婦，若者などが，個人の意思で参加し，思いの丈を表現している。ドラムのリズムやラップによる表現など，多種多様な表現方法によって祝祭性を帯びるようになった直接行動は，「デモ」から「パレード」へと変化し，多くの人が参加しやすいものへと変化を遂げたのである。しかしながら，ピーク時には万単位にまで膨れあがっていた首相官邸前抗議行動参加者も，徐々に減少傾向にあり，2016年に入ってからは1000人を割る回が多くなってきている。このまま運動は下火になってしまうのか，反原発の市民運動は岐路に立たされていると思われる。

3　原発輸出の要因

　日本政府が原発プラントの輸出を模索し始めたのは1980年代からであるといわれる。しかしながら，現在に至るまで原発プラント一式を輸出したことはなく，原子炉製造企業と日本政府にとって，原発輸出は長年の悲願なのである。では，なぜここにきて海外への原発輸出の勢いが増しているのだろうか。そこには国内事情と海外事情とを認めることができる。

▶国内事情　まず国内事情について考えてみたい。すでに述べたように，第２次安倍政権では経済成長戦略としてインフラの海外輸出が掲げられ，原発プラント輸出もトップセールスのリストに入っている。そのような戦略を求めてきたのが国内原子炉製造メーカーであり，彼らは技術力の維持をはかりながらメーカーとしての生き残りを模索してきたのである。
　世界で原子炉を製造し輸出できる国は日本を含め７カ国しかない。そのうち日本には東芝，日立，三菱重工業の３社が存在している。いずれも高い技術力を誇る企業である。もともと日本のメーカーは米国企業の下請けとして原子力産業にかかわるようになり，国内向けに原子炉を製造するにあたっても米国企

業と結んだライセンス契約に基づいて製造していた。そのため，第三国に輸出するには米国企業への使用料支払いと米国政府から輸出許可を得る必要があった。しかしながら，その後，徐々に独自技術を開発することにより，米国のくびきから脱することができるまでに至った。

　国内需要に応じて建設されていった原発だが，1990年代に入ると新規建設は頭打ちになった。また，1970年代に建造された原発は耐久年数である40年を迎えるため，2010年頃からは徐々に廃炉していく運命にあった。そのため，原子炉製造のための技術や人材を維持するためには海外市場を開拓していく途しか残されていなかったのである。2006年に発表された「原子力立国計画」では，2030年頃からふたたび増大する国内での原発建設需要までは，海外での原発建設で穴埋めするという方針が示されていたのである。この計画が出される前年の2005年には，小泉政権のもとで「原子力政策大綱」が策定されているが，この時点から日本政府は原発輸出に本腰を入れ始めたのである。ちょうど米国で2001年にジョージ・ウォーカー・ブッシュ政権が誕生し，エネルギー安全保障の観点から原子力を見直す動きへと方針転換がなされ，「原子力ルネサンス」と呼ばれる状況が現出していたことも追い風となっていた。

▶海外事情　　先進国の原子炉製造メーカーの中では，米国のウェスチングハウス社が東芝傘下となり，フランスのアレバ社は三菱重工業と連携している。また，日立は米国のゼネラル・エレクトリック社と提携するなど，業界再編によるメーカーの生き残りが行われている。このような再編が進んだ理由のひとつに，台頭してきた韓国，中国，ロシアといった新興経済諸国のメーカーとの競争がある。21世紀に入って以降，それら新興経済諸国との間で原発プラントを含むインフラ整備をめぐるパイの取り合いという状況が生まれているのである。

　原発業界の事情以外に，地政学的な変化も原発輸出を加速させる原因となっている。アジアとヨーロッパの中間に位置し，中東情勢の緊迫から地政学的に重要性が増しているトルコについては，ロシアと欧米諸国の綱引きという状況があり，そのもとで原発輸出攻勢がかけられているととらえることができよう。次に，アジアについては，1990年代から2000年代初頭にかけて，その安全

保障環境は大きく様変わりしていったが，それはひとえに中国が台頭してきたことにあり，とりわけ中国の海洋進出がアジアにおけるパワーバランスに変化をもたらした。これに対して米国のオバマ大統領は2011年11月にリバランス政策を打ち出し，アジア回帰の姿勢に転じた。

　中国の海洋進出は，東シナ海において日本と台湾，南シナ海においては主にベトナムとフィリピンとの間で摩擦を生じさせることになった。とりわけ南シナ海では，領有権が確定していない海域において中国が人工島を建設したり，海底油田の掘削を開始したりするなど，周辺国との関係は悪化している。このような状況のなか，日本と米国は対中国の観点から中国と対峙する国々への支援を打ち出しているのである。西沙諸島で中国と衝突しているベトナムに対する原発輸出も，この文脈でとらえることができよう。

　同様のことは2016年11月11日に調印された日印原子力協定にもあてはまる。中国との間に領土問題を抱え，潜在的に中国の敵対国であるインドを自陣に取り込むことは，日本と米国にとって対中国の観点から重要だったのである。インド，オーストラリア，ハワイ，日本を結ぶダイヤモンドによって中国を包囲する，という安倍首相が提唱する「セキュリティー・ダイヤモンド」にとって，インドは欠かすことのできない要素なのである。一方，インドも，中国がインドを取り囲む形でパキスタン，スリランカ，バングラデシュ，ミャンマーに軍事的拠点ともなりえる港を整備していること[7]を懸念しており，中国と対抗するうえでも日米との関係強化を望んでいたのである。2007年に米国とインドとの間で原子力協定が締結されていたが，米国にはもはや原子炉製造の技術力はなく，実質，日印原子力協定が発効しなければインドへの原発輸出を実行に移すことはできない。日印原子力協定は対中国包囲網を完成させる重要なピースのひとつなのである。[8]

4　原発輸出政策にみる「国際協力」「国際貢献」と倫理

▶原発輸出は「国際協力」「国際貢献」か？

　日本政府が原発輸出を推進するにあたって持ち出す論理は次のとおりである。すなわち，国際的な

エネルギー需要の高まりと地球温暖化防止の観点から，原子力発電は有効かつ重要なエネルギー源であり，その高い技術を有する日本が安全性を保証して原子力協定を結び原発を輸出することは，当該国のエネルギー問題を解決するばかりか，協定において原子力の平和的利用を促進することで核不拡散体制を維持することができ，国際社会にとっても意味のある政策だということである。そこには原発輸出は「国際協力」ないしは「国際貢献」であるとの認識がうかがえる。その場合の協力や貢献とはいったい誰を対象としているのだろうか。

▶「国際協力」「国際貢献」の定義　「国際協力」「国際貢献」に似た用語として，開発援助，開発協力という言葉がある。最も狭義に解釈すれば，開発援助とは政府開発援助（ODA）を意味することとなる。また，開発協力という用語の場合には，ODAの条件にあてはまらない資金の流れや途上国の発展を促進する投資や貿易も含まれることになる。後述するが，昨今，途上国の発展には援助だけでは十分ではなく，投資や貿易も含めた開発協力が必要との認識が高まっている。そのような背景もあって，日本の援助指針文書である『政府開発援助大綱』も『開発協力大綱』と名称を変更したのである。このように，ODA（開発援助）と開発協力は経済的側面を重視した活動を示す用語であるといえる。

　一方，「国際協力」「国際貢献」については，もっと幅広い使い方がなされている。日本社会では軍事的貢献を含む活動を指す場合には国際貢献が，非軍事的活動の場合には国際協力という用語が使用される傾向が強く，前者の場合には，資金面だけでなく人員面での貢献も含まれる。しかしながら，近年の状況からは，国際協力と国際貢献との境界がますます不透明になりつつあり，開発と軍事的安全保障の距離が縮まっているのである。

▶開発協力大綱にみる「国益」重視路線　原発輸出はODAの枠で行われるわけではないが，同じインフラ輸出という観点でとらえた場合，たまたま一定の基準でODAプロジェクトかそうでないかに分類されているにすぎない。また，官民挙げてのトップセールスという点では，第2次安倍政権以降に加速化している開発協力の名のもとでのインフラ整備事業と原発輸出とは軌を一にしている。そこで，政権と経済界がどのような考えのもとで原発輸出を推

進しているのかを知る手がかりとして，近年改定された日本の開発援助指針である『開発協力大綱』を取り上げて考えてみたい。

　2015年2月10日，1992年以来の『政府開発援助大綱』（ODA大綱）に代わる日本の国際協力の新たな指針として，『開発協力大綱』が発表された。そこには途上国支援にかかわる利害関係者（ステークホルダー）がもはや国家だけではなく，民間企業，NGO，慈善団体などと多岐に及ぶように変化してきた状況を反映し，「政府」という言葉が文書名から脱落することとなった。また，「援助」に対する認識も，援助は途上国の発展を手助けする一部分でしかなく，それ以外にも民間投資や貿易の重要性が近年，重視されるようになってきたため，実情に合わせて名称が変更されるに至ったのである。このような変化は日本だけでなく，これまで開発援助を推進してきた欧米の先進諸国においても観察される事象であり，2016年から開始された国連主導の「持続可能な開発目標」においても確認することができる。とりわけ資金的には民間の開発に関する資金が公的な資金を上回っており，もはや民間を巻き込まずに途上国を支援することは不可能だとの認識に至っているのである。

　さて，そのような国際状況の変化を受けて新たに制定された『開発協力大綱』だが，その制定の背景には2つの国益が認められる。それらは，経済的国益と安全保障上の国益である。まず，前者の経済的国益については，日本経済団体連合会（経団連）からの強い要請が政府に対してあったことを指摘しておく必要がある。

　21世紀に入る頃から新興国がめざましい経済成長を遂げるようになり，新興国におけるインフラ整備事業は年間1兆ドルを超えると推計されている。そこで経団連は，新興国におけるインフラ整備を日本の成長戦略の柱のひとつと位置づけ，日本政府に対して日本企業によるインフラ整備のための海外展開を後押しするよう強く求め，そのための政策提言を行ってきた。その結果，『開発協力大綱』では「我が国自身の経済社会状況を踏まえれば，新興国・開発途上国を始めとする国際社会との協力関係を深化させ，その活力を取り込んでいくことが，我が国自身の持続的な繁栄にとって鍵となっている」と表現されるに至ったのである。

次に後者の安全保障上の国益についてだが，ODA大綱を改定する理由のひとつとして，「日本及び国際社会は大きな転換期にある」という認識がある。世界のパワーバランスが変化するとともに，人類を取り巻くさまざまな脅威やリスクが世界全体の平和と安定を脅かす状況において，それらに対処することが国際社会の一員として求められているというのである。そのような認識のもと，『開発協力大綱』では「平和で安定し，繁栄した国際社会の構築は，我が国の国益とますます分かちがたく結びつくようになってきており，我が国が，国際協調主義に基づく積極的平和主義の立場から，開発途上国を含む国際社会と協力して，世界が抱える課題の解決に取り組んでいくことは我が国の国益の確保にとって不可欠となっている」と述べている。

　一読すると国際社会の一員としての責務としては当然のことのように思える。しかしながら，この『開発協力大綱』には『国家安全保障戦略』という上位規定が存在し，ODAを含む開発活動は，すべてこの戦略のもとで行うように規定されているのである。従来のODA大綱にはみられなかったこのような上下関係は，2013年12月4日に国家安全保障会議が発足し，同月17日に国家安全保障戦略が制定されて以降の変化である。では，国家安全保障戦略にはどのような内容が書かれているのだろうか。そこにはパワーバランスの変化として具体的に中国の台頭が取り上げられ，中国の南シナ海における行動を警戒する内容が書かれている。そのような日本にとっての脅威に対して，日米同盟を基軸に据えて対処していくことも示されている。その際，ODAは「安全保障関連分野でのシームレスな支援を実施」するために戦略的に活用されると謳われている。

▶**人間の不安全をもたらす「国際協力」「国際貢献」**　安全保障という用語は，従来，国防を意味する国家安全保障を指すものとして使用されてきた。しかしながら，1994年に国連開発計画（UNDP）が『人間開発報告書1994年版』において「人間の安全保障」という概念を紹介して以降，安全保障の領域は拡大した。そこには国家中心志向から脱却し，個々の人間に焦点を当てるパラダイムの変化があった。すなわち，個々の人間はさまざまな脅威にさらされており，それらを除去しない限り，決して平和な状態を達成することは

できないという考え方が重要視されるようになったのである。紛争や戦争がただないだけの状態,すなわち「恐怖からの自由」は消極的平和にすぎず,貧困や格差を生み出す構造的暴力が無い状態,すなわち「欠乏からの自由」も達成された積極的平和こそが目指されるべきだ,とするヨハン・ガルトゥングの主張を想起する概念が登場したのである。

日本政府は小渕恵三(在任1998〜1999年)が首相時の1998年に,この「人間の安全保障」を外交の柱のひとつに位置づけ,国連において日本政府主導で「人間の安全保障基金」を設立したり,緒方貞子とアマルティア・センを共同議長として「人間の安全保障委員会」を設置したりするなど,積極的に概念の普及に取り組んできた。そのことは日本のODA事業にも影響を及ぼし,従来の円借款を用いたインフラ中心で国益重視の援助から,徐々に教育,環境,保健といった分野も重視する活動へと変化を遂げていった。その結果,「人間の安全保障」を掲げて以降,日本のODAには人類益や地球益という色彩が加味されていったのである。

しかし,上述したように,近年は日本政府が国家安全保障へと傾斜していくことによって,人類益よりも国益が重視される風潮へと回帰しており,「人間の安全保障」が元来備えていた人類益といった普遍的性格が薄まりつつある。それはすでに述べたように,「人間の安全保障」を掲げたODA政策が『国家安全保障戦略』の中に位置づけられたことによって,「人間の安全保障」も日本の国益の枠内でとらえられるように変化したためである。

開発援助分野における変化でみられたように,政府と経済界は国益を重視する路線を重視し,人類益となる人間の安全保障の観点は薄まってきている。原発輸出についても同じ軌道上に位置づけて考察することができ,輸出先住民に対して原発によってもたらされる不安全を考慮せず,日本社会にとっての経済的利益を重視しているといわざるをえない。輸出先の市民社会から発せられる,原発輸出は「倫理的に許されるのか」「無責任であり不道徳だ」といった声に対して,輸出側である日本社会は真摯に向き合う必要があり,私たちの倫理が問われているのである。

5 「街頭での政治行動」とシティズンシップ教育

　前節で述べた近年みられた変化を，単に開発援助や開発協力における変化としてのみとらえるべきではなく，もっと大きな視野でとらえる必要がある。すなわち，近年，日本において進められてきた諸政策の中にこの変化を位置づけて考えるべきである。

　第2次安倍政権が発足して以降，日本の外交政策と防衛政策は大きな変化を遂げてきた。時系列的にみてみると，まず2013年12月4日には国家安全保障会議が発足し，次いで2013年12月13日には「特定秘密の保護に関する法律」（特定秘密保護法）が公布された。これにより，日本の安全保障上，秘匿を要すると政府が判断した情報については，特定秘密に指定できることとなった。さらに同月17日には国家安全保障戦略が制定され，外交と防衛の大方針が示されたのである。年が変わって2014年4月1日には，これまでの「武器輸出三原則」から180度方針転換となった「防衛装備移転三原則」が閣議決定され，さらに7月1日には集団的自衛権の行使容認が閣議決定された。さらに，2015年10月には防衛装備移転三原則に則って海外への武器（防衛装備品）の輸出を担当する防衛装備庁が発足した。2016年9月19日には，連日の国会前デモや日本各地で行われたデモにもかかわらず，「平和安全法制」（安保法制）が国会において強行採決されて成立した。この間，2015年2月10日には開発協力大綱が閣議決定されている。

　「権力は暴走するかもしれない」ということを忘れてはいけない。私たちは，政府による安全の提供や保護と引き換えに国家が権力をもつことを認める，という社会契約を国家と結んでいるが，そこでは主権者は国民である私たちであり，国家は主権者の意思を無視して行動してはならない。私たちはこのことを常に意識して，国家の行動を注視し，国家が誤った行動に走ろうとしている際には，主権者として，街頭での政治行動をはじめとする直接的な意思表明を行うべきである。

　「原発再稼働反対」「安保法制反対」を掲げた数多くのデモがあったにもかか

わらず，原発は徐々に再稼働が許可され始め，安保法制は強行採決によって成立した。原発の再稼働については，2016年内に行われた新聞各社の世論調査で「反対」が過半数を占め，「賛成」は3割ほどでしかない。また原発輸出については，輸出される側の市民から「倫理的にもとる」として反対の声が上がっている。私たちは輸出する側の市民として，自国政府の行動に対して責任を負っているのである。

政権の強硬な姿勢に対して，普通の人々が街頭に出て声を上げるようになったといわれ，それまで日本社会では忌避されてきた「デモ」という手段が，徐々に市民権を得始めたことには大きな意義がある。デモは個人が自由に参入退出できる形態となり，「デモ」という名称に代わって「パレード」と称されるほど祝祭性を帯びるものへと変化した。そのように政治に物申すことへの心理的ハードルが下がっていることは，人々が政治を身近に感じる点では意味があろう。

しかし，祝祭性を帯びたパレードが一過性の熱で終わる危険性がこの社会にはある。官邸前だけでなく各地で行われている金曜日の抗議行動は今なお続いているが，一時期に比べると参加人数は減少している。「街頭での政治行動」として「街頭」に出て声を上げて抗議することには意義があるが，それ以前に，日常生活の中で政治を意識することが重要であろう。国家政策に立ち向かう以前に，自分の居住地区で日々行われている政治に目を向け，自分自身の声が生活環境を改善するという意識が日本社会には必要である。市民一人ひとりが個人としての権利と責任を自覚するとともに，他者に対する理解と尊重を深めるという意識をもつべきであり，そのような意識を涵養するシティズンシップ教育が重要になる。一人ひとりにそのような意識と行動が備わったとき，街頭の政治行動は今まで以上のエネルギーをもつことになるだろう。

【注】
1) 津波によって電源を喪失したためにメルトダウンを起こしたのではなく，地震の揺れによって圧力容器の配管が破断ないしは破損していたのではないかとの説があるが，原因究明には至っていない。
2) 2011年に発表された国家電力開発計画では，2030年の電源構成においておよそ6％を

原子力で賄うという計画が策定されることとなった。
3) このうちおよそ1割がチャム族であった。
4) このような側面支援の一例として，2013年8月6日のベトナム国営英字紙『ベトナム・ニューズ』に，日本の月刊写真誌である『Days Japan』による原発輸出反対の全面意見広告が掲載されたことは極めて異例のことであった。
5) 鹿児島県の川内原発1号機が再稼働した後の12月16日の抗議行動でも，主催者発表で750名の参加者しかなかった。
6) 7カ国とは米国，カナダ，フランス，韓国，中国，ロシア，日本である。
7) 地図上の形状から，インド洋の「真珠の首飾り」と形容される。
8) 日印原子力協定は2017年7月20日に発効した。

【研究案内】
「原子力ムラ」において広告代理店が果たしてきた役割を暴いたものとしては，本間龍『原発プロパガンダ』岩波書店，2016年が出色である。メディアを通して「安全神話」がいかに国民にすり込まれてきたのかがわかる。

日本の原発輸出に関する文献としては，次の3点を挙げておきたい。鈴木真奈美『日本はなぜ原発を輸出するのか』平凡社，2014年，中野洋一『世界の原発産業と日本の原発輸出』明石書店，2015年，伊藤正子・吉井美知子編著『原発輸出の欺瞞——日本とベトナム，「友好」関係の舞台裏』明石書店，2015年。

原発問題の根底には，地方と都市の格差や利権という日本社会が抱える構造的課題が横たわっているが，そのことは日本社会が抱えるその他の問題とも共通している。とりわけ沖縄における米軍基地問題との類似性が指摘でき，そこには「原子力ムラ」に相当する「安保ムラ」が存在している。そのような視点から書かれたものとして，高橋哲哉『犠牲のシステム 福島・沖縄』集英社，2012年，矢部宏治『日本はなぜ，「基地」と「原発」を止められないのか』集英社，2014年がある。

日本における反原発抗議行動については，ミサオ・レッドウルフ『直接行動の力「首相官邸前抗議」』クレヨンハウス，2013年が詳しい。首都圏反原発連合の中心人物である彼女の講演録であり，抗議行動に至る経緯や行動を継続するための工夫などがわかる。

最後に，日本で長年反原発運動に携わってきた論客12名の講演記録をもとに，原発が抱える闇をあぶり出し，「原子力ムラ」の復活に警鐘を鳴らしながら，これからの日本社会の行く末を決める私たちに鋭い質問を投げかける次の文献を紹介したい。林田英則『それでもあなたは原発なのか』南方新社，2014年。

第9章　グローバル経済における「街頭の政治」
——薬の特許をめぐる論争を中心に

阿部　容子

1　グローバリゼーションと薬をめぐる「街頭の政治」

▶新薬は誰のため？　　次のような状況において，どんな選択をするのがよいだろうか。

　一方で，病に苦しむ人がいるのに，必要な薬が高価なため手に入れられない人々が存在し，他方で，新薬を生み出すのには15年の月日と1000億円以上のコストがかかるため，高価格で販売しないと損失を被る企業が存在する。

　これについて，必要とする人が買えないのでは薬が存在する意味がないので，高額な価格設定を見直す選択をすることが正しいとする見方があるかもしれない。この選択をした場合，新薬を生み出すのに使用したコストを販売で回収できないような低価格を強いられた生産者は，薬の生産あるいは開発自体を縮小，断念する可能性がある。薬を必要とする側，薬を創り出す側で利害が異なることから，「正しいこと」も変わってしまうのである。

　新薬が高価格になる背景には特許権の存在がある。薬に限らず特許の問題は常に，生み出す側（権利者）とそれを活用する側（これは広くいえば社会）との間の利害の対立をもたらすため，両者のバランスに配慮した制度設計がなされなければならない。そこでこの章では，グローバリゼーションが進展する今日の社会で重要なテーマとして扱われる特許制度について，薬の観点から考えてみたい。薬に特許権は必要かそれとも不要か。

▶グローバリゼーションとは何か　　ここでグローバリゼーションを，ヒト，モノ，カネ，情報などの移動が国境を越えて地球規模で盛んになり，政治的・経済的・文化的な境界線や障壁がなくなることで社会の同質化と多様化が同時に進行する，一連の変容のプロセスと定義しておこう。国際貿易や直接

投資を世界中で行う多国籍企業の活動がグローバリゼーションを促進する一因であろう。国境がもつ意味を低減，撤廃するようなグローバリゼーションが進展するにつれて，「国家」の役割や位置づけが小さくなるという側面がある。例えば，地球温暖化や感染症，テロ，ハッキングといった一国では管理・対応が困難な問題の出現は，各国で異なる国内制度（規制や安全基準など）の「調和化」を必要とする。また，このような一国では解決できない問題への対応ではさまざまな国際機関の重要性が増している。このことは国家の管理権限の縮小，喪失を意味するともいえる。とはいえ国家の役割や重要性がなくなったわけではない。グローバリゼーションの推進を担う企業が活動しやすい環境を整備するのは国家なのである。このように考えると，グローバリゼーションには国家と企業の連携を強める側面があるともいえよう。

　さらにグローバリゼーションの進展は社会における相互作用を複雑化させることにもなる。従来，市民は国家の政策や法制度，国内での企業の活動に不満や問題があるとした場合，歴史的に獲得してきた権利や手段，例えば選挙や裁判制度を通じて修正を実行・要求するか，またはデモや集会，署名や陳情，メディアへの投書などを通じて世論の喚起，社会内での認識の共有，政府や企業への間接的な揺さぶりなどを行うことで，修正を実行・要求してきた。しかし先ほども述べたように，グローバリゼーションは国内制度の国際的な「調和化」を促進する。例えば，世界貿易機関（World Trade Organization, WTO）といった国際機関での手続きに則ったルールが，加盟する各国の政府，企業，市民に影響するようになる。この決定過程やルールに各加盟国の市民が不満，問題を感じた場合の異議申立て手段はどうなるだろうか。WTOの場合，紛争処理機能を用いて提訴したり，交渉の場でルールの修正を要求するよう自国の議会や政府に促したりすることが考えられるが，これは時間を要するし不確実性が高い。このような場合，同じ不満をもつ人々が他の加盟国にもいる可能性が高いことから，デモや署名活動などを連動・連携して行うことで，国内・国際世論を喚起し，自国政府や他の加盟国政府に対応を迫るという手段が取られることが多い。その顕著な例として薬の特許をめぐる論争が挙げられる。薬の特許問題は倫理的，人道的見地から街頭の政治が起こりやすい分野といえるから

である。

▶本章における街頭の政治　ここで，この章で扱う街頭の政治とはどのようなものかについて触れておこう。街頭での行動は，議会を中心に制度化されたシステムとならぶもうひとつの非制度的な意思決定もしくは政治参加の方式であるといえる。街頭の政治には，訴訟やロビー活動，集会，デモや座り込みなどを通じて政府にプレッシャーをかけるといった行為が含まれる。また，政治的決定に直接に圧力を加えることを目的としている場合や世論に働きかけることに主眼を置いている場合などに分けられるが，参加人数が多数であること，行動の直接的な目標が社会全体の価値や多数の人々の利害にかかわるような性質を有していることが，何らかの「成果」をもたらすことが多いといえるだろう。

2　薬に対する特許権と権利強化の流れ

▶特許保護の水準と対象　グローバリゼーションの進展により，国内制度の国際的な調和化が促されるなかで，特許制度，特に薬の特許をめぐる街頭の政治がなぜ繰り広げられるのかを考えるために，まず特許制度や薬に対する特許についてのあらましを簡単に確認しておこう。特許保護の程度は時代や国ごとに大きく変わってきた。生み出した発明の水準をどの程度まで求めるのかは，同じ国でも時代とともに変わり，同じ時代でも他の国では異なる内容をもつことがある。また，何を特許の対象とするかについても，例えば産業の発展に伴うさまざまな新技術を対象に含めるかについては各国で議論し，それぞれ国内法または裁判の判例で規定してきたのである。このような，特許権の適用範囲や効力範囲は当該国のみとする考えを属地主義といい，この考えによると，日本で与えられた特許権を他国でも主張したければ，それぞれの国で改めて特許申請をしなければならないのである[1]。また，薬については新しい化合物（薬の有効成分そのもの）に与えられる物質特許と，化合物の製造方法に与えられる製法特許というようにいくつかの特許分類があるので話が少し複雑になる。途上国を中心に多くの国が20世紀後半になるまで物質特

許，製法特許のいずれかしか（あるいは両方とも）特許対象とはしてこなかった。例えば1970年に改正されたインドの特許法では医薬品の物質特許は特許対象とせず，製造方法のみを特許対象としていた。この点はのちの議論に関係してくる。

　また，特許権の有効期間内にある薬をブランド薬といい，その特許期間終了後に市場に出される薬をジェネリック薬と呼ぶ。ジェネリック薬はブランド薬と同じ有効成分を用いており，同等の効力を有するものであるが，特許権が付与されたブランド薬と区別するために，商品名はブランド薬とは別の名前で販売しなければならない。ジェネリック薬はブランド薬に比べ開発費や開発期間が少ないために安価となるのであり，ブランド薬を「先発品」，ジェネリック薬を「後発品」と呼ぶこともある。[2] ジェネリック薬は薬に対する特許制度がなければ生まれない概念なのである。

　ではここで，アメリカを例にジェネリック薬についてその発展の経緯や特徴を確認しておこう。新薬を承認申請する際に安全性と有効性を示す必要があることは，現在では当たり前のことである。しかしアメリカにおいて申請時に安全性データの添付が義務化されたのは1938年であり，有効性データの義務化にいたっては，1962年の米国食品医薬局規則改正でようやくなされたのである。そして米国食品医薬局は1962年以前に製造された薬の「安全性と有効性」を証明するための再評価作業を実施した。この中で有効と判定された製品に限り，ジェネリック薬製造企業が製造承認申請をすることが可能となり，ここにジェネリック薬という認識が生まれたのである。さらに医療費抑制の観点からアメリカ政府は1962年以降に承認された薬のジェネリック承認を促進するため簡易申請を認める新法を1984年に成立させた。つまり，アメリカにおいてジェネリックの普及を促したのは薬の価格の問題がもとになっていたのである。

▶「高額」であること
　が問題視される病

　開発に膨大な時間やコストがかかる薬の価格が「高額であること」が大きな問題となるのはどのような場合であろうか。途上国には感染症，エイズ，結核，肺炎などの患者が圧倒的に多く，彼らは高額な薬を買う能力がないことが多い。特にエイズの薬は，高額なうえに一生服用し続けなければならないため，必要な人にいきわたらない

薬の筆頭に挙げられる。なぜ一生服用し続ける必要があるのかを，エイズという病の特徴とともに確認しておこう。

エイズとは，エイズ・ウィルスが免疫反応のひとつである，細胞性免疫を担うリンパ球を激減させることで生じる。感染して5年から15年後に免疫不全症状（エイズ）を起こすことが特徴で，免疫が激減するのに付随して種々の感染の症状が引き起こされる。エイズ・ウィルスは性的接触，血液，妊娠と出産前後に起こる母子感染などにより感染する。かつては「死の病」と呼ばれたエイズであったが，エイズ・ウィルスの増殖を防ぎ，免疫機能の低下をある程度回復させる抗レトロウィルス薬が開発され，一定程度の回復と延命が可能になった。しかしエイズ・ウィルスは変異を重ねることから，根治は困難であるうえ，変異に対応する新薬を必要とする。抗レトロウィルス薬は服用方法が複雑なうえに一生涯必要であり，その価格は患者の購買力をはるかに上回る。これに対し，多くの患者がいる途上国政府にとって医療人員や設備を整える必要があるなどの予算を必要とするエイズへの対策は優先順位の低い問題として放置されてきた。[3] このような状況においてジェネリック薬が重要な意味をもつと認識されるに至ったことは，容易に想像できよう。

▶TRIPs協定交渉　　国際貿易や直接投資を通じた多国籍企業の活動が拡大し，国境を越えた企業活動が盛んになるにつれて，属地主義により各国で異なる特許制度の存在は不都合を生むようになっていった。特許制度に関する国際的な共通ルールがないことで，無許可でそっくりの製品を生産・販売したり，ラベルやマークを無断で使用したりするといった模倣品や海賊版による被害が増大したということが問題になったのである。ある国では特許権で保護されているため，その権利を模倣・侵害した者に対して法的措置を講ずることができるが，他国で特許権の対象とされていない場合にはその国では法的措置は望めない。このとき，国際ルールがないことを問題視したのは，高い技術力をもち，特許が得られるような発明を次々と生み出すことのできる先進国，特にアメリカの企業が中心であった。アメリカ企業の主張は，途上国にはきちんとした特許制度がないか，あっても不十分であるため，特許権を侵害されても対抗措置をとることができず，「侵害し得（フリーライド）」と

いえる状況が横行して，アメリカ企業は甚大な損害を被っているというものであった。このような被害を根拠に，「血と汗と涙の結晶である特許権を模倣，侵害することは泥棒と同じである」という論法で政府に訴え，途上国にアメリカ並みの法律を制定させるよう要求した。

　これに対して途上国側は，特許制度はいわゆる「早い者勝ち」の世界であり，技術に強いものが特許権を得ることでますます強くなり，経済を独占する仕組みといえる。だから国際的な特許制度の整備や保護のレベルアップは先進国の利益となるだけである，として強く反発した。この対立構造は，国際的な貿易ルールについて話し合う「関税と貿易に関する一般協定」で繰り広げられ，1995年に設立されたWTOのひとつの協定として特許制度を含んだ知的財産に関する国際ルールである「知的財産権の貿易的側面に関する協定（Agreement on Trade-Related Aspects of Intellectual Property Rights, TRIPs)」が誕生した。TRIPs協定の最大のポイントは，原則としてすべてのものが特許の対象となったことである[4]。これにより，それまで途上国が産業の発展や国民の健康や安全のために特許対象から外してきた薬についても特許対象となった。言い換えると，TRIPs協定の成立は安価な薬の入手が困難になることを意味するという側面をもっていたのであるが，この点については次節で確認していこう。

　TRIPs協定の成立により，各国では協定に定められたルールに準拠するために国内法の改正をしなければならなかった。国の発展レベルによって改正の時間的猶予（経過措置）は与えられたが，改正作業自体が特に途上国にとっては困難なものであった。経過措置とは，全加盟国について1995年末まで適用延期が可能としたうえで，①開発途上国，移行経済国は1999年末まで，②TRIPs協定上の保護対象について物質特許を保護してこなかった国（インドなど）は2004年末まで適用延期が可能とされた。さらに後発開発途上国（ウガンダなど）については2005年末まで適用を免除するという規定の期限が更新され，現在のところ2032年末まで免除となっている。

3 TRIPs協定への「対抗」——ドーハ宣言の提案と成果

▶南アフリカ政府と欧米の製薬企業との争い　TRIPs協定の経過措置期間中に特定の途上国では共通の動きがみられた。協定の内容に異議を唱え，修正を求める行動を起こしたのである。

　1997年12月に南アフリカ共和国は，公衆衛生目的で医薬品を供給するために，医薬品管理法の一部を改正した。これは南アフリカの厚生大臣に対して，非常事態の場合には薬の特許を制限して権利者に無許可でも薬を複製して安価に販売すること（これを強制実施権という）や，製薬企業の代理店を通さない輸入（これを並行輸入という）などを可能にする権限を与えるものであった。改正の背景には，470万人（成人人口の4人に1人）という世界最多のエイズ感染者を抱え，高価なエイズ治療薬が入手できないまま多くの感染者が死亡していくという危機的事態があった。このため南アフリカ政府は，緊急措置としてエイズ薬への特許の適用を制限し，より安いジェネリック薬を輸入する必要があったのである。ちょうどこの時期に，インドのジェネリック薬製造企業であるシプラは年間350ドル（1日1ドル）で国境なき医師団にエイズ薬を販売し始めていた。これはエイズ治療薬の「価格革命」といわれた。これが実現した背景には，後に述べるインドの製薬技術の高さと物質特許を認めない特許法の存在があった。シプラと国境なき医師団の結束はエイズ薬への特許が途上国で問題視されるなかで進展し，英国放送協会（BBC）やニューヨーク・タイムズなどのマスコミによる途上国のエイズ感染者に対する安価なジェネリック薬への支持も，この動きを後押しした。

　このような南アフリカ政府の行動に対して，山根（2008）によると1998年に欧米の製薬企業で構成される南アフリカ医薬品製造社協会41社は，上述した医薬品管理法の改正規定が政府権限に関する南アフリカ憲法に違反するとして訴訟を提起した。企業側は，どの疾病の場合かなどの条件を特定せず，また権利者との事前交渉の義務なしに安価なジェネリック薬の国内販売を行えるという厚生大臣の裁量の余地は大きすぎるという点を違憲であるとして訴えたのであ

る。これに対し南アフリカ国内外の国境なき医師団などの市民グループやニューヨーク・タイムズ，国際世論も同様に協会の主張は「特許の方が人命より重要」とする考えに基づくものだとして非難した。そして，国境なき医師団がインターネット上で呼びかけた訴訟取り下げ要求への署名にはわずか6週間で130カ国のNGOの賛同と29万3000名の個人署名が集まった。欧州議会では「第三世界のエイズ患者に治療薬を」という緊急決議を採択し，ネルソン・マンデラ（南アフリカ大統領。在任1994～1999年）をはじめデンマークやオランダの首相や欧米の著名な政治家が，提訴取り下げを求めるアピールを次々と発表した。裁判が始まった日には，南アフリカ国内の主要都市でのデモとともに，国境なき医師団などの国際NGOによってパリ，ローマ，ニューヨーク，ワシントンで抗議行動が行われた。この結果，欧米の製薬企業らは企業ブランドに傷がつくのを恐れて2001年に提訴を取り下げたのである。

　同様に多くのエイズ患者を抱えるブラジル政府もエイズ薬に関する特許の適用を制限し，国内におけるジェネリック薬の製造を促進した。アメリカ政府はこれを問題視し，「自国企業の特許権が侵害された」としてブラジルをWTOに提訴した。しかし南アフリカの裁判のときと同様に，途上国や国際世論の反発に遭い，2001年にブラジルとの和解に応じることとなった。TRIPs協定の経過措置期間中に起きた，エイズ治療薬のような薬への特許の適用に異議を唱える途上国政府や街頭での行動は，次節でみる「TRIPs協定と公衆衛生に関する宣言」（ドーハ宣言）の提案に結びついたのである。

　このように，薬に対して特許を適用することへの批判についてみてきたが，批判する人々はどこに問題があるとしたのかをここで整理しておこう。エイズ治療に必須の薬の特許への異議申立てや，さらには権利を侵害することは正当化されるのだろうか。そもそも，特許権とは公衆の便益のために創られたものである。国家は期限付きの独占権を発明者に付与することにより，発明のために費やした努力に対する金銭的報酬を受け取ることができることで発明を実用化するのを促し，実用化を通じて社会に発明の便益が広まるという理論に基づいている。新薬を開発した企業は報われるべきである，という点は共通認識となっているといえるが，しかし特許権の対象拡大や権利の強化を主張する

TRIPs協定を要求したような人々（主に先進国の多国籍企業）が，特許制度の核心にある公衆のための便益を強調することはあまりない。要するに，エイズ薬入手における重要な問題は，特許保護が強くなりすぎていることにあるといいたいのである。

▶命をつなぐ「薬」の例外論　　医薬品へのアクセスをめぐって運動を繰り広げるNGOには，国境なき医師団のように途上国の緊急事態に対して医療や介護を施すことに専念していた団体や，オックスファムのように途上国の開発や消費者保護に関する問題を取り上げてきた団体もあった。1996年以降，これらのNGOが連携し，TRIPs協定はアメリカの多国籍製薬企業の利益を優先する内容であるとして，多国籍企業と途上国のエイズ薬への特許を標的にした「医薬品アクセス・キャンペーン」を展開した。これは世界保健機関，国連開発計画や世界銀行などの支持も得て世界的に広まった。

　1999年9月に行われたWTOの新しい交渉が開始されるかどうかを決めるシアトルでの閣僚会議では，上述したエイズ薬と特許に関するNGOらのキャンペーンについて先進国側はほとんど耳を傾けることはなかった。しかしWTOが推し進める「グローバリゼーション」に反対する労働組合の団体やNGOの抗議に遭い，さらに交渉でどんな分野を取り上げるかについて途上国の十分な支持を得られなかったことから，交渉の開始は見送られることになった。WTOはグローバリゼーションを推進する主体であり象徴でもあることから，シアトルでの出来事は，多国籍企業を利するような「グローバリゼーション」が市民グループの批判に直面し，経済効率の優先や多国籍企業の利益重視の姿勢が人道の名において批判される時代の到来を告げていた。WTOの意思決定はコンセンサス方式（全会一致）であるため，多数決や一部の大国の主張を無理やり押し通すことはできない。先進国も途上国も含めて全加盟国が合意しなくてはならない。医薬品アクセス問題に関しても途上国の合意なくしては何も進まないのである。一方で，国際世論を喚起した南アフリカでのエイズ問題を背景に「薬の特許と人命救済のどちらが優先か」として，各国連機関においてTRIPs協定を問題視する決議が次々に採択された。2001年9月にはアフリ

カ・グループが「TRIPs協定は、WTO加盟国の公衆衛生を守り、特にすべての人に治療薬へのアクセスを促進する権利を支持する形で解釈され、実施されなければならず、加盟国が公衆衛生政策を採択することを妨げるものではない」というドーハ公衆衛生宣言草案を提出した。この作成には国境なき医師団をはじめ多くの市民グループや学者が協力した。各国政府は公衆衛生上、あるいは医療対策上必要と判断した場合、WTOの報復措置を恐れることなく権利者の許可なく製造できるという、特許の用語で「強制実施権」と呼ばれるものに着目したのである。WTO加盟国はシアトルでの交渉開始の失敗を深刻に受け止め途上国の主張を幅広く取り入れることとなり、2001年にドーハでようやく開始された交渉で「TRIPs協定と公衆衛生に関する宣言」（ドーハ宣言）が採択されたのである。

　ドーハ宣言は強制実施権の許諾の理由としてエイズ、結核、マラリアといった感染症が理由となりうることを認めたという点で一定の成果があったものの、感染症被害に困っているが薬を生産する能力のない国の医薬品へのアクセスの問題が残った。TRIPs協定では、強制実施権は主として強制実施を行使する国の国内市場への供給のために許諾されることになっていたのである。そうなると輸出が認められないため、医薬品の製造能力のない諸国は当該薬にいつまでたってもアクセスできないという問題が生じる。これに対してWTOは2003年から一定条件を満たすことで、医薬品製造能力のない国においてもアクセスの道を開いた。これにより、目的を公衆衛生に限定すること、利益目的での参入を防ぐために輸出国は輸入国の必要量のみ製造し、全量を輸出すること、ブランド薬と区別するためのラベルやマークを施すことといった条件を設定することで、製造能力のない途上国が輸入できるようになったのである。このように、ドーハ宣言は途上国の公衆衛生問題をいかに解決するかについての具体的な考察や提案をしたものではなかったが、強制実施権が途上国にとって効果的な解決方法のひとつであるとの印象を与え、その後の公衆衛生政策に関する議論を大きく左右することになった。

　以上みてきたように、南アフリカやブラジルにおける訴訟やドーハ宣言の成立過程をみると、国内外の世論を喚起するキャンペーン、集会、デモを行い、

メディアを活用し，国連機関，国際 NGO と連携することで，国際機関である WTO の決定に異議を唱え，修正がなされるという一連の動きがあった。ドーハ宣言の成立は，一生服用し続けなければならないうえに長期間同じ薬を服用することで生じる耐性により，継続的に新薬を開発して服用する必要があるが，価格や国内での開発・製造が困難な途上国のエイズなどの病に苦しむ人々にとって大きな意味をもつものであったといえる。しかしながら反面，ドーハ宣言は，特許権の保護強化の流れを変えるものにはならなかったという点で，薬への特許をめぐる先進国政府や多国籍製薬企業との根本的な対立の解決にはならなかったのである。

4　TRIPs 協定の「解釈」を活用した特許法改正と「街頭の政治」

▶インド特許法改正　　TRIPs 協定発効後もインドは物質特許の導入をためらってきた。製法特許のみが適用される場合，他社の新規化合物を新たな方法で生産しても特許権の侵害にならない。このことから，他国で特許されている製品を物質特許保護のないインドで生産することができたのである。物質特許制度のある先進国のジェネリック産業は，特許切れを待たなければならないことから，インドのジェネリック産業の優位性が理解できよう。物質特許を認めると，大部分のインド製薬企業は市場からの撤退を余儀なくされるとして，物質特許の導入に反対した。TRIPs 協定の経過措置期間中，シプラをはじめとするジェネリック薬製造企業，市民団体などは物質特許に反対するため共闘し，反対運動を続けた。

　このような状況でインド特許法は2005年に大きな改正がなされ，医薬品への物質特許が認められることとなったのである。すでに述べたように，これまでインドのジェネリック薬は国内や多くの途上国で販売され，抗レトロウィルス薬の大幅な値下げの実現に貢献してきた。改正法は新たに開発された抗レトロウィルス薬のジェネリック薬の製造と輸出が禁止される可能性があった。この点を患者や NGO らは問題視したのであった。

　一方で2005年改正法は，国内外の反対勢力を鎮めるためのいくつかの規定を

採択していた．まず，「既知の物質の新規特性もしくは新規用途の単なる発見」は発明にはならないという条項が挙げられる．新規に特許を付与されるには，製薬企業は既存の薬に施した変化により実際に患者への効果が増したことを立証する必要がある．つまり，既存薬の化学構造を新しくしただけでその効果に劇的な改善がみられない薬には特許が認められないのである．これは既存の薬に少しの改良を加えて新しい特許を取得し続けることで特許の有効期間を長期化し，ジェネリックの生産を許さないようにするという，欧米の製薬企業による「エバーグリーニング（永久再生）」手法を阻止するためのものであった．

次に，特許付与前および付与後の異議申立て制度が挙げられる．法改正後，特に薬関連ではほぼ必ず異議申立てが行われたことから，特許申請をする側にとっては権利を取得するまでに時間がかかり，また権利を維持するのに負担が大きい状況であった．さらに，インド特有の制度として実施報告義務制度が挙げられる．国内における特許発明の適切な実施を促進するため，実施状況を定期的に報告することを義務付けるものである．これに違反すると国内で実施していないとみなされ，強制実施権発動要件を満たす可能性がある．以上の点は，TRIPs協定遵守のために行われたインド国内法の改正により，物質特許の取得が容易になると考えていた欧米の多国籍製薬企業に難関を設けることになった．

▶**インドの国家戦略** インドがこのように特許の取得を困難にしたのは偶然ではない．インドはジェネリック薬の輸出大国であるため，特許権の拡大は国内のジェネリック産業への打撃を意味する．そのためインド政府は薬の特許を安易に認めたくないのである．

インドではこれまで特許法改正が幾度か実施されてきた．イギリスの植民地時代の特許制度では医薬品の物質特許があり，1970年に法改正が行われるまで存在したのである．イギリスから独立後の1950年代のインドでは国内産業の育成のために外資規制が敷かれたが，それは比較的緩やかであったため，提携を通じて医薬品製造に必要な施設と技術を海外から獲得したいインド企業と，医薬品に対する大きな需要やインド国内における競争の欠如，緩やかな医薬品関連規制を背景に進出したい外国企業との利害が一致し，外資の進出が多く行わ

れた。しかし1978年の医薬品政策で医薬品の自給自足の達成が掲げられ，研究開発の促進を通じたインド製薬産業の技術力向上を政策目標としたことから外国企業に対する規制が強化された。そもそも1970年になされた特許法改正の背景には，インドで取得された特許のほとんどが外国企業によるものであること，取得された特許に基づく製造がインド国内でなされず，製品が輸入されており，インド国民は安価に製品を購入する権利を奪われていること，特許が国内市場の独占の手段となり，発明の奨励にも貢献していないと判断したことなどがあった。法改正により医薬品および食品の物質特許が廃止され，製法特許保護も7年に短縮された。これにより他社製品の成分を分析し，製造工程を逆にたどることによりその方式や製法を把握し，自社製品の開発に役立てるリバース・エンジニアリングが可能となった。その結果，他国で特許保護されている医薬品の代替的製法を開発する，輸出目的の産業が形成されたのである。そして，まさにインドのジェネリック薬製造企業は，欧米や南アフリカで特許になっている抗レトロウィルス薬を製造し，合剤化して輸出することで成長してきた。1970年の特許法改正により，1995年までの間に約2万社のインド企業が安価な医薬品を製造するようになり，120カ国以上へ輸出し，途上国のエイズ治療薬の90％を供給するまでに成長したのである。

▶︎**2005年インド特許法改正をめぐる抗議デモ**　2005年3月，ケニアのエイズ患者グループはナイロビでインドの改正特許法に関連したデモを行った。インドからアフリカを含む途上国へのジェネリック薬供給が絶たれる恐れがあり，自国でジェネリック薬を製造する能力がないことから，インドの法改正により多くの患者の命が危険にさらされるとしてインド高等弁務官事務所（大使館）に向けて行進し，改正特許法に対する修正案を提出した。同様のデモがウガンダやタンザニアでも行われた。

　2006年にスイスの製薬企業ノバルティスはグリベック（白血病の治療薬の一種）の特許申請がインドの裁判所によって却下された。ノバルティスは「グリベックの開発には何年もかかっており，単に漸進的に改良された医薬品ではなく，したがって『エバーグリーニング』ととらえることはできない」と公式ウェブサイトで主張していた。しかし，インド特許局は既存の薬と同じ構造で

あって,「改善された効果」のあるイノベーションではないとして,2005年法改正の新しい条項に基づき申請を却下したのである。[5] その後,2007年にノバルティスは2005年特許法を修正するよう訴訟を起こした。「ジェネリック薬は研究開発に資金と年月を注ぎ込んだ製薬企業のイノベーションを妨げる」としてインド国内で生産されるジェネリック薬の製造停止を求めたのである。インドの製薬企業やNGOはノバルティスが勝訴すれば世界中のエイズやがんなどの治療薬の供給を断つことになると非難し,世界で合計30万人以上が訴訟を取り下げるよう要求する署名活動を行った。ノバルティスの提訴にはその本社所在地であるスイスの元大統領も懸念を表明した。国境なき医師団やオックスファムなどは,ノバルティスが国民の権利を最優先とするインドの憲法を侵害していると主張した。薬の特許権をめぐる裁判の最大の山場といわれたこの訴訟は実に7年にわたった。[6] 2012年にはノバルティスの年次株主総会の前日にアメリカの3都市にある同社のオフィスが,患者グループ,学生,NGOグループに占拠され,各都市でデモが実施されるなど訴訟に対する非難が続いた。最終的には,2013年にインド最高裁判所が同国の特許法を擁護するという判決を下したことによりノバルティスの敗訴となった。国境なき医師団の医師は「この判決により必須医薬品への特許付与の可能性は低減し,ノバルティス社をはじめとする多国籍製薬企業にとっては,インド特許法への攻勢を控えるべきだという強い警告になる」と述べた。

　以上のような患者グループ,NGOによる街頭での活動は,世論の喚起やメディアの活用と合わさることでインドの裁判所の判断やインド政府のジェネリック薬に対する姿勢,政策に間接的な影響を与えたと考えられる。

▶**インドに倣った特許法改正の動き**　TRIPs協定に準拠した法改正を表向き確保しながら,協定の条文の「解釈」によってジェネリック薬の生産輸出の道を保持したインド政府と裁判所の連携による政策は,他の途上国にも影響を与え,ブラジルや南アフリカでも同様の方法で法改正が行われた。ブラジルは1980年代からアメリカへの輸出で農産物などの関税の優遇措置を受ける代わりに,国内特許法を改正するよう強い圧力を受けており,早くも1996年には特許法改正を行っていた。ブラジルでは1996年から抗レトロウィルス薬の無

料提供を開始し，2010年までに抗レトロウィルス薬を必要とする人の70％をカバーした。しかし長年服用することで生じる薬への耐性に対応するために開発された第2，第3世代薬の中に特許化された薬があったため，価格が高騰した。ブラジル特許法は製薬企業が何らかの方法で特許を更新すればさらに20年間の専売権が保証されるというものであった。そこで特許化された薬の価格を下げるためには，法改正をして患者の権利と製薬企業の特許権のバランスをとる必要があると考えられた。新法案は特許期間を20年に限定することで特許の延長をなくすこと，強制実施権の適用を容易にしてジェネリック薬の製造を可能にすること，特許付与基準を厳格にし，エバーグリーニングを阻止すること，市民団体がエバーグリーニングに対して特許承認前の異議申立てを可能にすることなどが含まれていた。ブラジルはインドの動きに倣おうとしたのである。この法改正に対してアメリカ政府，EU，製薬企業からはTRIPs協定違反であるとして強い反対があった。すでにみたように，インドは2005年までTRIPs協定に準拠しなかったことで巨大なジェネリック薬製造市場を形成でき，アフリカで使われる抗レトロウィルス薬のほとんどを供給するまでになったからである。

　2013年に南アフリカでも特許制度の改革が提案された。強制実施権の発動や並行輸入を実施するためには制度の改正が必要だったのである。南アフリカでは新薬への特許の申請が認められやすく，その件数はアメリカやヨーロッパよりも多い。そのため他国では普通に流通しているジェネリック薬が国内の特許に阻まれ入手できないことも少なくない。つまり，ジェネリック薬の製造・販売を促進するために，先進国の製薬企業によるエバーグリーニングを阻止する必要があったのである。改正が実現すれば，単純な改変や，2種類の薬剤を合体しただけといったマイナーチェンジで新薬特許をとり，専売期間を引き延ばすことができなくなることから，結果が気になるところである。[7]

5　薬をめぐる「街頭の政治」から学ぶこと

▶倫理観と国家の競争力とのせめぎあい　グローバリゼーションの進展により，国家の行動を制限するような国際機関の決定が大きな意味をもつようになった結果，国境を越えて同じ問題に直面したり，対応したりしなければならない状況が発生している。本章でみてきたTRIPs協定の決定がまさにそれである。この内容に対する異議申立て手段としての街頭の政治はどのような意味をもっていたのだろうか。ここでみてきた一連の街頭の政治は，①行動の直接的な目的が「命をつなぐ薬を利益至上主義的な行動から守る」といった社会全体の価値や多数の人々の利害にかかわる性質を有していたこと，②NGOや市民グループがメディアの活用や国連機関などとの連携を通じて世論を喚起し，それが国境を越えて広く浸透していったこと，という特徴をもつ。これにより，南アフリカにおける強制実施権の行使による安価な薬の供給がなされ，そしてWTO加盟国は公衆衛生上の判断で強制実施権を行使可能とし，一定の条件のもとで薬の製造能力のない国へ輸出できることとなったドーハ宣言が成立し，さらにはTRIPs協定の条項の解釈を通じて少しの改良で新たな特許を取得する「エバーグリーニング」手法に制限をかける道を開いたインドの裁判結果の獲得，といった一定の「成果」をもたらしたといえよう。

　しかしながら，薬の特許をめぐる論争においてこれまで触れてこなかった論点がいくつかある。例えば，TRIPs協定の条文の「解釈」で対応するというインド政府と裁判所の対応は，患者が必要とする薬を安価に供給するという目的以外に思惑はなかったのか，安価なジェネリック薬の供給が確保されれば患者は確実に薬を手に入れられるのか，などである。この点に関してインド政府の製薬産業に対する産業政策や，途上国において薬が患者にいきわたる過程の問題について，若干ではあるが最後に触れておきたい。

　前節で触れたように，インドは1970年代から薬への物質特許保護を回避し，製薬産業を奨励するための体制を敷き，「模倣による発展」を目指してきた。簡単に振り返っておくと，外国企業による特許申請が大半を占めていたことを

問題視し，インド国内では特許付与をなるべく難しくすることで国内企業の生産技術を高めることにつながり，さらにはリバース・エンジニアリングした改良技術を他国で特許化することで，利益を上げる企業も現れるようになったということである。つまり，インド政府は特許制度をインドのジェネリック企業の競争力を高める手段として用いてきたといえる。

　一方で，インドの医薬品は品質が伴っていないとの問題が指摘されており，インドのジェネリック薬製造企業による一部の抗レトロウィルス薬が世界保健機関の認定リストから外される事態も起こった。また，品質上問題のあるインド製品の輸出市場は旧ソ連や途上国であり，欧米市場に参入するには至らないことから欧米の多国籍製薬企業にとって直接の競争相手ではなかったという見解もあるように，インドのジェネリック薬については「安価」であるだけではなく「品質」や「安全性」の面について考慮されなければならないだろう。途上国の公衆衛生問題の大半は，疾病の予防策が講じられ，安全性や品質の保証された安価なジェネリック薬が市場に出回り保険により医療が施されるようになれば，大幅に改善されるはずである。しかし多くの途上国政府には医療制度を確立させることへの政治的意思，人的資源や財源が欠けている。流通過程には搾取や迂回などがあり，援助の医薬品も患者まで届かない。このような途上国の医療制度や医薬品の流通状況についてはほとんど調査されぬまま，エイズ薬へのアクセス問題が国際社会で議論されるようになったとの指摘もある。

　また，章の初めに示したように新薬の商業化には一般的に15〜20年の長い研究開発期間と1つの医薬品について平均で約1000億円程度といわれる巨額の研究開発費が必要であるうえ，成功確率は極めて低い。欧米の多国籍製薬企業の1年間の研究開発費の平均が約500億円に上るという研究結果もある。本章で紹介したように，薬をめぐる特許については多様な論点が複雑に絡んでいる。この問題を，冒頭に示した「患者の命」と「特許に基づく利益」との対立とみなすことは，やや単純化しすぎであるかもしれない。以上をふまえて，皆さんはどのような判断をするだろうか。

【注】
1) ただし，これではコストも時間もかかるため，複数国間で条約を結び，一度の特許申請・審査で権利が付与される方法も取られている。
2) 特許の有効期間中に，権利者の許可を得ずにブランド薬を模造した模倣品や中身が標準に満たないものはジェネリック薬とはいわない。
3) 南アフリカの大統領は，エイズを「白人の陰謀」であると語り，「アフリカを植民地支配し，貧困に陥れた西欧諸国こそが間接的なエイズの犯人だ」として批判していた。
4) ただし27条2号で，公序良俗の維持，診断方法，治療方法および外科的方法，ある種の動植物やその生物学的生産は除外された。
5) 一方でこの薬はアメリカ，ロシア，中国を含む40カ国で特許が認められている。
6) ノバルティスが訴訟にこだわったのは，人口の多さ，中流階級の購買力の点からインドの市場を重要視しているからである。
7) 2017年現在，南アフリカ政府による特許制度改革の提案は結果が出ていない。

【研究案内】
グローバリゼーションについて理解するため，マンフレッド・B・スティーガー（櫻井公人訳）『グローバリゼーション』岩波書店，2010年，ピエトラ・リボリ（雨宮寛訳）『あなたのTシャツはどこから来たのか？──誰も書かなかったグローバリゼーションの真実』東洋経済新報社，2006年などは，平易な語り口ながら，グローバリゼーションの多面性を理解する助けとなる。

特許制度やTRIPs協定交渉について知るには，加藤雅信『「所有権」の誕生』三省堂，2001年，西村もも子『知的財産権の国際政治経済学──国際制度の形成をめぐる日米欧の企業と政府』木鐸社，2013年，石井正『知的財産の歴史と現代』発明協会，2005年，高倉成男『知的財産法制と国際政策』有斐閣，2001年などにより網羅的に理解できる。

製薬産業と特許については，山根裕子『知的財産のグローバル化──医薬品アクセスとTRIPs協定』岩波書店，2008年が詳細であり，本章の内容をより深く学ぶことができる。その他，林達雄『エイズとの闘い──世界を変えた人々の声』岩波ブックレット，2005年，吉森賢『世界の医薬品産業』東京大学出版会，2007年，渡辺敏一『Balance of Power ジェネリック vs. 先発企業』医薬経済社，2006年，久保研介編『日本のジェネリック医薬品市場とインド・中国の製薬産業』アジア経済研究所，2007年などがデータに基づき具体的に分析している。

必須医療キャンペーンや医薬品特許に対するNGOの活動を知るために，国境なき医師団のホームページ（http://www.msf.or.jp/about/access_campaign/）やオックスファムのホームページ（http://oxfam.jp/）を挙げておく。

第10章　EUの市民発議と「街頭の政治」
　　　　——署名運動は国境を越える

山　本　　　直

1　署名運動？

▶署名運動が意味するもの　　街頭で実施される署名運動は，デモ行進や選挙演説に比べると地味である。署名しても現状は変わらない，と無力感をもつ人も多い。さらには署名運動の目的には，広く人々の関心を惹くに至っていないものもある。こうした事情のためか，署名の呼びかけに応じる人も通常はまばらである。

　しかしそれでも，署名運動には，軽視することができない意味がある。まず何よりも，一定の署名が集まった運動は，国や地方の政治に対して影響力をもつことがある。署名を受け取った政治家が，署名者らの要望をただちに政策に反映する例は確かに少ないかもしれない。とはいえ，従来の政策を軌道修正する方向に作用することはありうる。日本の地方議会（自治体の議会）では，すべての有権者の50分の1の署名が集まれば，条例の制定やその改廃を議論しなければならない。地方議会を解散するための，もしくは地方議員や知事，市町村長を解職するための住民投票を行わせることも，条件しだいで可能である。

　第2に，市井の人々の関心を惹くきっかけとなる。ある職種の待遇の改善，バス路線の存続，あるいは学童保育の充実といったものを求める運動は，街ゆく多くの人々が注目するものでは必ずしもないだろう。具体的な成果を生まないうちに，署名運動が終息してしまうこともある。しかしながら，たとえ少数の人々によるものであれ，というよりも少数の人々であるからこそ，声を届けようと行動することは大事である。思想の自由や表現の自由が認められている社会では，行動しなければ現状を受け入れているとさえみなされてしまう。

　第3には，情報技術が進んだことにより，インターネットとソーシャル・

ネットワーク・サービス（Social Network Service, SNS）が普及した。これが署名運動に変化をもたらしている。国内外で展開されているあらゆる運動を，私たちは，部屋に居ながらにして瞬時に知ることができる。一度も顔を合わせたことのない人が，互いに関心を共有しやすくなっている。あるいは，従来であれば，全く接点がなかったであろう人々にも問題を提起することができるのである。このような変化は，政治参加のあり様が多様になっていることの現れである。

▶ヨーロッパの運動から考える　署名運動がもつこれらの意味合いに留意しながら，本章では，ヨーロッパで実施されつつある国境を越える署名運動に注目したい。日本から遠く離れたヨーロッパであるが，かの地にヨーロッパ連合（European Union, EU）という国際組織があるのはご存じだろう。フランスやドイツ，あるいはイタリアといった28の国が加盟する，主には経済の分野で統合を進める組織として知られる。近年では単一通貨ユーロの運営やイギリスの離脱問題で話題を呼んでいる組織でもある。[1] そのEUが，「欧州市民発議」と呼ばれる，ヨーロッパ規模での署名運動を推奨しているのである。

　国際組織であるEUは，なぜわざわざ署名運動を推奨するのだろうか。それを推奨することによって，どのような成果を得ようと見込んでいるのだろうか。EUに加盟する国のなかには，EUが設立されるはるか以前から，国民や住民の署名運動が活発な国がある。そのような長年の伝統や文化といったものが，EUによる推奨へと乗り移った面はあるだろう。しかしながら，EU自体にも切実な事情があった。どのような事情があったのだろうか。欧州市民発議についてみる前に，この点を確認しておこう。

2　EUと加盟国

▶ヨーロッパにおけるEUの誕生　EUは，ヨーロッパ諸国間の条約によって設立された国際組織である。国家間の条約に基づいて設立された点では，国際連合や東南アジア諸国連合（Association of South-East Asian Nations, ASEAN）

といった他の国際組織と変わりはない。加盟国の数や活動する内容は，国際組織によってかなり幅がある。しかしそれでも，国際連合やASEANが署名運動を推奨したという話を聞いたことがないのも確かである。なぜ数ある国際組織のなかで，EUだけが署名運動を推奨するのだろうか。

　EUは，1950年代に西ヨーロッパ6カ国から始まった。当時はヨーロッパ石炭鉄鋼共同体，ヨーロッパ経済共同体およびヨーロッパ原子力共同体という3つの共同体からの出発であったが，そこでは早くも物・人・サービス・資本の移動を加盟国間で円滑にしていくことが掲げられていた。これらを円滑にすることによって，停滞した経済を立て直しつつ，互いに二度と戦争が起こらない状況を築こうとしたのである。このような取り組みに賛同した近隣の諸国を，EUとその加盟国は，徐々に仲間として迎え入れていった。その結果，EUに加盟する国は20の半ばを超えるまでになった。2) EUが活動する分野も，経済から政治，外交へと広がりをみせている。

　このような流れを受けて，EUの決定は，加盟国ばかりか，EU域内で活動する企業等にも直接の影響を与えるようになった。例えば大企業が市場を独占したり，あるいは歪めたりしないように監視するのは，通常は国家の役割である。日本の内閣府が公正取引委員会と呼ばれる機関を設けているのも，そのためである。ヨーロッパでも，こうした役割は，以前は各々の加盟国が独自に担っていた。しかしその役割は，いまや加盟国ではなく，EUの機関が担うようになっている。あとひとつ例を挙げよう。経済分野を中心に統合を深めたEUでは，トルコや日本といった域外の国と経済協定を結ぶのはEUである。各加盟国ではもはやなくなっているのである。協定の交渉にあたるのは，EUの行政をつかさどる欧州委員会の代表者である。そして，欧州委員会が妥結した協定を承認するのは，加盟国の代表者からなるEU理事会と，加盟国の国民が選挙で選んだ欧州議会である。加盟国の政府や国会は，そのような協定に反対する意見を出すことはできる。とはいえ，協定を結ばないのであれば，結ばないという決定を下すことができるのは，あくまでもEUなのである。

　加盟国は，単独であれ，あるいは他の加盟国と協調する形であれ，そのような決定を下せる立場ではなくなっている。EUは，いくつかの重要な政策分野

図1　国家と似た役割を担うEU

①EUのみが活動（EUの排他的権限）	EUだけが法律を制定できる。加盟国は，EUが制定した法律を実施する場合か，EUから委任を受けた場合にのみ立法できる。	政策分野 ・貿易・関税同盟・競争（公正取引） ・ユーロ導入国の通貨政策 ・海洋生物資源保護 ・これらの分野に関係する国際協定の締結	強 ↑ EUの権限 ↓ 弱
②EUと加盟国が権限を共有	加盟国は，EUが権限を行使しない範囲にかぎり権限を行使できる。	政策分野 ・域内市場・社会政策の一部・地域問題・農業・漁業・環境・消費者保護・運輸・エネルギー・国際犯罪，司法・保健・研究，技術開発・開発協力・人道援助	
③加盟国の活動をEUが支援	EUは，加盟国の活動を支援，調整，補足することができる。	政策分野 ・健康の促進・産業・文化・観光・教育・職業訓練・青年育成・スポーツ・市民の保護・行政協力	
④加盟国のみが活動	従来どおり，加盟国だけが法律を制定できる。	政策分野 ①②③に挙がっていない分野。治安維持，警察組織，司法組織など	

EUと加盟国が状況に応じて対応する分野もある　・経済政策，雇用
　　　　　　　　　　　　　　　　　　　　　　・外交，安全保障，防衛　など

出所：EU運営条約2～6条

で国家に似た役割を担うようになっているのである（**図1**参照）。

▶**EUと国家の民主主義**　このような状況のもとでは，EUに加盟する諸国の人々にさまざまな感情が芽生えることになる。EUが単一市場を運営してくれるおかげで，ビジネスを展開しやすくなった。あるいは，他の加盟国で気軽に就労したり，居住したりできるようになった。このようなポジティブな感情もある反面，諸々の政策は従来どおり自国が決定してくれれば十分だという感情もある。この後者の感情は，イギリスがEUから離脱する原因になったものであり，時間をかけて検証する必要があるだろう。しかし本章では，これらとは別の感情に注目したい。すなわちそれは，国家と似た役割を担うEUは，国家と同じように民主的でなければならないという感情である。確かにEUから離脱しさえすれば，EUからの影響は弱まるだろう。しかしながら，離脱しない限り，EUの決定には服し続けなくてはならない。そうであるならば，いっそうEU自体を民主化するという選択も当然にありうる。

民主主義をどのように取り入れ，あるいはそれをどのように強化するかとい

う問題は，本来は各国で取り組むべき問題である。民主主義のおよその形式は，各国が個別にもつ憲法で定まっている。とはいえ，憲法の文言を読むだけでは不明確である場合もしばしばである。政党の自由な活動をどこまで許容するのか。国会議員や政府の首脳をどのようなルールに基づいて投票し，もしくは選出するのか。国会の討議に，どの程度時間を費やすのか。国会が定めた法律を，裁判所はどのような手順を踏んで審査するのか。あるいは，表現の自由や個人のプライバシー保護は，どの程度までであれば制限できるのか。こうしたさまざまな問題に対応する必要があるのだが，対応を必要とするのは，あくまでもその国の人々である。他国の政府や国民が干渉するべきことではない。

　このような観点から民主主義を議論することは，日本に住む私たちも同じである。私たちが民主主義を考えるとき，意識しようがしまいが，普通は日本という国や，特定の県または市といった地方自治体のことを考えるだろう。しかしながら，EUに加盟する諸国の人々は，自国の民主主義に加えて，EUの民主主義を議論せざるをえない状況になっている。

3　EUにおける「民主主義の赤字」

▶「民主主義の赤字」の発生

　EUの署名運動について述べる前に，もうしばらく民主主義の話にお付き合い願いたい。実をいうと，EUを民主的にする試みは，遅くとも1970年代からある。その後，1980年代から90年代になると，EUの民主化はより切迫した問題とみなされるようになった。

　これはちょうど，加盟国や企業に対するEUの影響が格段に強まる時期と符合する。3つのヨーロッパ共同体が発足した1950年代から70年代にかけては，それらの影響はそれほど強くなかった。加盟国の人々も，経済統合の成果をそれなりに実感できれば十分だった。しかしその後，物・金・サービス・人の自由移動が加盟国の間で本格化すると，各国の人々は統合の成果だけでは満足できなくなった。EUが，どのような過程でいかなる決定を下すのかを知りたがるようになった。「結果よければすべてよし」の時代は，1980年代には終わり

を告げつつあったのである。

　もっとも，人々のこのような要求を汲む余裕が，EUの側にはなかった。EUでは，その公式ホームページに詳しい情報を載せたり，EU情報館を各国に開設したりするなどして対応しようとした。しかしEUの影響は，しばしばそれを上回る速度で強まっていく。加盟国が6カ国から9，12，15カ国へと増えるなか，利害関係も国を超えて複雑になる。EUの諸機関は，自らの活動をより透明にするように試みたものの，一般の人々はそもそも，それらの機関がどういうものであり，機関の相互関係がどういう仕組みであるのか十分にはわからないのである。

　統合を迅速に進めるための方策も，視点を変えると民主主義に反するものに映る。民主主義には，多くの当事者が納得したうえで決定するという理念が含まれる。EUのもとでスピーディーに決定していくことは，このような理念を多少なりとも犠牲にせざるをえないのである。これが顕著なのは，EU理事会の決定方法であった。EU理事会は，EUによる立法の可否や中身を審議する重要な機関であるがゆえに，加盟国の閣僚級の代表者からなる。そのような性格の機関であるために，当初は全会一致でしか決定を下さなかった。しかしながら，決定を下すべき事項のみならず，加盟国の数そのものが増加の一途をたどるとなると，全会一致で決定し続けることは難しくなる。理事会に出席する代表者のうち1人でも，つまり1カ国でも反対すれば何も決定できないからである。そこで各国は，決定を滞らせないために，理事会が多数決を用いることに同意した。多数決は1950年代当初から条約で定められていたので，法的にも支障はない[3]。とはいえ，実際に多数決で決定するとなると，理事会の投票で少数派となる諸国の意見はどうしても軽視される。その結果，決定がスピーディーに下されるようになったはいいが，意見が軽視された国の人々にとっては，EUは強引で非民主的な組織にみえてしまう。

　EUの影響が強まるほど，そしてEUが決定を迅速に下そうとするほどに，民主主義が遠のいていく。人々がこのような意識を抱くことは，EUでは「民主主義の赤字」と呼ばれる。本来，政治の基本的な概念である民主主義を「赤字」や「黒字」といった言葉で表現することには違和感もあるだろう。しかし

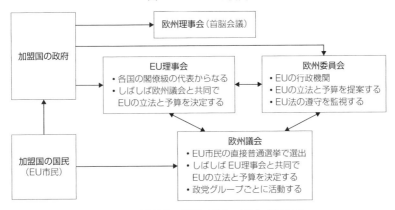

図2 EUの主な機関

注：上記の機関のほか，EU司法裁判所，欧州中央銀行，会計検査院がある。
出所：http://homepage.smc.edu に基づき筆者作成。

ながら，あえて赤字であると強調しなければならないほど，人々に深刻にとらえられるようになったともいえる。

▶「民主主義の赤字」と欧州議会　　この「民主主義の赤字」の問題を，加盟国とEUは，どのように解決しようとしたのか。理事会と欧州委員会を中心に統合を進めたEUであるが，さらに，欧州議会と呼ばれる機関がある。この，いわば第3の機関である欧州議会を，文字どおりEUの議会になるように整備したのである。

具体的には，次のように整備した。まず，加盟国の国民が，欧州議会の議員を投票で選出できるようにした。以前の欧州議会議員は，各国の国会が任命するケースが多かった。そのような制度を改め，5年に一度，国民自らの投票で直接選ばせることによって，名実ともに人々の代表者からなる欧州議会へとつくりかえたのである。各国は，従来の国政選挙と地方選挙に加えて，欧州議会の選挙を実施することになる（図2参照）。

欧州委員会とEU理事会の本部は，ベルギーの首都ブリュッセルにある。それに対して，欧州議会は，フランスの地方都市ストラスブールに本部を置く。その議席数は，751名である。人口の多い国には，そうでない国よりも多くの議席が配分されている。例えば，加盟国のなかで最も人口の多いドイツには，

第10章　EUの市民発議と「街頭の政治」　193

この751のうち最多の96議席が配分されている。人口の少ないルクセンブルクやマルタの6議席とは，16倍もの開きがあるのである。もっとも，8000万人を超える人口のドイツと比べると，その100分の1に満たないルクセンブルク（49万人）やマルタ（41万人）には，人口のわりに多くの議席を与えられている。人口あたりの議席数でみると，人口の少ない諸国を優遇していることになる。

　欧州議会の整備は，議員の選出方法にとどまらない。欧州議会の承認があってはじめてEUの立法と予算が成立するという原則を採用した。EUには欧州人民党や欧州社会党（現在は社会民主進歩同盟）といったヨーロッパ次元の政党グループがあるが，これらが欧州議会で活動するうえでのルールも定めた。そのうえで，これらの政党が欧州委員会委員長の候補者を指名するようにもした。欧州議会という，加盟国の国民が選挙で選出した機関をEUによりかかわらせることで，EUとしての民主主義を築こうとしたのである。

　欧州議会を整備したことに加えて，加盟国とEUは，各加盟国の国会がEUの決定にある程度関与できるようにもした。すでに述べたように，EUの決定は，加盟国や企業に直接の影響を与えるようになっている。各国の国会が自国の事柄に与える影響は，それだけ減少しており，EUに対する人々の関心が低下する一因であると考えられたのである。このような関心の低下を食い止めるために，加盟国とEUは，EUで審議する立法案を各国の国会に事前に送付することにした。そして，一定数にのぼる国会が否定的な意見を出すようであれば，その立法案を再検討することをEUに義務付けた。

　「民主主義の赤字」の解決に向けては，このような努力がなされている。その結果，各国の政党が，国境を越えてますます連携するようになった。ビジネス団体のみならず，環境団体や人権団体といった市民社会もヨーロッパ規模で協力するようになった。EUの民主主義を下支えする動きがみられるようになったのである。

▶「赤字」を減らす難しさ

　しかしながら，それでも不十分だとみなされるのが，EUの民主主義の難しいところである。EUの立法と予算を成立させるために欧州議会の承認が必要になったことは，すでに

触れた。とはいえ，EUとして採択されるすべての立法案と予算案が，欧州議会の承認を必要とするわけではない。安全保障や軍事防衛の分野をはじめ，理事会の決定で足りる分野もいまだ残る。それらの分野では，欧州議会の発言力は制約されたままなのである。しかも，当の欧州議会が，自らを選出する加盟国国民の信用を得ることに成功していない。このことは，5年に一度の欧州議会選挙の投票率が低下する傾向にあることに表れている。1979年に行われた第1回選挙の投票率は，EU平均で60％を超えていた。しかしその後は50％台に減り，1999年の第5回選挙以降はすべて40％台にとどまっている。

　加盟国の国民にとって重要なのは，欧州議会の選挙ではなく，依然として国政選挙である。独立志向の強い地域では，地方選挙がより重視されることもある。国民の多くは，欧州議会の活動内容をほとんど知らないことが各種の世論調査で明らかになっている。欧州議会の選挙は，せいぜい国内政治の不満をぶつける機会にしか思われていない。これでは，選挙の投票率が伸び悩むのも無理からぬことである。

　EUの民主主義が成熟しないのは，欧州議会のせいだけではない。責任の一端は，加盟国の首脳や閣僚にもある。彼らは，EUの活動や決定に不満をあらわにしたり，これを厳しく批判したりすることがある。そのような行いは，彼ら自身の信条や正義感から生まれるのだろうが，それだけのようにも思えない。自国の国民の支持を基盤とする彼らには，国民に向けて，常に自らの活動を正当化しなければならないプレッシャーがある。そのようなプレッシャーから逃れるために，EUに非があることを必要以上に強調することもあるのである。何に由来するにせよ，彼らの批判は，EUの否定的なイメージを国民に抱かせる。結果として，その国ではEUの民主化に向けた機運が削がれてしまう。

　各国の国民は，自国に対するほどにはEUに愛着を感じていない。その一方で，EUは，その影響を容赦なく及ぼし続ける。「民主主義の赤字」は，もはや構造的ともいえる問題になってしまっている。

4　欧州市民発議の制度と理念

▶欧州市民発議の導入　　構造化してしまった「民主主義の赤字」を別の方法で解消するために，EU規模の署名運動を奨励する欧州市民発議が導入されたのである。この市民発議の導入を求めたのは，2001年から2003年にかけて招集された「欧州の将来についての諮問会議」である。EUの将来像と改革の内容を話し合うこの会議には，各国の政府に加えて，国会と欧州議会，さらにはEUの加盟候補であった13カ国等から代表が送り込まれた。1年以上にわたる討議の後，この会議は，加盟国の間で新しい条約をまとめることを進言した。欧州憲法条約と呼ばれたその条約に，欧州市民発議を導入することを盛り込んだのである。

　欧州憲法条約は，「憲法」という名称が付くことからも察せられるように，EUとしてかなり野心的な内容であった。そのこともあり，フランスとオランダの国民投票で両国民の信任を得ることができず，未発効に終わってしまった。しかし，この条約の基本的な要素を引き継ぐリスボン条約が，すべての加盟国の合意を得て2009年に発効した。それに従い，欧州市民発議にもようやくゴーサインが出ることになった。

　それでは欧州市民発議とはどういうものか。リスボン条約によると，それは100万人以上の加盟国国民が，EUにとって必要な対応を提案するように欧州委員会に要求できる，というものである。「100万人以上」というのはわかりやすい人数であり，インパクトのある表現でもあろう。もっとも，市民発議の詳しいルールはリスボン条約では明記されず，欧州議会とEU理事会が2011年に定めることになった。ルールはその後，何度か改正されたが，大きな変更はない。以下に主なルールを紹介しておこう。

　第1に，ここでいう100万人以上の国民は，少なくとも7カ国の国民からなるという条件が付いていることである。EUに加盟する諸国の人口を合計すると，5億8百万人ほどになる。EU全体の人口規模からみれば，数カ国から100万人の賛同を集めることはさほど難しいものではない。発議の内容しだい

では，人口の多い一国だけで集めることも可能だろう。しかしそれでは，発議に賛同する者の地理的な分布が偏ってしまう。EU全体の試みであることから，少なくとも7カ国としたのである。それも，単に7カ国から集めるのではない。スペインであれば4万500人，チェコやハンガリーであればそれぞれ1万5750人というように，人口に応じて集めるべき最低数も定めている。こうした細かい人数設定は，各国における欧州議会の議席数から機械的に割り振ったものである。

　第2に，欧州市民発議に基づいて署名運動を試みる主催者は，少なくとも7つの加盟国に住む，7名以上からなる「市民委員会」をつくり，欧州委員会に事前登録してもらう必要がある。また，彼らは全員EU市民である必要があり，欧州議会の選挙権も有していなければならない。ここでいうEU市民とは，やはりリスボン条約で定められており，加盟国の国籍をもつすべての者が該当する。EU市民には，EU域内を自由に移動し，かつ自由に居住する権利が与えられる。居住先の加盟国では，欧州議会と地方自治体の選挙権・被選挙権も，その国の国民と同じ条件のもとで与えられる。これらは「EU市民権」と呼ばれるものの一部であり，加盟国の国民に与えられてきた従来の市民権に付け加わる性格のものである。欧州市民発議は，このようなEU市民という考えに結びつける形で導入された。

　第3に，署名は，欧州委員会が市民委員会を事前登録した日から12カ月以内，つまり1年以内に集めることが求められる。一般的には，署名期間が設けられることは多くない。日本もそうである。あるいは，期間が設けられるにしても，しばしば1年半から2年と長めに設けられる。市民発議が12カ月と短いのは，EUでの決定に要する時間が，国家や地方自治体の場合よりしばしば長くかかるためであるという。欧州市民発議の署名は，原則として各国ごとに行われる。集まった署名を数えるのも，各国単位である。その後，加盟国間で集計され，欧州委員会に引き渡されることになる。このような手順が後に控えているために，あらかじめ短い期間に設定したと考えられている。

　以上のルールを守ったうえで，さらにクリアするべき壁がある。たとえルールに則って署名を集めようとしたところで，市民委員会の事前登録を欧州委員

会が認めない場合があるのである。というのも，欧州委員会ができることは，やはりリスボン条約であらかじめ決まっている。そのために欧州委員会は，自らの任務の範囲外にあると判断した市民発議の登録を却下することができるのである。さらにいえば，無事に事前登録され，かつ必要な数の署名も集まった市民発議であっても，欧州委員会はこれを提案しないことを決定できる。欧州市民発議は，提案することを欧州委員会に義務付けるものではないのである。

　もっとも，たとえ提案しないにせよ，欧州委員会は，その理由を3カ月以内に開示しなければならない。提案の可否を決めるまでに，市民委員会には公聴会でプレゼンテーションを行う機会も与えられる。この公聴会は，欧州議会が開くものであり，欧州委員会の代表者も出席しなければならない。聴衆を惹きつける，説得力のあるプレゼンテーションを提案に結びつけなければ，欧州委員会はたちまち批判の的となる。

▶欧州市民発議を支える思想　このような市民発議を導入することによって，わずかでも「民主主義の赤字」を解消することがはかられた。その導入を後押ししたのが，参加民主主義，あるいは直接民主主義と呼ばれる思想である。参加民主主義と直接民主主義は，それぞれに多義的であり，関心のもちようもやや異なる。参加民主主義は，選挙で投票するだけでなく，政策の決定に際して人々の幅広い参加を促すことを重んじる。それに対して直接民主主義は，政治を任せる代表者をたてること自体に否定的である。しかしこれら双方は，政治の運営や決定を，できるだけ一般の人々自らが担うべきであるとする点で重なり合う。

　参加民主主義や直接民主主義は，古代ギリシャの政治に起源があるといわれてきた。古代ギリシャ以外にも，それらの起源を見出すことはできよう。いずれにしても，数百年前のヨーロッパでは，いくつかの国が王制から民主制に移行した。当時はすでに，一国に属する人口が多かったために，代表者による民主主義，すなわち代議制民主主義が採られることになった。ヨーロッパ諸国に遅れて独立した他地域では，そのような政治のあり方を模範に自らの体制作りを行う国が多かった。

　しかしながら，代議制民主主義にも不十分な点がある。議会における代表者

の言動がたとえ期待外れであっても,有権者は大方次の選挙まで我慢するしかない。有権者が理解を深めていないにもかかわらず,代表者が早々に政策を転換してしまうこともある。直接民主主義または参加民主主義の要素を付加すれば,代議制民主主義の不十分さを解決できないまでも,それを補うことはできるかもしれない。「民主主義の赤字」という EU 独自の問題があるが,以上のような考えもまた,欧州市民発議の導入を後押ししたのである。

5 欧州市民発議の実践と課題

▶欧州市民発議の実践　　欧州市民発議がどのように実践されているかに目を移そう。欧州委員会が事前登録した発議は,2017年3月までの累計で36件にのぼる。その一方で,欧州委員会が事前登録を受け付けなかった発議も,延べ20件あった。提案できる範囲に収まらないと欧州委員会が判断した発議も,それなりに多かったことになる。

事前登録された発議は,その後どうなったのだろうか。「少なくとも7つの加盟国から合計100万人以上」の署名を集めることに成功したのは,署名中のものを除く32件のうち3件だった。ということは,この3件を除く29件もの発議が,署名集めに失敗したことになる。署名集めに失敗した発議のうち,必要数を満たせなかったのは16件だった。残りの13件は,12カ月の期限が訪れる前に登録を撤回している(**表1**参照)。

署名集めに成功した3件をみておこう。

1件目は,「水への権利 Right to Water」という発議である。この発議は,国際連合でも重視されている水へのアクセスを「人間の権利」に不可欠のものと位置づける。そのうえで,民間企業のビジネスとしてではなく,公共機関による適切な上下水道の供給を求める内容となっている。この発議は,2012年5月に事前登録された。署名には,一般の人々に加えて,フィンランドやフランスを含む,複数の加盟国の閣僚も加わった。最終的には,123万を超えたドイツでの署名をはじめ,各国から合計166万近い署名を集めた。そのうち,紙媒体による署名は2割ほどであった。残りの8割は,SNSとインターネットを

表1　欧州市民発議の実践状況（件数）

事前登録	署名集めに成功	欧州委員会の提案に至る	0
		欧州委員会の提案に至らず	3
	署名集めに失敗	署名数を満たせず	16
		途中で撤回	13
	署名実施中		4
事前登録されず			20

出所：欧州委員会ホームページより作成。2017年3月1日現在。

通じた電子署名によってであった。

「私たちと同じ1人の人間 One of Us」と名付けられた2件目の発議は，胎児の幹細胞を用いる研究に EU が補助金を出せないようにすることを目的とする。人間の尊厳や生命倫理の観点からすると，そのような研究を行うこと自体が間違っているという関心からである。この発議は，1件目とほぼ同時期に事前登録された。署名は，62万を得たイタリアをはじめ，合計で172万の署名が集まった。紙媒体が7割，電子署名が3割という内訳であった。

3件目は，「動物実験を止めよ Stop vivisection」という登録名からわかるように，動物実験の全面禁止を求めるものである。動物の福祉に対する関心は，ヨーロッパではとりたてて強い。そうした背景から，EU もまた，農業や運輸，技術開発などの分野で政策を実施する際に，動物福祉に配慮する方針を固めつつある。この発議は，そのような EU の方針をより徹底することを求めるものであり，1件目と2件目の翌月に事前登録されている。署名が多かったのはやはりイタリアであり，70万の署名を集めた。それ以外の国を合わせて，最終的に117万の署名があった。紙媒体4割強，電子署名6割弱という内訳である。

これら3件の市民発議は，しかしいずれも，欧州委員会による立法案の提出にはつながらなかった。発議を提案する義務を負わない欧州委員会が，提案する必要はないと判断したのである。1件目の「水への権利」について，欧州委員会は，すでに EU として適切に対応していると回答した。2件目の「私たちと同じ1人の人間」に関しても，厳格な倫理の基準を EU ですでに定めつつあると委員会は回答した。さらに3件目の「動物実験を止めよ」については，特

に医療の発展のためには動物実験を全面的に禁止することが難しいとした。

　他方，署名集めに失敗した発議には次のものが含まれる。携帯電話の通話料をEU域内で統一させるもの（「単一通話料の制定」），最低限の所得補償を加盟国に無条件に与えさせようとするもの（「無条件の所得補償」），ヨーロッパの環境規制を徹底させるもの（「ヨーロッパでの生態破壊を止めよ」），電子タバコを自由に楽しめる環境を整備させるもの（「ヨーロッパの自由な電子タバコの発議」）などである。これらは，必要とされる署名数が12カ月では集まらなかった。

▶市民発議の課題　　欧州市民発議の課題には，さまざまなものがある。なかでも真っ先に指摘される課題は，定められているルールが煩雑なことである。市民委員会は，事前登録を欧州委員会に申請する際に，EUのどの条文や法律が発議に関係するかを的確に示さなくてはならない。市民委員会を運営するための資金や受け取った寄付金を管理するための規則も細かい。さらには人権保護の観点から，署名を通じて得た膨大な個人データを適切に保護する必要がある。複数の国民からなる市民委員会は，基本的に急ごしらえである。欧州市民発議には民間のサポートセンターがあり，このセンターが，発議の計画から署名の実施，およびその取りまとめまで助言してくれる。しかしながら，たとえそうであれ，各々の市民委員会にかかる事務的な負担は重いものがある。

　市民委員会のなかには，宗教団体をはじめ，特定の民間団体から多大の資金と人手の援助を得ているものがある。そのような委員会の発議ほど署名を集めやすいという指摘は，的を射ているのだろう。

　もっとも，全体的にみると，いずれかの発議に署名した人の数自体は，2013年をピークに急減している。2013年に延べ540万人であったのが，翌2014年には62万人へと落ち込んでいるのである。署名集めに成功した3つの発議を欧州委員会が提案しなかったことはすでに述べた。提案しないという欧州委員会の判断が適切であったかは，ここでは評価しないでおこう。しかしながら，それらの判断がいかなる根拠に基づくにせよ，3件とも提案されなかった事実は，EUにおける市民発議の導入に共感した人々を落胆させただろう。そのような状況では，署名に向けた機運が盛り上がらないのも無理はない。

署名の記入項目にも課題があると思われる。署名では一般的に，署名者の氏名と住所のほか，署名した年月日などの記入も求められることがある。それに加えて，EUの多くの国では，日本でいうマイナンバーのような個人の識別番号まで記入しなければならないことになっている。プライバシー上識別番号を記入したくない人のなかには，署名自体に躊躇する人もいるだろう。署名期間が短いうえに，このような理由から躊躇する人もいるとなれば，「7カ国から100万人」が集まりにくいのも仕方がないのである。

　欧州議会は，識別番号の記入は不要になるべきであると主張している。また，市民発議に署名できるのは，多くの加盟国では18歳以上の国民である。欧州議会では，この年齢をオーストリアのように16歳まで引き下げるべきという意見も出ている。これらの意見が採用されれば，署名数も多少は持ち直すかもしれない。

6　国境を越える署名運動

▶市民発議の可能性

　「7カ国から100万人」が集まった発議を欧州委員会が提案に移した例はまだない。今後提案に移す例はあったとしても，それほど多くにはならないだろう。とはいえ，それでも欧州市民発議は，「民主主義の赤字」の解消に向けた新たな可能性を示しうるものである。市民レベルの政策論議をヨーロッパ規模で巻き起こす手段になるからである。

　先に触れた「私たちと同じ1人の人間」は，その好例である。この発議は，本来，人工中絶は認められないというカトリックの価値観に端を発している。そのような価値観は，市民発議が導入される以前からカトリック教徒の多い国や地域で重視されてはきた。しかし，市民発議を活用することによって，そのような価値観はさらに広い範囲で共有される可能性がある。

　アメリカ・EU間の貿易投資協定についての発議は，別の一例である。欧州委員会とアメリカ政府は，貿易と投資を促すことを目的とする環大西洋貿易投資連携協定（TTIP）を結ぼうとしていた。この協定が加盟国国民の不利益になると考える人々が，「TTIPを止めよ」と名付けた発議を欧州委員会に申請

した。しかし欧州委員会は，この申請を事前登録することを拒んだ。

　欧州委員会が事前登録を却下できることは，先に述べたとおりである。この発議を却下した理由を，欧州委員会は次のように説明した。すなわち，市民発議はEUに向けて何らかの提案を求めるためのものだが，「TTIPを止めよ」はそのような主旨から逸脱している，というのである。「TTIPを止めよ」の関係者らは，欧州委員会の説明に納得できず，EU司法裁判所に訴えた。それとともに，独自に署名運動を続けた。

　欧州委員会の判断を裁判所に訴える例は，市民発議に限らず，さほど珍しいことではない。とはいえ，「TTIPを止めよ」関係者らによる独自の署名運動は，SNSとメディアを通じてヨーロッパ全域に拡散した。集まった署名数も，1年ほどで300万を超えたという。TTIPの交渉はその後，滞ることとなり，本書の執筆時点では交渉再開のめどはたっていない。その理由はいくつか挙げられようが，「TTIPを止めよ」による独自の署名運動が，EU機関にプレッシャーをかけたとも考えうる。

　ヨーロッパ規模で市民の政策論議が広がれば，EUと加盟国の政治家もさすがにこれを無視することはできない。実際，先に紹介した「水への権利」は，間接的にではあるがEUを動かした。「水への権利」が署名運動を進めていたとき，EUでは，各国が個別に交付する営業免許をどのように共通化するかが話し合われていた。当初は水道事業をEU版の営業免許の対象に含める予定だったものの，これを対象から外すことにしたのである。

　水道事業を外すことをEUが決めたのは，「水への権利」が，12カ月にわたる署名集めを終える前のことだった。したがってそれは，市民発議と直接のつながりはない。しかしながら，「水への権利」運動の幹部は次のようにコメントしている。「欧州議会の議員らは，公共の水道事業を民営化しようとしていました。そのようななか，市民発議への署名を通じて，極めて多くの人々がそのような企図に反対の意を表明したわけです。彼らの思いは，聞き届けられるべきなのです」。署名運動がなければ，水道事業は外されなかった公算が大きいのである。

▶署名運動とあなた　　欧州市民発議はこれまで，EUの政策に直接の影響を与えてはこなかった。今後も多大な影響を与えることは，おそらくほとんどないだろう。しかしながら，それは，政策のあり様をめぐる議論を市民のレベルで活性化するきっかけになる。署名者数が100万人に達しなかったり，あるいは欧州委員会が事前登録や提案を拒んだりしても，市民発議の運動を行うだけで非公式の圧力をかけることもありうる。

　EUにおける「民主主義の赤字」は，一部の加盟国が財政危機に陥ることによってさらに深刻になっている。ギリシャ等，危機にある国の国民は，従来の「赤字」に加えて，自国の財政を大幅に緊縮するように強いられる。彼らがいかに民主的に自国の政府を選ぶにせよ，おかまいなしに強いられるのである。まさに民主主義の"二重の"赤字である。もっとも，このような状況ではEU自体が生き残れないことを，有力な加盟国も学びつつある。イギリスの離脱等でダメージは続くだろうが，EUが再生する余地は残っている。欧州市民発議は，そのような再生を補うことになるかもしれない。

　このようなヨーロッパの状況を眺めながら，あなたの住む町での，もしくはSNSを通じた署名運動に改めて目を向けてみよう。ヨーロッパと日本では，置かれている状況はかなり異なるものの，共通する課題や動きもあるだろう。なお，本章で紹介した市民委員会では，多くの若者が委員として活躍していることを付け加えておこう。

【注】
1) 本章で触れるEUと加盟国の状況（EU機関の構成，政策決定の仕組み，加盟国数，加盟国の人口など）は，いずれも2017年3月時点のものである。
2) 2019年以降にはイギリスの離脱が予定されており，離脱すれば27カ国となる。他方，別の近隣国が新たにEUに加盟する可能性はある。
3) ここでいう多数決は，賛成する国家の数だけでなく，人口も考慮した複雑な制度である。成立する条件は，単純多数決や3分の2多数決よりも厳しい。

【研究案内】
　EUの仕組みと政策を学ぶには，鷲江義勝編著『リスボン条約による欧州統合の新展開』ミネルヴァ書房，2009年，辰巳浅嗣編著『EU欧州統合の現在［第3版］』創元社，2012年，福田耕治編著『EU・欧州統合研究［改訂版］』成文堂，2016年，中村民雄『EUとは何

か——国家ではない未来の形［第2版］』信山社，2016年が参考になる。EUの公式ホームページでもEU紹介のコーナーが設けられている（https://europa.eu/european-union/about-eu/eu-in-brief_en）。英語を含む23の言語で読むことができる。

　EUにおける民主主義，市民権および人権保護の現状については，宮島喬『ヨーロッパ市民の誕生——開かれたシティズンシップへ』岩波書店，2004年，安江則子『欧州公共圏——EUデモクラシーの制度デザイン』慶應義塾大学出版会，2007年，田中俊郎・庄司克宏編『EUと市民』慶應義塾大学出版会，2005年，山本直『EU人権政策』成文堂，2011年が詳しい。

　本章で取り上げた欧州市民発議は，細井優子「ECにおける参加デモクラシーの可能性」『日本EU学会年報』第27号，2007年や安江則子「EU市民権と連帯への課題」『日本EU学会年報』第35号，2015年で触れられている。市民発議の動向は，欧州委員会ホームページ（http://ec.europa.eu/citizens-initiative/public/welcome）で閲覧できる。非政府団体である欧州市民行動サービス（http://ecas.org/services/eci-support-centre）なども情報提供を行っている。

事項・人名索引

[事項索引]

あ 行

(愛国)啓蒙運動 …………………… 83, 85
『青空がほしい』(記録映画) ………… 140, 147
アジア女性交流・研究フォーラム ……… 146
アジア太平洋環境女性会議 …………… 147
アジア通貨危機 …………………… 105, 119
雨傘運動[香港] ………………… ii, 4, 110
アラブの春 …………………………… ii, 15
硫黄酸化物に関わる公害防止協定 ……… 144
イギリス …………………………… 188
イスラム化 …………………… 103, 104
イスラム教 ……………… 96, 103, 104
イタリア …………………………… 200
一国二制度 …………………………… 111
医薬品アクセス・キャンペーン ………… 177
医薬品製造能力 ……………………… 178
インド最高裁判所 ……………………… 182
インド人 ………………… 96, 97, 103, 107
インド特許法 ………………………… 179
インドネシア ……… 92-94, 105, 106, 108
ウェールズ ……………………… 9, 23, 28
ウォール街を占拠せよ(Occupy Wall Street)
　…………………………………… ii
エイズ ……………………………… 173
衛生斥邪運動 ………………………… 83, 84
越境妊婦 …………………………… 111
エバーグリーニング ………………… 180
欧州委員会 ………………………… 189
欧州会議 …………………………… 189
欧州憲法条約 ……………………… 196
欧州市民発議 ……………………… 188
オーストリア ……………………… 202
オランダ …………………………… 196

か 行

開化運動 …………………………… 83, 84
改革開放 …………………………… 115
開発協力大綱 ……………………… 162
外部不経済 ……………………… 135, 136
学生暴力調整委員会(Student Nonviolent
　Coordinating Committee, SNCC)
　→ SNCCも参照 ……………………… 58
学民思想 …………………………… 122
華　人 ……… 96, 97, 101, 103, 104, 107, 108
カトリック ………………………… 202
諫　言 ……………………………… 77
関税の優遇措置 ……………………… 182
官邸前抗議行動 ……………………… 158
カンボジア …………………… 91, 108
北アイルランド紛争 ………………… 16, 27
北九州市地域公害防止計画 …………… 145
義兵運動 …………………………… 83, 84
強制実施権 ………………………… 178
行政長官選挙 ……………………… 110
共和派[米] ………………………… 40
ク・クラックス・クラン …… 55, 58, 59, 63
薬への耐性 ………………………… 183
グリーズボロ(ノースキャロライナ州)[米]
　……………………………………… 56
グローバリゼーション ………………… 169
経過措置 …………………………… 174
経済統合 …………………………… 191
経済貿易緊密化協定(Closer Economic
　Partnership Arrangement, CEPA) …… 120
撃錚(キョクチェ) ………………… 81, 82
権威主義 …………………………… 93, 103
　——体制 ……………………… 91, 94
原子力政策大綱 ……………………… 160
原子力発電所(原発) ………………… 151

原子力ムラ･････････････････････････ 152
原子力ルネサンス･････････････････････ 160
原発輸出････････････････････････････ 152
公害反対運動
　････････ 134, 136, 137, 139, 141, 142, 146, 148
公共論････････････････････････ 74-76, 81
港人治港･････････････････････････････ 116
公天下･･････････････････････････････ 73
高度な自治･･････････････････････････ 113
公民権運動･････････････････････････ 3, 17, 50
公民権法（1964年）［米］･･････････････ 50
抗レトロウィルス薬････････････････････ 173
公論政治･･････････ 72, 74, 76-81, 83, 85-87
5月13日事件［マレーシア］･･････････ 101, 102
国際協力････････････････････････････ 152
国際貢献････････････････････････････ 152
国際通貨基金･････････････････････････ 25
国民教育反対運動［香港］････････････ 122
国民共和派［米］･････････････････････ 40
国民戦線･････････････････ 103, 106, 107, 109
国民投票･････････････････････････ 10, 196
個人のプライバシー････････････････････ 191
古代ギリシャ････････････････････････ 198
国家安全保障戦略･････････････････････ 164
国境なき医師団･･･････････････････････ 175
コンセンサス方式･････････････････････ 177

さ　行

財政＝軍事国家･････････････････････ 12
司諫院（サガンウォン）････････････････ 77
サ　バ･････････････････････ 102, 103, 109
司憲府（サフォンブ）････････････････ 77
サラワク･････････････････････ 102, 103, 109
ジェネリック薬････････････････････ 172
志願兵･････････････････････････････ 42
直　訴････････････････････････････ 78, 79
司正（サゾン）機関････････････････ 85, 86
持続可能な開発のための教育･･････････ 148
持続可能な開発目標･･････････････････ 163
七月革命［仏］････････････････････ 30
シノップ市･･････････････････････ 156
シプラ････････････････････････････ 175

市民運動････････････････････････････ 134
市民社会････････････････････････････ 152
市民兵････････････････････････････ 41, 43
社会運動････････････････････････････ 134
社会的費用･･････････････････････････ 136
自由主義･･････････････････････････ 13, 22
衆人公共････････････････････････････ 75
住民運動･････････････････････････ 134, 135
朱子学･･････････････ 3, 72-74, 76, 81, 86, 87
上言（サンオン）･････････････････ 81, 82
上疏（サンソ）･････････････････････ 78, 79
諸組織連合協議会（Council of Federated Organizations, COFO）→ COFO も参照
　･･････････････････････････････････ 62
ショック・ドクトリン･･･････････････ 24
ショップ・スチュワード････････････ 26
署名運動･･･････････････････････････ 187
士林（派）････････････････････････ 79, 80
シンガポール･････････････････ 92, 108, 109
新経済政策･･･････････････････････ 102, 104
人種平等会議（Congress of Racial Equality, CORE）→ CORE も参照･･････････ 58
真の普通選挙･･･････････････････････ 125
申聞鼓（シンムンゴ）･･････････････ 81, 82, 86
新民会･････････････････････････････ 85
人民公正党（Parti Keadilan Rakyat, PKR）
　･･････････････････････････････････ 109
人民進歩党（People's Progressive Party, PPP）
　･･････････････････････････････････ 102
スペイン･･････････････････････････ 197
スモッグ警報･･･････････････････････ 143
座り込み（シット・イン）･････････ 56-58, 65
政治文化･･････････････････････ 72, 86, 87
政府開発援助（ODA）･･････････････ 162
製法特許･･････････････････････････ 171
世界貿易機関（World Trade Organization, WTO）･･････････････････････････ 170
セルマ（アラバマ州）［米］････････ 63-65
占拠運動････････････････････････････ 15
選挙演説･･････････････････････････ 187
選挙権････････････････････････････ 31
全国黒人地位向上協会（National Association

for the Advancement of Colord People, NAACP）→ NAACPも参照 ………… 50
全国人民代表大会（全人代）……………… 117
　——常務委員会 …………………………… 117
ソーシャル・ネットワーク・サービス
　→ SNSも参照 ……………………………… 187
訴願（訴冤, ソウォン）………………………… 79
　——制度 ……………………… 78, 79, 81, 84-86
属地主義 ……………………………………… 171
成均館 …………………………………………… 78

た 行

タ　イ ………………………………… 92, 94, 108
大韓協会 ……………………………………… 85
大韓自強会 …………………………………… 85
大韓帝国 …………………………………… 83-85
大気汚染防止連絡協議会 …………………… 144
チェコ ………………………………………… 197
チェルノブイリ ……………………………… 151
知的財産権の貿易的側面に関する協定
　（Agreement on Trade-Related Aspects of Intellectual Property Rights, TRIPs）
　→ TRIPsも参照 ………………………… 174
地方議会 ……………………………………… 187
中英共同声明 ………………………………… 112
中環占拠 ……………………………………… 124
中国共産党 …………………………………… 112
中国人観光客 ………………………………… 111
中産階級 ……………………………………… 33
調和化 ………………………………………… 170
テキサスの独立運動 ………………………… 41
天下公共 …………………………………… 74, 75
ドイツ ………………………………………… 193
統一マレー人国民組織（United Malays National Organisation, UMNO）→ UNMOも参照 ……………………………………… 96
東学農民運動 ……………………………… 83-85
東京電力福島第1原発 ……………………… 151
銅鑼湾書店 …………………………………… 127
東南アジア諸国連合（Association of Southeast Asian Nations, ASEAN）→ ASEANも参照 ………………………………………… 90

投票権 ………………………………………… 61
投票権法（1965年）［米］…………………… 65
独立協会運動 …………………………… 83, 84
途上国の公衆衛生問題 ……………………… 178
特許制度 ……………………………………… 171
ドーハ宣言 …………………………………… 178
戸畑区婦人会協議会 …………………… 140, 141
戸畑三六地区 …………………………… 138, 139
戸畑中原地区 …………………………… 137, 138
トルコ ………………………………………… 152

な 行

南部キリスト教指導者会議（Southern Chiristian Leadership Conference, SCLC）
　→ SCLCも参照 …………………………… 56
南北戦争 ……………………………………… 42
二月革命［仏］………………………………… 32
2003年デモ（50万人デモ）［香港］………… 122
日印原子力協定 ……………………………… 161
日本経済団体連合会（経団連）……………… 163
人間の安全保障 ……………………………… 164
ニントゥアン省 ……………………………… 153
ノバルティス ………………………………… 181

は 行

バスボイコット …………………… 50, 54-56, 65
バーミンガム（アラバマ州）［米］……… 59, 60
ハンガリー …………………………………… 197
汎マレーシア・イスラム党（Parti Islam Se-Malaysia）→ PASも参照 …………… 102
東ティモール ………………………………… 108
ピープルパワー ……………………………… 92
ひまわり学生運動（太陽花学運）…………… ii
表現の自由 …………………………………… 191
ヒンドゥー権利行動部隊（ヒンドラフ）… 106
ファーガソン（ミズーリ州）［米］………… 66
フィリピン ………………………… 92, 94, 108
フィンランド ………………………………… 199
福祉国家 ………………………………… 21, 23, 24
婦人会 ………………… 137, 138, 141-143, 146, 148
普通選挙 ……………………………………… 13
物質特許 ……………………………………… 171

事項・人名索引　209

ブミプトラ	96, 102, 104	身分制	39
ブラウン（対トペカ市教育委員会の連邦最高裁）判決	50, 52-54, 56	ミャンマー	91, 108
		民願（ミヌォン）制度	86
ブラック・パワー	65	民主行動党（Democratic Action Party, DAP）→ DAP も参照	105, 109
フランス	193		
ブランド薬	172	民主主義	190
フリーダム・ライド（フリーダム・ライダー）	58, 59, 65	参加――	198
		代議制――	198
ブルシ	107, 108	直接――	198
ブルネイ	91, 108	――の赤字	192
文化大革命（文革）	112	――の行き過ぎ	39
米西戦争	42	民主党［米］	40
ベトナム	91, 108, 152	民主派［香港］	110
ベルギー	193	民主派［米］	40
ホイッグ党［米］	40	民族の政治	95-97, 102, 103, 108
防衛装備移転三原則	166	民兵制度	48
封建制	38	民　本	73
ポリティカル・ツナミ	93, 95, 107	名誉革命	11, 12
香港政庁	112	メキシコとの戦争	41
香港特別行政区基本法（基本法）	117	模倣による発展	184
――23条立法化	120	模倣品	173
――起草委員会	117	モンゴメリ（アラバマ州）［米］	54
――の解釈権	117		
香港特別行政区政府	111	**や　行**	
香港暴動	115	八幡城山地区	137, 145
本土派	126	八幡製鉄所	137
弘文館（ホンムングァン）	77	有権者登録	61
		ヨーロッパ連合 → EU も参照	188
ま　行		四大公害	142
マイナンバー	202		
マラヤ・インド人会議（Malaya Indian Congress, MIC）→ MIC も参照	96, 109	**ら　行**	
		ラオス	91, 108
マラヤ華人協会（Malayan Chinese Association, MCA）→ MCA も参照	96, 109	リスボン条約	196
		立法会議員選挙［香港］	123
マルタ	194	リトルロック（アーカンソー州）［米］	54
マレーシア・インド人会議	109	リバース・エンジニアリング	181
マレーシア華人協会	109	猟官制	44
マレーシア人民運動党（Parti Gerakan Rakyat Malaysia, グラカン）	102	ルクセンブルク	194
		冷　戦	92
マレー人	96, 97, 101-106, 108	レッセフェール	22, 23
ミシシッピ・フリーダム・サマー	62, 63	レフォルマシ（改革）	92-94, 105, 106
水へのアクセス	199	連盟党［マレーシア］	96, 97, 102, 103

6・29民主化宣言［韓国］ …………… 71

わ 行

ワシントン大行進 ………… 50, 60, 61, 65

英 字

ASEAN …………………… 91, 92
COFO ………………………… 62
CORE ………………………… 58
DAP ………………………… 105
EU ………………………… 188

――理事会 ……………… 188, 189
NAACP ……………… 51-53, 62
MIC ………………………… 106
MCA ………………………… 104
PAS …………………… 104, 108, 109
SCLC ……………… 56, 59, 62-64
SEALDs ……………………… ii
SNCC ……………… 56, 60, 62-65
SNS ………………………… 155
TRIPs ……………………… 174
UMNO …… 101, 102, 104-106, 108

［人名索引］

あ 行

アダムズ，ジョン・クインシー（John Quincy Adams） ……………… 35
アダムズ，ジョン（John Adams） …… 35
アトリー，クレメント（Clement Attlee） ……………………… 14, 23, 24
アブドゥッラー・バダウイ（Abdullah Badawi） …………………… 106
アンワル・イブラヒム（Anwar Ibrahim） ………………… 104-106
李承晩（イ・スンマン） ……………… 71
エストラダ，ジョセフ（Joseph Estrada） …… 94
エマソン，ラルフ・W（Ralph W. Emerson） … 39

か 行

カーマイクル，ストークリー（Stokely Carmichael） …………………… 65
キャメロン，デイヴィッド（David Cameron） …………………… 15
キング，マーティン・ルーサー（Martin Luther King, Jr.） … 50, 55, 56, 59, 60, 64, 65, 67
グッドマン，アンドルー（Andrew Goodman） ………………………… 63
グラッドストン，ウィリアム（Wiiliam Gladstone） ………………… 18

ケネディ，ジョン・F（John F. Kennedy）… 50
黄之峰（ジョシュア・ウォン） …………… 122

さ 行

サッチャー，マーガレット（Margaret Thatcher） ………… 21, 22, 24-26, 29, 116
ジェファソン，トマス（Thomas Jefferson） ………………………… 35
ジャクソン，アンドリュー（Andrew Jackson） ………………………… 31
シャルル10世（Charles X） ………… 34
周敦頤（Zhou Dunyi） ……………… 73
朱子／朱熹（Zhu Zi / Zhu Xi） …… 73, 75
ジュネ，エドモン＝シャルル（Genêt, Edmond-Charles） ……………… 39
シュワーナー，マイケル（Michael Schwerner） …………………… 63
ジョンソン，リンドン（Lyndon Baines Johnson） …………………… 63
スハルト（Suharto） ………………… 92
銭其琛（Qian Qichen） …………… 122
ソロー，ヘンリ・D（Henry D. Thoreau）… 41

た 行

戴燿廷（ベニー・タイ） ……………… 124
タクシン・チナワット ………………… 94
チェイニー，ジェームズ（James Chaney）… 63

崔順実（チェ・スンシル）･･････････････ 71
チャーチル，ウィンストン（Winston
　Churchill）････････････････････････ 9, 20
鄭道伝（チョン・ドジョン）･･････････････ 76
全斗煥（チョン・ドファン）･･････････････ 71
程伊川（Cheng Yichuan）･･････････････ 73
ティル，エメット（Emmett Till）･･････ 53, 54
デュボイス，ウィリアム・E・B（William E.
　B. DuBois）･･･････････････････････ 51
鄧小平（Deng Xiaoping）･･････････････ 116
トクヴィル，アレクシ・ド（Alexis de
　Tocquevill）･･････････････････････ 2, 30

な 行

ナジブ・ラザク（Najib Razak）････････ 108
ネルソン・マンデラ（Nelson Mandela）･･ 176

は 行

パークス，ローザ（Rosa Parks）････････ 55, 67
朴謹恵（パク・クネ）････････････････ 71
朴正煕（パク・チョンヒ）････････････ 71
パッテン，クリストファー（Christopher
　Patten）････････････････････････ 117
ハリソン，ウィリアム・H（William H.
　Harrison）････････････････････････ 45
ブラウン，マイケル（Michael Brown）････ 66

ブレア，トニー（Tony Blair）････････ 14, 24
ポーク，ジェイムズ・K（James K. Polk）･･ 41

ま 行

マクレホース，クロフォード・マレー
　（Crawford Murray MacLehose）･･････ 116
マハティール・モハマド（Mahathir
　Mohamad）････････････ 92, 93, 98, 103–106
マルコス，フェルディナンド
　（Ferdinand Marcos）････････････････ 92
毛沢東（Mao Zedong）････････････････ 112
モンロー，ジェイムズ（James Monroe）･･ 36

ら 行

リー・クアンユー（Lee Kuan Yew）･････ 109
梁振英（C.Y. リョン，Leung Chun-ying）･･ 122
リンカン，エイブラハム（Abraham Lincoln）
　････････････････････････････････ 46
ルイ・フィリップ1世（Louis-Philippe Ⅰ）
　････････････････････････････････ 30
ルイス，ジョン（John Lewis）････････ 60, 64
ロイド＝ジョージ，デイヴィッド（David
　Lloyd George）････････････････････ 18
ロベスピエール，マクシミリアン（Maximilien
　Robespierre）････････････････････ 30

●執筆者紹介（執筆順，＊は編者）

久木　尚志（ひさき　ひさし）　　　　第1章
北九州市立大学外国語学部教授

中野　博文（なかの　ひろふみ）　　　第2章
北九州市立大学外国語学部教授

＊北　　美幸（きた　みゆき）　　　　総論，第3章
北九州市立大学外国語学部教授

金　　鳳珍（きむ　ぽんじん）　　　　第4章
北九州市立大学外国語学部教授

＊篠崎　香織（しのざき　かおり）　　総論，第5章
北九州市立大学外国語学部准教授

＊下野　寿子（しもの　ひさこ）　　　総論，第6章
北九州市立大学外国語学部教授

尹　　明憲（ゆん　みょんほん）　　　第7章
北九州市立大学外国語学部教授

大平　　剛（おおひら　つよし）　　　第8章
北九州市立大学外国語学部教授

＊阿部　容子（あべ　ようこ）　　　　総論，第9章
北九州市立大学外国語学部准教授

山本　　直（やまもと　ただし）　　　第10章
北九州市立大学外国語学部准教授

「街頭の政治」をよむ
―― 国際関係学からのアプローチ

2018年3月20日　初版第1刷発行

編　者　阿部容子・北　美幸
　　　　篠崎香織・下野寿子

発行者　田靡純子

発行所　株式会社 法律文化社

〒603-8053
京都市北区上賀茂岩ヶ垣内町71
電話 075(791)7131　FAX 075(721)8400
http://www.hou-bun.com/

＊乱丁など不良本がありましたら、ご連絡ください。
　送料小社負担にてお取り替えいたします。

印刷：中村印刷㈱／製本：㈱吉田三誠堂製本所
装幀：白沢　正
ISBN 978-4-589-03899-9
Ⓒ2018　Y. Abe, M. Kita, K. Shinozaki, H. Shimono
Printed in Japan

JCOPY　〈(社)出版者著作権管理機構　委託出版物〉

本書の無断複写は著作権法上での例外を除き禁じられています。複写される場合は、そのつど事前に、(社)出版者著作権管理機構（電話 03-3513-6969、FAX 03-3513-6979, e-mail: info@jcopy.or.jp）の許諾を得てください。

中村 都編著

新版 国際関係論へのファーストステップ

A5判・248頁・2500円

貧困・紛争・資源収奪・環境破壊など地球社会が抱える問題を，24のテーマごとに簡潔に解説した入門書の最新版。3.11と原発事故など国内外の重要な情勢変化をふまえて全面改訂，コラムを11本増補。

佐道明広・古川浩司・小坂田裕子・小山佳枝共編著

資料で学ぶ国際関係〔第2版〕

A5判・250頁・2900円

西欧国際体系の成立からウクライナ危機に至る国際関係の歴史と仕組みを学ぶうえで必須の資料を所収。各章の冒頭に解題を付して歴史的事象の全体像を解説する。歴史編の資料を厳選し，最近の国際情勢をアップデート。

横田洋三監修／滝澤美佐子・富田麻理・望月康恵・吉村祥子編著

入 門 国 際 機 構

A5判・266頁・2700円

創設70周年を迎えた国連を中心に国際機構が生まれた背景とその発展の歴史，組織構造とそこで働く職員の地位を論じる。感染症の拡大防止等，国境を越えた人類共通の問題に対して国際機構は何ができるのかを解説する。

五十嵐仁著〔〈18歳から〉シリーズ〕

18歳から考える日本の政治〔第2版〕

B5判・128頁・2300円

政治を見る目を鍛えるねらいのもと，私たちと政治の関係，戦後政治の展開と争点を豊富な資料を交え検証した好評書の改訂版。政治改革，省庁再編，政権交代，3.11，改憲論等，昨今の政治動向を盛り込んだ。

出原政雄・長谷川一年・竹島博之編

原理から考える政治学

A5判・236頁・2900円

領土紛争，原発政策，安保法制，格差・貧困など危機的状況にある現代の政治争点に通底する政治原理そのものに着目し，原理と争点を往復しながら，改めて具体的争点を解き明かす。目前の政治現象への洞察力を涵養する。

―――――法律文化社―――――

表示価格は本体(税別)価格です